CHRIS BROAD
NA TERRA DO SOL NASCENTE

CHRIS BROAD

NA TERRA DO SOL NASCENTE

TRADUÇÃO
CRISTIANE MARUYAMA

TÍTULO ORIGINAL *Abroad in Japan – Ten Years in the Land of the Rising Sun*
Copyright © 2023 Chris Broad
Publicado pela primeira vez como ABROAD IN JAPAN em 2023 pela Bantam, uma marca da Transworld. A Transworld faz parte do grupo Penguin Random House. Todos os direitos reservados.
© 2025 VR Editora S.A.

Latitude é o selo de aperfeiçoamento pessoal da VR Editora

GERENTE EDITORIAL Tamires von Atzingen
EDITORA Silvia Tocci Masini
ASSISTENTE EDITORIAL Michelle Oshiro
PREPARAÇÃO Lígia Alves
REVISÃO Érika Tamashiro
COORDENAÇÃO DE ARTE Pamella Destefi
DESIGN DE CAPA E PROJETO GRÁFICO Guilherme Francini
DIAGRAMAÇÃO Guilherme Francini e Pamella Destefi
PRODUÇÃO GRÁFICA Alexandre Magno

Dados Internacionais de Catalogação na Publicação (CIP) (Câmara Brasileira do Livro, SP, Brasil)

Broad, Chris
Chris Broad na terra do sol nascente / Chris Broad; tradução Cristiane Maruyama. – 1. ed. – São Paulo: Latitude, 2025.

Título original: Abroad in Japan.
ISBN 978-65-89275-67-1

1. Broad, Chris 2. Experiências - Relatos 3. Japão – Descrição e viagens 4. Histórias de vidas 5. Homens – Autobiografia 6. Relatos pessoais I. Título.

25-254907   CDD-920.71

Índices para catálogo sistemático:
1. Homens: Autobiografia   920.71
Aline Graziele Benitez - Bibliotecária – CRB-1/3129

Todos os direitos desta edição reservados à
VR Editora S.A.
Av. Paulista, 1337 – Conj. 11 | Bela Vista
CEP 01311-200 | São Paulo | SP
vreditoras.com.br | editoras@vreditoras.com.br

Dedicado à incrível comunidade Abroad in Japan,
que me acompanhou nesta louca jornada ao longo da última década.

SUMÁRIO

PRÓLOGO: A ENTREVISTA — 9

A REVELAÇÃO DO SUSHI — 13
A LOTERIA DE LUGARES NO JAPÃO — 23
SUOR E AREIA — 42
TERMAS E CARROS PEQUENOS — 54
SR. PINTO — 60
SAQUÊ, *ONEGAISHIMASU*! — 71
QUANDO ENSINAR NÃO FUNCIONA — 80
NEVE DEMAIS, PORRA — 92
O IDIOMA IMPOSSÍVEL — 103
HORA DA FESTA — 112
TERRA DA CINTURA CRESCENTE — 120
HOSTESS CLUBS E A ARTE DA COMPANHIA CARÍSSIMA — 127
SAIAM. AGORA. — 133
O HOMEM MAIS EXCÊNTRICO DO JAPÃO — 153
OS SÁBIOS DO MONTE FUJI — 163
DOCTOR WHO — 173
O URSO VICIADO EM FRANGO FRITO — 179
O PIOR COMEÇO POSSÍVEL — 195
UMA CARTA DO CORONEL — 201
DESPEDIDA — 209
RECOMEÇANDO — 219
NAÇÃO DOS GATOS — 228
UMA CASA PARA CHAMAR DE MINHA — 241

MÍSSEIS A CAMINHO	**248**
PONTO ZERO	**256**
BUSCANDO A REDENÇÃO EM UM ANO PERDIDO	**271**
QUIOTO DESAPARECENDO	**280**
ESTE É O MEU SONHO	**287**
MEDO E TERREMOTOS	**293**
EPÍLOGO	**299**
AGRADECIMENTOS	**302**

PRÓLOGO: A ENTREVISTA

JANEIRO DE 2012

Eu estava sentado em um canto de uma das salas imensas da embaixada japonesa em Mayfair, Londres. A sala era impressionante, com um lustre dourado suspenso no teto e um carpete vermelho luxuoso cobrindo o chão, mas estava praticamente vazia, o que não ajudava em nada a aliviar meu nervos. O único móvel ali era uma mesa, sobre a qual descansava uma prancheta com os resultados do teste de gramática inglesa que eu acabara de fazer. Foi necessário muito autocontrole para não dar uma espiadinha.

Poucas coisas na vida são tão angustiantes quanto uma entrevista de emprego para um trabalho que você deseja desesperadamente. Depois do que pareceram cinco minutos intermináveis, as imponentes portas de carvalho à minha frente se abriram, e um funcionário da embaixada me conduziu a outra sala igualmente intimidante, apontando para uma cadeira solitária diante de uma mesa comprida com dois entrevistadores que pareciam pouco impressionados.

Eu esperava ansiosamente por esse momento havia três anos, e nos minutos seguintes um japonês de meia-idade, educado, mas aparentemente sem emoções, e um britânico com uma expressão ainda mais severa — "ex-participante do programa no qual eu queria tanto ser aceito" — decidiriam meu destino. A dinâmica tinha aquele clima clássico de "policial bom, policial mau", meio que um jogo de manipulação, o que também não ajudava a me acalmar.

Em 1987, o governo japonês lançou uma iniciativa para selecionar falantes nativos de inglês para trabalhar nas escolas do país, com o objetivo de melhorar o domínio do idioma promover a internacionalização na base da sociedade. Desde então, o programa JET[1] se tornou o maior intercâmbio de professores do mundo, com mais de 5 mil participantes por ano vindos de 57 países.

Para mim, era o bilhete de ouro rumo a uma aventura espetacular do outro lado do mundo. Depois de passar com sucesso pelo longo processo de candidatura, tudo o que restava era superar esse último obstáculo.

Eu tinha pesquisado obsessivamente sobre as entrevistas na internet e descoberto que o segredo para o sucesso era ser incrivelmente positivo. O professor estrangeiro perfeito deveria parecer *genki* (元気) o tempo todo. Essa palavra japonesa muito conhecida significa "cheio de energia" ou "animado" — duas características que nunca foram usadas para me descrever. Assim, com grande dificuldade, forcei um sorriso rígido durante os trinta minutos da entrevista.

"Como está o seu japonês?", perguntou o britânico, deslizando a caneta pela minha ficha.

"Não", respondi, ao mesmo tempo que me encolhi diante de minha resposta estranha. "Quer dizer, desculpe... não, não é não. Quero dizer, não é bom. Mas pretendo aprender, se tiver a sorte de conseguir o emprego."

O entrevistador japonês, que folheava minha ficha, deu uma risadinha ao chegar à parte onde eu tinha indicado minhas preferências de localização.

"Então, no seu formulário, você escreveu que gostaria de morar no interior ou em Kobe. Poderia explicar o motivo?"

Era de conhecimento geral que pedir para ser alocado em Tóquio

---

1 O programa JET (Japan Exchange and Teaching Program) é uma iniciativa do governo japonês, lançada em 1987, que recruta estrangeiros para atuar como assistentes de ensino de inglês e promover intercâmbio cultural no Japão.

era a maneira mais rápida de fracassar na entrevista do JET. As vagas na capital eram raras, e pedir para morar lá sem um motivo claro soava como uma opção preguiçosa ou mal-informada.

"Na verdade eu ficaria feliz em morar em qualquer lugar no interior. Gosto da ideia de fazer parte de uma comunidade menor. Podem me colocar até em uma caverna em Hokkaido que eu ficaria animado."

O silêncio na sala foi imediato, e percebi que minha piada sobre a caverna tinha sido levada a sério. Os entrevistadores trocaram olhares confusos antes de continuar.

"E por que Kobe?"

Eu temia ouvir essa pergunta. Meu motivo para escolher Kobe não era muito consistente: nas incursões que fiz pelo Google Maps, percebi que a cidade ficava estrategicamente posicionada entre Quioto e Osaka, dois lugares que me fascinavam — um tradicional e o outro moderno. Além disso, Kobe era famosa pela carne de boi marmorizada. Ingenuamente, imaginei que esse corte lendário fosse barato e fácil de encontrar por lá, então, para mim, fazia sentido morar nessa cidade.

"Bom, honestamente, parece que a carne por lá é muito boa", respondi.

Para minha surpresa, ambos caíram na gargalhada.

"Bem pensado!", disse o japonês. "A carne de Kobe é deliciosa mesmo."

Desviei de uma bala, mas sabia que o perigo ainda não tinha passado. Eles me lançaram outra bomba.

"Chris san, você disse que leu sobre *wabi-sabi*. Poderia nos explicar o que é?"

O melhor jeito de descrever *wabi-sabi* (侘び寂び) é dizer que é a aceitação das imperfeições e a apreciação da beleza no inacabado ou imperfeito. Muitas das peças de cerâmica mais valiosas no Japão são assimétricas, simples ou modestas — um reflexo dessa filosofia profundamente enraizada no estilo de vida japonês.

Essa teria sido uma resposta fantástica.

Em vez disso, olhei para o chão e murmurei:

"É... bem... é tipo..."

O entrevistador japonês me encarava por cima dos óculos, e percebi que aquele era meu momento de "ou vai ou racha". Então arrisquei.

"Bom, sabe, o lance do *wabi-sabi* é que não dá para definir exatamente. É mais um sentimento ou emoção do que um conceito claro."

Que monte de baboseira.

Felizmente, o senso de humor do entrevistador deu as caras outra vez.

"Haha, sim, é difícil mesmo de explicar. Entendo você!" Ele riu por alguns segundos antes de acrescentar: "Bem, é só isso por enquanto. Obrigado."

E acabou.

Saí aos tropeços do prédio imponente e cruzei a rua até a estação Green Park, convencido de que não tinha a menor chance de conseguir aquele emprego.

De alguma forma, porém, algo no meio das minhas desastrosas respostas funcionou. Talvez tenha sido minha descrição poética de *wabi-sabi*, ou o desespero de me dispor a viver em uma caverna. Doze semanas depois, para minha total surpresa e alegria, recebi uma carta dizendo que havia sido aceito. Minha vida estava prestes a dar uma guinada de quase 10 mil quilômetros para o leste, rumo a um país que mal conhecia, para assumir um trabalho para o qual me sentia completamente despreparado.

1.
A REVELAÇÃO DO SUSHI

JULHO DE 2012

Viajar de Londres a Tóquio é vivenciar uma transição de mundos, cruzando pelo menos oito fusos horários e enfrentando uma divisão cultural para a qual nada poderia ter me preparado.

Depois que me despedi dos meus pais e empurrei meu carrinho cheio de malas para a área de embarque no aeroporto de Heathrow, não fazia ideia de quando os veria novamente ou de quantos anos ficaria longe. A menor sombra de pensamento triste foi abafada pela adrenalina e pela ansiedade da viagem que estava prestes a começar. O voo de Heathrow até o aeroporto de Narita, em Tóquio, duraria cerca de doze horas, causando o pior jet lag possível bem assim que eu pousasse.

Fiquei olhando pela janela enquanto as telhas de Londres davam lugar ao mar do Norte e às florestas da Escandinávia, até que todos os sinais de civilização foram desaparecendo, já que quase todo o tempo de voo foi gasto a 11.500 metros de altitude, sobre a vasta tundra siberiana. Tentei dormir um pouco, mas a garota ao meu lado — uma colega do programa JET — roncava tão alto que deixava o som dos motores do avião no chinelo. Como não ia rolar nenhum bate-papo animado nesse voo, fiquei folheando um livrinho barato de frases em japonês até finalmente adormecer enquanto tentava decorar minha apresentação pessoal para o discurso na escola.

Com 22 anos e recém-saído da universidade, eu ainda estava me consumindo pela incredulidade de que meu primeiro emprego após a graduação seria do outro lado do mundo, em um país onde não conhecia ninguém e falando uma língua que mal compreendia.

Embora sempre tivesse sonhado em visitar o Japão, a ideia de morar lá não passava pela minha cabeça até que, aos 18 anos, fiquei sabendo do programa JET durante um voo para a França. Sentei ao lado de um casal supersimpático que estava indo ver a filha que lecionava no Japão, e eles ficaram empolgadíssimos quando souberam que eu queria viajar pelo mundo e dar aulas de inglês depois de me formar. No fim do voo, me convenceram a me inscrever, acendendo uma nova paixão em mim.

Já que essa viagem toda começou com uma conversa com estranhos em um avião, foi uma pena que o voo de hoje, muito mais longo, não tenha trazido encontros que mudassem o destino da minha vida. Só ouvi roncos e resmungos.

Depois de doze horas, acordei com o impacto da aterrissagem no aeroporto de Narita. Olhei pela janela e a visão do terminal sem graça me fez sentir que tudo estava meio sem clímax. Não vi telhados de *kawara* nem pagodes. Uma olhada rápida na paisagem não revelou nem mesmo uma vista distante do monte Fuji coberto de neve. Quase nada indicava que estávamos em Tóquio. E, até certo ponto, não estávamos mesmo.

Logo percebi que o aeroporto de Narita não estava exatamente em Tóquio, mas enfiado em meio a alguns campos de arroz, 70 quilômetros a leste da cidade.

Quando saí do terminal e entrei no calor da tarde que parecia um forno, fiquei chocado com a umidade do ar; cada respiração enchia minha boca de vapor. Por sorte, antes que meu sangue evaporasse, fui rapidamente empurrado para um ônibus que aguardava, junto com os outros JETs, e fiz uma oração aos deuses pelo milagre da existência do ar-condicionado enquanto pegamos a estrada em direção a Tóquio.

Se Narita tem uma coisa boa, é permitir que você aprecie a imensidão de Tóquio, a maior cidade do mundo. A viagem começa nas planícies sem fim da província de Chiba, com grupos de tradicionais casas japonesas espalhadas entre quilômetros de campos de plantação de arroz. Aos poucos surgem as cidades ao lado da estrada, com os campos de arroz sendo substituídos por blocos de apartamentos e outdoors com homens e mulheres sorridentes segurando indispensáveis produtos de beleza. Vi um hotel no estilo medieval, todo decorado com o nome ridículo "Hotel Smile Love Time" (Amor, Sorriso e Momentos — Hotel, em tradução livre) estampado em seu telhado.

São 37 milhões de pessoas na área metropolitana de Tóquio. Esse número parece quase incompreensível — mais da metade da população britânica em uma só cidade —, mas, quando os olhos se fixam na linha do horizonte, é um número que logo começa a fazer sentido.

Em uma hora, toda a vegetação desapareceu. Quando nosso ônibus cruzou a Rainbow Bridge na baía de Tóquio, fomos cercados por arranha-céus imensos de todos os lados, com a icônica Torre de Tóquio — a versão japonesa da Torre Eiffel — se destacando no horizonte. Com a cara colada na janela, fiquei em êxtase, impressionado: para onde quer que olhasse, havia mais arranha-céus, mais concreto, mais caos. Em termos de escala, isso fazia Londres parecer uma piada.

O ônibus seguiu por rodovias e pontes cada vez mais sinuosas, com edifícios colados uns aos outros e anúncios de celebridades glamorosas nos tentando com cerveja Asahi e uísque Suntory e nos levando cada vez mais ao coração de Tóquio. A viagem de duas horas parecia um passeio em um parque temático, com meu estômago dando voltas enquanto passávamos por rampas e subidas da estrada. Por fim, chegamos ao prestigiado Keio Plaza Hotel, no distrito dos arranha-céus de Shinjuku. Com duas torres e 1.400 quartos, era um dos poucos lugares grandes o suficiente para abrigar o fluxo anual de JETs.

Fomos rapidamente retirados do ônibus, e senti meu primeiro contato com o ar de Tóquio: quente, úmido e com cheiro de esgoto, típico do sistema de encanamentos deteriorados da cidade, ocultos debaixo das ruas impecavelmente limpas.

Até então, me sentindo orgulhoso por ter conseguido uma vaga no programa JET, me iludi ao me julgar especial. No entanto, quando entrei no imenso lobby do Keio Plaza Hotel, rodeado por mil outras caras estrangeiras, percebi que era apenas uma peça em uma máquina bem lubrificada.

Quando chegou minha vez na fila, um japonês me entregou o cartão do meu quarto, que ficava no 25º andar. Eu ia dividir um quarto triplo com dois britânicos esportistas chamados Colin e Michael. Quando abri a porta, encontrei ambos rindo e falando sobre rúgbi. Minha chegada pareceu interromper o papo.

"E vocês, pra onde vão?", perguntei, jogando minha mochila na única cama livre, a que estava perto da janela.

"Vou para Himeji, ao lado do castelo mais famoso do Japão", declarou Michael, com um ar de quem era dono do castelo.

"É... e eu vou para Nagasaki", disse Colin, todo sorridente.

Droga. Por que não fui para Nagasaki ou Himeji?

"E você, pra onde vai?", perguntou Michael, curioso para ver se eu tinha algum castelo para ostentar.

"Vou para Yamagata. Fica no norte."

"Sério? Nunca ouvi falar", respondeu Michael, dando um sorriso vitorioso, bem ciente de que tinha se sagrado campeão no ranking de escolhas de lugar no JET.

Eu estava exausto depois da viagem interminável, mas a fadiga foi superada pela inquietação. Deixei Colin e Michael discutindo sobre rúgbi e masculinidade e saí de fininho do quarto para o fim de tarde em Tóquio. A luz dourada iluminava os andares superiores dos brilhantes arranha-céus do distrito. As torres gêmeas da Tóquio Metropolitan Tower se destacaram para mim, oferecendo, de acordo com meu guia de Tóquio, "a melhor vista da cidade — de graça".

Padecendo de uma estranha obsessão por mirantes, eu já havia subido em várias torres para conhecer vistas de cidades ao redor do mundo, de Xangai a Seattle, de Barcelona a Berlim. No entanto, quando saí do elevador da Tóquio Metropolitan Tower e encostei minha testa cansada nas janelas de vidro no topo, olhei extasiado para uma cidade que parecia não ter fim. De onde estava, no centro da metrópole, até as montanhas distantes ao redor da cidade, só vi concreto. A vista era ao mesmo tempo empolgante e aterrorizante.

Fiquei observando, e em vinte minutos a escuridão tomou conta da paisagem. Milhões de luzes começaram a brilhar nas janelas, espalhadas por todo o horizonte. As luzes cintilavam como um espetáculo de fogos de artifício. Ver o pôr do sol de Tóquio pela primeira vez parecia algo grandioso, e senti que aquilo merecia uma comemoração.

Me apoiei em um banquinho perto da janela na caríssima cafeteria do mirante e me deliciei com uma fatia de bolo de chocolate absurdamente cara, enquanto assistia ao sol se pôr sobre 36 milhões de pessoas. Quando dei a última mordida, estava tão cansado que tombei a cabeça sobre a mesa e adormeci. Acho que dormi por meia hora antes que uma garçonete viesse me cutucar no ombro para me expulsar.

O que se seguiu foram dois dias de treinamento intensivo e sessões de orientação, intercalados por tentativas desesperadas de tentar me enturmar com meus novos companheiros. Os seminários do JET eram uma névoa embaçada de jet lag e sobrecarga de informações. No segundo dia, em vez de participar de uma palestra importante sobre o que não fazer no Japão, passei a manhã na cama me recuperando, comendo um pacote de batata frita de soja sem gosto da 7-Eleven. Mais tarde me arrastei para um workshop sobre as regras de ouro para trabalhar com professores japoneses e torci para ninguém ter percebido minha ausência recheada de batata frita. Uma garota britânica chamada Amy, que estava no seu segundo ano do JET, conduzia o workshop e fez uma série de perguntas de múltipla escolha para o público ansioso.

"Se um professor japonês cometer um erro em inglês na frente da classe, o que você deve fazer? A: parar a aula e apontar o erro. B: continuar a aula e falar com o professor reservadamente depois. C: ignorar o erro e deixar a aula seguir."

Houve uma pausa momentânea antes que um cara animado, com um sotaque do sul dos Estados Unidos, gritasse: "B!".

"Isso mesmo, você não vai querer envergonhar o professor na frente da turma e criar um atrito com seu colega. Mas quando isso acontecer o melhor é avaliar caso a caso, dependendo do professor."

Ouvindo a moça dizer "quando isso acontecer", percebi que os professores de inglês japoneses talvez não fossem tão bons em inglês assim. Até aquele momento eu imaginava que ficaria sentado no fundo da sala, sendo guiado por um superior muito experiente. Não tinha me ocorrido que eu poderia ser a pessoa mais preparada na sala. De repente, a responsabilidade do cargo parecia muito maior.

Eu vinha me mantendo distante de meus colegas de quarto, Colin e Michael, já que nossa carência de interesses em comum estava bem clara. Todas as tentativas de puxar papo e fazer amizade até ali tinham sido em vão. Contudo, naquela terceira e última noite em Tóquio, já que não conhecíamos ninguém na cidade, decidimos sair para explorar o distrito vermelho de Shinjuku. Os organizadores do programa JET tinham nos avisado para evitar Kabukicho, devido ao risco de uns vendedores de rua mal-intencionados pegarem turistas desavisados e os levarem para bares suspeitos, administrados pelo crime organizado da região. Claro que esse alerta teve o efeito oposto. Era para lá que *queríamos* ir.

A entrada de Kabukicho era sinalizada por um enorme portal iluminado em vermelho, com a rua descendo em direção a uma deslumbrante profusão de letreiros e neons que prometiam comida, saquê, caraoquê e amor. Um outdoor de um hostess club exibia seis jovens de biquíni, sorrindo e convidando os transeuntes com as mãos estendidas. Ao lado, um letreiro com a silhueta de uma vaca e a palavra "Wagyu" fazia referência a um restaurante vizinho que servia carnes, escondido entre um amontoado de prédios. À direita da vaca havia a imagem de um par de mãos massageando as costas de uma pessoa sob a palavra em inglês "Flamingo" e uma lista de preços — por exemplo, noventa minutos por 2.500 ienes. Vapor subia de uma barraca que vendia pãezinhos por uma pequena abertura na parede, enquanto o som ensurdecedor de jingles e slogans tocados simultaneamente em telas publicitárias do tamanho de ônibus ecoava no entorno. Atordoado e cem por cento inocente, eu não fazia ideia do que estava acontecendo.

Acostumado com lojas e restaurantes britânicos, que geralmente ficam no térreo, o que mais me impressionou em Tóquio foi a verticalidade das opções de comida. Restaurantes e bares se empilhavam uns sobre os outros, com placas de neon indicando o que poderia ser encontrado em cada andar. Isso dava às ruas uma estética futurista, cyberpunk, mas também tornava intimidadora a escolha de um restaurante, já que não dava para enxergar nada lá dentro. Subimos de elevador até o terceiro andar de um prédio com uma placa chamativa prometendo coquetéis, e as portas se abriram para um interior sujo, com um bar lotado e um barman fazendo um gesto de "X" com os braços. Ou o bar estava cheio ou ele não nos queria lá. Caímos fora imediatamente.

Por fim, resolvemos escolher um restaurante de sushi no térreo, o qual pelo menos conseguimos espiar pelas janelas de vidro. Fomos tranquilizados pela visão de um interior movimentado, com uma equipe de chefs vestidos com aventais e chapéus brancos, preparando *nigiris* apaixonadamente.

Ao pisar pela primeira vez em um restaurante japonês, quase caí para trás quando todos, desde os chefs até a equipe de garçons, irromperam em um: "*Irashaimase!* Bem-vindos!". Foi um coro de vozes diferentes, desde o tom profundo do chef principal até o grito agudo de uma garçonete que passava por perto, equilibrando delicadamente dois pratos de madeira de *hinoki*.

Como era hora do rush e havia um entra e sai de clientes, quase todos os assentos estavam ocupados, restando apenas três bancos no balcão. Uma jovem que corria entre as mesas se aproximou de nós, levantando três dedos para indicar o tamanho do nosso grupo. Acenamos com a cabeça.

"*Hai, douzo!* Por aqui, por favor." Ela nos conduziu até o balcão e colocou uma xícara de chá verde quente na nossa frente, antes de desaparecer em uma mesa próxima.

Eu só tinha comido sushi duas ou três vezes no Reino Unido, e sempre daqueles prontos, comprados no supermercado. A experiência de comer peixe sem gosto sobre um bolinho de arroz duro não tinha me conquistado. Mesmo assim, enquanto aguardava o legítimo sushi, fiquei hipnotizado pelos seis chefs que trabalhavam sincronizadamente para preparar uma comida que parecia mais arte do que alimento.

Três deles estavam fatiando generosos pedaços de atum e salmão, enquanto dois outros moldavam o arroz nas mãos, formando bolas perfeitas. Percebi outro chef com um pequeno maçarico, tostando meticulosamente uma fatia de atum sobre uma bolinha de arroz e transformando o peixe de rosa em dourado sob o brilho da chama. O produto final era cuidadosamente colocado em um prato de madeira, ao lado de uma variedade de *nigiri*, com coberturas que iam de ovas de salmão até uma omelete fofa e fatias de peixe branco que eu nunca tinha visto antes. O aroma doce do atum gordo tostado se misturava com o cheiro forte de peixe fresco, trazendo ao ambiente a sensação de um porto, embora estivéssemos no meio da maior cidade do mundo.

Embora o cardápio não tivesse uma versão em inglês, felizmente exibia fotos tentadoras de todas as peças de sushi. Apontamos para um generoso prato de atum, que consistia em três cortes do peixe: *akami*, um corte escuro e carnudo; *ootoro*, o mais gordo de todos, de um tom rosado claro; e *chutoro*, o corte médio de gordura. As três postas foram seladas, desfiadas, fatiadas e enroladas com perfeição, servidas como *nigiri* (sushi moldado à mão), rolos de *maki* e algumas fatias de sashimi servidas sobre uma cama de rabanete *daikon*, acompanhados de uma pitada de wasabi. O prato de doze peças de sushi custava 2.700 ienes (cerca de 24 dólares), o que parecia bem mais caro que o sushi de mercado.

Coloquei o primeiro *nigiri* de *chutoro* na boca.

A primeira coisa que percebi foi o *shari* — o arroz. Talvez o ingrediente mais subestimado no sushi fora do Japão, o arroz é temperado com vinagre, sal e açúcar, o que lhe deixa com um sabor doce e ácido característico. Tinha uma textura pegajosa, mas firme, que facilitava o uso dos hashis, e de alguma forma desmanchava com facilidade na boca. Eu nunca tinha experimentado algo assim. O "sushi" que eu comi no Reino Unido parecia uma agressão comparado a isso.

E então havia o *chutoro*, o atum. Ele tinha uma consistência amanteigada, que derretia na boca, lembrando um bom pedaço de carne, e, surpreendentemente, quase não tinha gosto de peixe. O equilíbrio entre a gordura e a carne proporcionava uma mordida satisfatória demais, sobretudo com o toque sutil de wasabi.

"Caramba. Então é *assim* o verdadeiro gosto do sushi", observei.

"Isso aqui deixa o sushi britânico no chinelo", comentou Colin, dando uma respirada antes de enfiar mais sushi na boca.

Quando o atum foi trazido à mesa, fiquei preocupado que não fosse suficiente. Parecia tão delicado. No entanto, depois da minha décima segunda peça, eu estava quase explodindo. Eu havia subestimado o poder de saciedade do arroz temperado.

A refeição tomou um rumo mais esquisito, no entanto, quando Michael insistiu em pedir um prato para finalizar.

"Meu amigo que mora no Japão disse que eu tinha que experimentar esse negócio quando fosse comer sushi. O nome é *shiokara*."

Nenhum de nós tinha ouvido falar disso, mas fiquei preocupado quando vi a expressão desconcertada no rosto de um chef que estava próximo e ouviu o pedido.

Momentos depois, descobrimos que Michael tinha péssimo gosto para amigos.

Três pequenas porções foram trazidas por uma garçonete, e cada uma foi colocada à nossa frente. Parecia que alguém tinha estripado um peixe e jogado as entranhas sangrentas em uma tigela. Porque foi isso mesmo que aconteceu.

Descobrimos que *ike no shiokara* significava *intestinos fermentados de lula*.

"Imperdível, né?", comentei, enquanto empurrava meus hashis no monte marrom e gosmento.

"Sim. Se bem que estou achando que está na hora de eu ir para o castelo de Himeji..." Michael, de repente menos afetado, se levantou para sair.

O chef, que estava fatiando um filé de atum atrás do balcão, riu da nossa reação.

"*Ganbatte ne!* Boa sorte!", ele nos incentivou, fazendo um gesto cômico de fechar o punho, como se nos preparasse para uma batalha.

Não querendo decepcionar meu incentivador, peguei um bocado e imediatamente senti a língua enrugar com o gosto salgado e amargo. Corri para o chá verde.

Vários chefs e clientes do balcão gritaram e me aplaudiram.

Sobrevivi à minha primeira visita a um restaurante de sushi japonês. Se você descontar a parte das entranhas fermentadas de lula, tinha sido uma revelação.

2.

A LOTERIA DE LUGARES NO JAPÃO

AGOSTO DE 2012

O intenso período de lua de mel de três dias de integração em Tóquio estava chegando ao fim, e todas as pessoas que eu havia conhecido ou com quem fizera amizade foram de repente levadas embora, para nunca mais serem vistas.

Alguns foram enviados em trens-bala para cidades exóticas como Osaka, Himeji e Kobe — presumivelmente para comer o wagyu que eu esperava devorar. Os menos afortunados foram amontoados em ônibus que seguiam para as províncias vizinhas menos glamorosas de Tóquio, como Chiba e Saitama. À medida que cada rosto quase familiar desaparecia na distância, toda sensação de segurança que eu tinha também desaparecia.

Quanto a mim, fui escoltado até um micro-ônibus que me levaria ao aeroporto de Haneda, para um voo de uma hora rumo ao norte, até Yamagata. Como companhia, eu só um colega do programa JET, um cara do Colorado, tímido mas simpático, chamado Mark, e nosso supervisor japonês, que nos entregaria pessoalmente aos nossos colegas japoneses, no que parecia ser uma espécie de troca de prisioneiros metida a besta.

Quando o avião decolou, o nervosismo aumentou. Não demoraria muito para eu estar em uma escola, tentando me apresentar como professor. Para me tranquilizar, enfiei a mão no bolso e tirei minha carta de contratação, já desgastada e rasgada. Havia uma frase escrita pelo meu coordenador do programa JET, baseado em Yamagata, que eu sempre voltava para ler.

"Parabéns, Chris, você ganhou na loteria de lugares do Japão."

Olhei para as palavras com um crescente senso de apreensão. As chances de estar prestes a chegar a um lugar empolgante pareciam impossivelmente remotas. Nos dias cheios de ansiedade que antecederam minha viagem para o Japão, eu tinha tentado freneticamente aprender o máximo possível sobre Yamagata, a província rural que eu chamaria de lar pelos anos seguintes da minha vida.

Uma busca na Wikipédia sobre a região, com seus 500 mil habitantes, resultou em um único resultado: "Yamagata se destaca pela produção de cerejas."

Fantástico.

Não havia menção a pontos turísticos, festivais ou qualquer coisa de valor cultural ou histórico. Graças a Deus havia cerejas. Elas me ajudariam a seguir em frente.

Comecei a analisar demais o tom excessivamente positivo da carta. Talvez fosse só um truque para disfarçar a verdade desconfortável de que eu iria me enfiar na pior região do Japão.

A preocupação foi aumentando, e, para me distrair, comecei a olhar pela janela. Estávamos voando sobre a deslumbrante cadeia de Montanhas Ōu, que se estende como uma espinha ao longo do Japão central. A maior cadeia montanhosa do país, com 500 quilômetros, logo se tornaria a barreira física entre mim e tudo o que conhecia. As serras eram bonitas de verdade, com picos rochosos e afiados que davam lugar a florestas densas e intermináveis. Enquanto a maioria das imagens associadas ao Japão são o aglomerado urbano de Tóquio ou os santuários vermelhos de Quioto, na realidade 70% da área do país é composta por montanhas e florestas. A paisagem montanhosa é a razão pela qual boa parte da população do país está concentrada nas planícies intermediárias, dando origem às megacidades de concreto como Tóquio, Nagoia e Osaka.

Nosso supervisor japonês, que até então estava quase em silêncio, de repente se inclinou para a frente e apontou pela janela.

"No inverno, essas montanhas, muitas neves", ele sorriu, de uma maneira que me pareceu um pouco ameaçadora.

Concordei com a cabeça, reconhecendo, sem saber na época que os poucos centímetros de neve que tinha experimentado no Reino Unido não se comparavam nem de longe ao que eu veria no fim daquele ano. Eu não fazia ideia de que as montanhas Ōu recebem algumas das maiores nevascas do planeta de dezembro a março, tornando quase impossível escapar de Yamagata durante os meses de inverno.

Quando estávamos quase chegando, vi uma planície de 30 quilômetros de campos de arroz verdejantes, cruzados por estradas perfeitamente retas, que levavam ao monte Chōukai, um vulcão que se erguia no horizonte com um aspecto sinistro. Através da névoa úmida de verão, consegui distinguir a cúpula de 2.200 metros e me perguntei se aquele pico imponente seria responsável pela minha morte caso entrasse em erupção. No Reino Unido, terremotos e erupções vulcânicas eram eventos que a gente mal via nas notícias ou enquanto navegava pela Wikipédia. Para minha sorte, logo me certifiquei de que o vulcão estava praticamente adormecido, tendo liberado uma quantidade medíocre de fumaça pela última vez em 1974. Em vez de causar pavor, o gigante adormecido do monte Chōukai logo se tornaria um lembrete diário de que eu tinha sorte por viver em uma paisagem tão magnificamente exótica.

A planície de Shōnai estava situada entre o mar do Japão, a oeste, e as montanhas Ōu, a leste, criando uma paisagem dramática. Não poderia ser mais diferente dos campos esculpidos de maneira caótica e das colinas onduladas da zona rural britânica.

Aqui, havia uma sensação de ordem, como se cada campo tivesse sido meticulosamente medido e transformado em retângulos, e a planície em si era perfeitamente plana, antes de dar lugar a montanhas imponentes. O contraste entre o mar turquesa, os campos de arroz verdejantes e o azul esfumaçado dos topos das montanhas era uma visão incrível de testemunhar pela primeira vez. Embora eu nunca recomendasse visitar o Japão em agosto, a menos que você queira sentir na pele como é ser um frango no espeto, não há dúvida de que o visual do país é deslumbrante no auge do verão.

"Senhoras e senhores, chegaremos ao aeroporto de Shōnai em breve. Por favor, apertem o cinto de segurança e preparem-se para o pouso."

Enfiei a carta no bolso e rapidamente fechei o botão de cima da camisa. Eu tinha escolhido roupas formais para a viagem, pois me avisaram que seria levado diretamente do aeroporto para encontrar o diretor da escola: efetivamente, seria meu primeiro dia de trabalho.

A essa altura, eu já estava um verdadeiro desastre. O estômago embrulhado de nervoso misturado com o jet lag causou uma confusão mental que me deixou incapaz de falar de forma coerente. A ideia de conversar em inglês com alguém importante, ainda mais falando um japonês precário, me aterrorizou. Eu suspeitava de que seria o professor de inglês demitido mais rapidamente da história do Japão.

À medida que nos aproximávamos do saguão de desembarque, Mark se agachou para amarrar os cadarços. Tive a impressão de que era um sinal da sua própria ansiedade.

"Tá nervoso?", perguntei, esperando compartilhar algum tipo de camaradagem do JET.

"Não. Nada de mais", ele respondeu, continuando a amarrar os cadarços sem nenhum sinal de emoção.

Desgraçado.

Depois do barulho e da confusão de Haneda, o aeroporto de Shōnai parecia bem pequeno. Quase não havia passageiros no voo. O encanto das cerejas pelo jeito não tinha atraído nenhum turista japonês.

Comecei a me perguntar no que estava me metendo, mas fui rapidamente arrancado de minha onda de negatividade. O momento de encarar tudo estava ali. Arrastamos nossas malas através dos portões de chegada para encontrar nossos novos colegas de trabalho. O primeiro teste.

A porta se abriu e revelou dois grupos de professores japoneses segurando placas com nossos nomes. Um homem alto, de meia-idade, com óculos de armação de metal levantou a placa que dizia "Chris sensei" com um sorriso amigável.

Ele estava ladeado por dois colegas que pareciam mais velhos, um homem com óculos praticamente idênticos aos dele e uma mulher que sorria e acenava.

Era um começo encorajador.

"Bom, Mark, acho que é isso..."

Virei para me despedir, mas Mark já tinha se afastado com o grupo dele. E lá se foi a amizade eterna.

Meu supervisor fez uma reverência rápida para os colegas que estavam me esperando, disse "Muito prazer" e desapareceu no ar, como um fantasma.

Sem meus apoios, eu estava sozinho com os meus novos colegas. Caminhei até eles, acenando exageradamente com os braços.

"*Konnichiwa*, olá!"

Eles se inclinaram.

"*Konnichiwa*. Prazer em conhecê-lo, Chris san."

"Eu levo isso", disse o homem mais alto, pegando meu carrinho e colocando o cartaz dentro. "Quer tomar um café?"

"Sim, por favor. Estou morto de cansaço por causa do jet lag", brinquei, meio desconfortável. Eles assentiram com um sorriso e me conduziram até a pequena cafeteria dentro do aeroporto.

Depois que pedimos os cafés gelados e nos sentamos à mesa no canto, senti todos os olhares em mim. Meus três colegas ainda estavam sorrindo, como se as expressões deles tivessem ficado congeladas.

O homem mais velho quebrou o silêncio desconfortável.

"Então, Chris san, a viagem foi boa?"

"A viagem foi tranquila, mas, meu Deus, eu tô com um baita jet lag! Tóquio foi bem intensa, muito treinamento e tudo o mais. E estava tão quente que eu mal consegui dormir uma hora lá", soltei tudo sem nem respirar.

Silêncio. Olhei ao redor para ver se alguém ia reagir. As expressões deles continuaram imutáveis, embora tivessem assentido educadamente.

Nenhuma resposta. Será que eu tinha falado algo muito estranho ou inadequado? Tomei um gole longo do café gelado para tentar preencher o silêncio, torcendo para alguém falar alguma coisa. O homem mais velho olhou para os colegas antes de falar gentilmente.

"Chris san, poderia falar um pouco mais devagar, por favor?"

Ai, caramba. Eles não entenderam uma palavra do que eu tinha falado.

Viria a descobrir depois que, dos onze professores japoneses com quem eu ia trabalhar, só um tinha morado fora do país por mais de três meses e pelo menos três não falavam nem entendiam nada de inglês. Por mais simpáticos que meus colegas fossem, parecia que saber inglês não era exatamente um requisito para ser professor de inglês no Japão. Isso pode explicar um pouco o motivo de o Japão ocupar o 53º lugar no ranking de proficiência em inglês, ficando bem abaixo de países como China e Coreia do Sul.

A velocidade com que eu falei, somada ao meu sotaque britânico — já que o inglês americano é o que se ensina no Japão —, tornou praticamente incompreensível tudo o que eu disse.

"A viagem foi boa. Mas eu estou bem cansado com jet lag. Tóquio é bem quente!" Falei devagar e com mais calma, e funcionou.

Percebi que meu jeito de falar, todo sarcástico, com metáforas e gírias britânicas, não ia funcionar aqui. Meu vocabulário precisaria ser simplificado, o que me fez parecer ainda mais sem graça do que já sou. Com o tempo, eu acabaria usando mais gestos durante as conversas.

"Ah, sim. Tóquio é bem quente no verão!", disse o homem mais velho, e os outros dois concordaram com a cabeça.

Foi nesse momento que eles se apresentaram formalmente.

O homem mais jovem era o Nishiyama sensei. Ele era anormalmente alto para um japonês, estava na faixa dos trinta e poucos anos e havia passado três meses no Canadá estudando inglês. Falava de um jeito lento metódico, claramente se esforçando para não cometer erros gramaticais. Esse jeito de falar tinha um toque meio robótico, quebrado apenas pelo sorriso gentil, embora um pouco forçado.

Depois, foi o Kengo sensei, que eu descobriria ser bem mais velho do que aparentava, tinha lá uns cinquenta e poucos anos, mas parecia ter quarenta. Ele era o mais confiante no inglês e falava com um leve sotaque americano. Tinha viajado o mundo, adorava tocar guitarra e aprendera inglês através da música. Ele fez parte do movimento pacifista pós-guerra no Japão, envolvido em protestos contra o militarismo e as armas nucleares. Era o mais entusiasmado dos três e parecia obcecado por Londres, o que, eu esperava, seria útil para mim.

Finalmente, chegou a vez do Saitou sensei, que parecia não ter muita confiança em suas habilidades com o inglês.

"Meu inglês, não muito bom!", ela disse, brincando, e basicamente terminou a apresentação por aí, concentrando-se no café.

Eles eram bem diferentes entre si, mas todos muito simpáticos e acolhedores, cada um do seu jeito particularmente esquisito.

"Chris san, o diretor está esperando por você. Vamos?", Kengo disse, levantando-se para pagar a conta.

Bebi o último gole do café gelado, nos levantamos e fomos em direção à saída. Lá fora, fui recebido pelo calor escaldante e pela primeira experiência com o som ensurdecedor das cigarras, que são a trilha sonora do verão japonês: imagine o som de um milhão de grilos acelerado e tocado em alto volume. A porta do carro do Kengo sensei estava tão quente que quase não consegui abrir sem queimar os dedos.

Eu precisava me acalmar rapidamente. Parecer que tinha acabado de sair de uma piscina sem dúvida não era a primeira impressão que eu queria causar no diretor da escola.

Durante os vinte minutos de viagem até a escola, me encostei na janela do carro, tentando aproveitar a brisa enquanto passávamos por intermináveis campos de arroz, pontuados por pequenas vilas, cada uma com um *torii* vermelho brilhante e casas tradicionais japonesas com telhados de *kawara*. O monte Chōukai estava logo ali, tão imponente, como se a região tivesse sido digitalmente desenhada para criar o cenário japonês de um jogo de videogame perfeito. A paisagem e o som das cigarras me lembraram que eu estava muito longe de casa. Nada nesse cenário parecia remotamente normal para mim.

Estranhamente, o que mais me chamou a atenção foi o fato de eu não conseguir ver nem um trecho de grama. Agora, depois de alguns anos morando aqui, percebo que a maioria das pessoas nem nota isso. No Japão, todo pedaço de terra ou é um campo de arroz, ou é recoberto de concreto ou pertence a uma montanha preenchida pela floresta. Nenhuma das casas pelas quais passamos tinha gramado, mas sim uma mistura de cascalho e árvores cuidadosamente cultivadas. Até os parques locais eram feitos quase inteiramente de cascalho e areia.

Eu descobriria depois que menos de 1% das escolas no Japão têm parquinhos com grama, e que na época feudal apenas os senhores tinham gramados decorativos, feitos para agradar os olhos.

Infelizmente meu tempo de reflexão sobre grama estava acabando, já que estávamos chegando à cidade que eu chamaria de casa pelos três anos seguintes.

Sakata (酒田), que literalmente significa "saquê, campo de arroz", era uma cidade que não tinha muitas características marcantes. Na verdade, se fosse uma cidade britânica, provavelmente seria chamada de decadente. Situada na foz do rio Mogami, Sakata já havia sido uma cidade movimentada de comerciantes, mas seus dias de glória tinham ficado para trás.

Por centenas de anos, os mercadores enviaram a planta de açafrão, usada para produzir tinturas para roupas e pigmentos para batons de luxo, de Yamagata para Sakata e depois ao longo da costa oeste do Japão até Quioto e Osaka. Esse comércio gerou enorme riqueza para Sakata e para a planície de Shōnai. Ganhou-se tanto dinheiro nesse lugar tranquilo que o clã Honma se tornou o maior proprietário de terras do Japão, deixando um legado de propriedades. No entanto, dada a aparência nada próspera da Sakata moderna, poucos sinais indicavam que um dia ali tivesse existido tanta riqueza.

O século XX não foi tão gentil com a região, pois um trágico incêndio no cinema local em 1976 local destruiu a maior parte da arquitetura histórica da cidade e devastou uma área de 22 hectares no centro.

Os edifícios antigos foram substituídos por blocos de apartamentos genéricos e utilitários, sem nenhuma característica específica. A única salvação para Sakata era a orla, com árvores e enormes armazéns de arroz, rústicos e construídos de madeira, voltados para um canal com barcos de pesca balançando. Esses armazéns, com seus telhados perfeitamente ladrilhados, eram uma grande fonte de orgulho para a cidade, sempre exibidos em qualquer menção a Sakata na internet.

À medida que nosso carro serpenteava pelas ruas labirínticas, parecia haver um número preocupante de lojas e casas vazias ou abandonadas, todas bem fechadas, e então me perguntei se havia sido enviado para a cidade mais decadente do Japão. Mas toda vez que esse sentimento de decepção surgia ele era imediatamente afastado pela visão de uma árvore bonsai impecavelmente cuidada, um *torii* vermelho brilhante em frente a um santuário ou um izakaya moderno com caracteres marcantes em kanji.

Eu estava inquieto, querendo sair do carro e explorar, assim como tinha feito durante os intermináveis seminários em Tóquio. Como em um jogo de videogame de mundo aberto, eu queria me libertar e descobrir os arredores. O problema era que eu estava em horário de trabalho desde o momento em que pisara no país.

À medida que passávamos pelo centro de Sakata, percebi mais lojas abandonadas, com as grades baixadas e as janelas cobertas. A atmosfera de cidade fantasma apontava para um dos maiores problemas do Japão rural: o rápido despovoamento.

A população do Japão atingiu seu pico de 128 milhões em 2010. Quando cheguei, em 2012, já tinha caído quase 1 milhão, e a previsão é de que fique abaixo de 100 milhões até 2050. E foi o Japão rural que mais sofreu com isso, já que as gerações mais jovens fugiram para cidades próximas, como Sendai ou Tóquio, em busca de trabalho e oportunidades que não envolviam a agricultura.

Em cidades rurais como Sakata, as escolas frequentemente fechavam ou eram incorporadas a outras. A escola na qual iria trabalhar era o resultado da fusão de três escolas diferentes em uma nova megaescola, a maior do ensino médio no norte do Japão.

Assim que viramos a esquina, a Sakata Senior High apareceu diante de nós, com sua fachada branca brilhando sob o sol da tarde e o novo ginásio se erguendo ali perto, grande o suficiente para abrigar um ônibus espacial. Talvez fosse o edifício moderno mais impressionante que eu tinha visto até então em nossa viagem pela cidade.

"Bem-vindo, Chris sensei, à Sakata Senior High School", disse o Nishiyama sensei com um sorriso, enquanto nos guiava pelos portões e para o estacionamento. Saímos rapidamente do carro e ficamos na sombra do gigantesco ginásio, que brilhava sob o sol escaldante da tarde. O calor emanava do asfalto, a ponto de eu pensar que poderia preparar um tradicional prato britânico em segundos.

Chamar a Sakata Senior High de "escola" era eufemismo. Era um enorme complexo com três novos edifícios, contendo salas de aula, um ginásio, um corredor grande o suficiente para abrigar uma frota de aeronaves — ou, pelo menos, 1.200 estudantes e 120 professores — e um playground enorme com chão de (você adivinhou) terra.

Era uma visão intimidadora, mas felizmente naquele momento o ambiente parecia tão deserto quanto o centro da cidade. Era agosto, por isso os estudantes estavam aproveitando as férias de verão, exceto por alguns que participavam de clubes e atividades. Quando nos aproximamos da entrada, três meninas usando trajes esportivos passaram correndo por nós, fazendo uma reverência e nos cumprimentando alegremente.

Todos acenamos de volta e eu respondi com um animado *"Konnichiwa!"*. As meninas correram para longe, olhando de rabo de olho para ver seu novo e desajeitado professor de inglês. Fiquei imaginando a decepção delas.

Logo na entrada, fui imediatamente impactado por uma clara diferença entre as escolas japonesas e as britânicas: fileiras e mais fileiras de suportes para sapatos. Toda pessoa que entra no prédio tem que tirar os sapatos, colocá-los em uma prateleira e trocar por um par de tênis exclusivo para uso interno. Essa foi minha primeira experiência com a cultura no Japão do "sapato proibido". Você deve tirar os sapatos antes de entrar em uma casa japonesa e até mesmo em alguns espaços públicos. Deus te ajude se você der um passo em um piso de tatame usando seus próprios tênis. Uma das poucas vezes em que vi um japonês surtar foi quando um amigo entrou em uma casa de banhos públicos sem tirar os sapatos. A senhorinha da recepção pulou da cadeira e o empurrou porta afora.

Como era minha primeira vez, pareceu inegavelmente estranho ser um adulto de meias na entrada do meu novo local de trabalho. Mas eu logo me adaptaria a esse jeito de pensar. Hoje, anos depois, me sinto cometendo um crime se uso sapatos dentro de casa.

Como era meu primeiro dia e eu não tinha comprado meus sapatos de usar dentro dos ambientes, o Kengo sensei me deu chinelos, dizendo: "Não se preocupe, Chris san, amanhã vamos comprar uns sapatos para você".

Nishiyama me conduziu para o enorme prédio e nós passamos por duas alunas rindo, sentadas em um banco. Elas gritaram:

"Olá!".

Sorri e dei um aceno rápido.

"Boa tarde!"

"*Kakkoii!*", respondeu uma delas, e as duas riram. Eu não fazia ideia do que isso significava, então fiz um joinha e torci para elas não terem acabado de me chamar de idiota.

Depois que nos distanciamos um pouco, o Nishiyama sensei se virou para mim, rindo:

"Elas disseram que você é legal".

Ufa.

Kengo e Saitou sensei nos seguiam em comitiva, animados, sorrindo o tempo todo.

O interior da escola estava quente demais, o calor intensificando o cheiro dos pisos recém-polidos. Nos meses de verão, em vez de usar ar-condicionado, a escola se limitava a abrir as janelas, o que não contribuía em quase nada para diminuir a temperatura escaldante.

Com meus chinelos rangendo no piso impecável, fui passando ao lado de paredes cobertas com desenhos feitos pelos alunos, mostrando cenas locais, e um enorme cartaz azul exibindo uma policial brava de mangá, com a mão imposta sobre as palavras em inglês "No! Drug!". Imaginei que a ideia seria dissuadir os alunos de usarem drogas, mas a sintaxe errada quase fazia parecer que a policial estava pedindo para eles pararem com o que estavam fazendo para usar drogas imediatamente.

Depois que comecei a me sentir mais tranquilo caminhando pela escola vazia, chegamos à porta da sala dos professores, e Nishiyama se virou para mim com seu sorriso característico.

"Certo, Chris sensei, antes de conhecermos o diretor, você pode se apresentar para o pessoal." Ele anunciou isso como se estivesse me oferecendo uma viagem com tudo pago para a Disneylândia.

Ai, meu Deus.

"Er, tipo, agora?"

"Devemos fazer isso agora."

"Nossa, eu tô com muito jet lag!" Arrisquei, meio brincando, esperando escapar do terror absoluto de falar para dezenas de colegas.

"Tudo bem. Só uma apresentação rápida."

Nishiyama abriu a porta para revelar uma sala retangular enorme, com dezenas de mesas cheias de livros, papéis e notebooks. Em um dia normal de trabalho, cerca de 120 professores estariam nessa sala corrigindo provas, digitando, dormindo ou disciplinando alunos que tivessem se comportado mal.

Para minha sorte, em meio às férias de verão, cerca de trinta professores estavam presentes. Se a sala estivesse lotada, acho que eu teria chorado. Ao redor do espaço, alguns professores olhavam de relance, tentando avaliar o novo professor.

Eu sabia que precisava causar uma boa impressão, e isso incluía pelo menos tentar me apresentar em japonês. Tinha conseguido memorizar as cinco frases principais do treinamento, mas suspeitava de que perderia o rumo ao tentar dizê-las na frente de todos.

Fui conduzido até uma mesa comprida onde não menos que três vice-diretores estavam sentados me encarando, como investigadores de uma comissão do governo.

Os três se levantaram e me cumprimentaram com uma reverência e um *Yoroshiku onegaishimasu*, uma saudação japonesa que literalmente significa "Por favor, tenha a bondade de me tratar bem em nossos futuros encontros", e que usamos de maneira similar ao nosso "Prazer". Todos eram homens na casa dos cinquenta ou sessenta anos, e a posição de senioridade estava claramente refletida em seus ternos impecáveis e nas enormes mesas na cabeceira da sala, de frente para o restante da equipe de maneira intimidadora, estilo George Orwell.

Um dos três, mas só um, pareceu sinceramente feliz com a minha presença. Logo entendi o motivo, quando ele começou a falar em inglês fluente.

"Bem-vindo, Chris sensei, eu sou o Saitou. É um prazer conhecê-lo."

"Obrigado. Ah, er, Saitou?"

Eu me virei para a Saitou san, que estava comigo desde o aeroporto.

Ambos balançaram a cabeça enquanto riam, fazendo gestos rápidos com os braços.

"Ah, não, não!", Saitou riu. "Muita gente em Sakata se chama Saitou. São muitos Saitou."

Notei que Saitou estava falando baixinho enquanto me conduzia até a janela. Senti que ele não queria que os outros professores soubessem que ele era fluente em inglês. Ele escondia isso como se sua vida dependesse de disfarçar seu inglês "secretíssimo". Em pouco tempo descobri que cerca de uma dúzia de professores que falavam inglês, mas não ensinavam, tinham a mesma preocupação de não mostrar suas habilidades, para não assumirem mais responsabilidades e não serem chamados para ajudar na ausência dos professores de inglês.

"Como foi o seu voo? Deve estar morrendo de sono."

"Haha, sim, ainda estou com muito jet lag."

"Está pronto para o seu *jiko shoukai*? Seu discurso de apresentação?"

"Sim, estou pronto."

De jeito nenhum.

Ele se virou para a sala dos professores, sua voz tentando competir com o barulho das dezenas de ventiladores ligados em uma tentativa desesperada de refrescar o ambiente.

"*Minnasan!* Pessoal, um momento, por favor!"

Os professores pararam o que estavam fazendo e direcionaram sua atenção em nós. Um professor claramente acabara de acordar da sua soneca da tarde, levantando a cabeça de uma pilha de livros.

"Eu gostaria de apresentar o nosso novo professor estrangeiro de inglês, que veio de Londres. Por favor, Chris sensei." Ele fez um gesto para que eu desse um passo à frente e me apresentasse.

Ah, droga.

"*Minnasan, konnichiwa.*" Fiz uma leve reverência. Em uníssono, os professores disseram "olá" e se curvaram de volta.

No meu estado nervoso e meio sonâmbulo, continuei falando em japonês.

"É... Como vão? Meu nome é Chris. Eu sou de Londres, no Reino Unido. É minha primeira vez no Japão. É... meu hobby é fotografia. Meu japonês não é muito bom. Ainda estou estudando... e... prazer em conhecê-los."

Depois do meu poderoso discurso sobre o estado da nação, fiz uma longa reverência e fui aplaudido, acompanhado de um coro de *"Yoroshiku onegaishimasu!"*. Então, assim que os professores se endireitaram, voltaram às suas atividades. O professor que estava cochilando baixou a cabeça novamente sobre a pilha de livros.

Antes que eu tivesse tempo de me sentir relaxado, fui conduzido para fora da sala. Nishiyama me levou para conhecer o *kouchou sensei*, o diretor da escola. Ele tinha seus sessenta e poucos anos, cabelo grisalho, óculos quadrados e uma expressão severa. O Suzuki sensei estava a meros dois anos da aposentadoria, e seu imenso escritório estava cheio de prêmios que eu não conseguia entender.

"Oh! *Konnichiwa!*" Com uma voz potente, ele nos convidou a sentar em um dos sofás ao redor de sua luxuosa mesa de café. Com uma precisão absurda, sua assistente trouxe três xícaras de chá verde e sumiu antes que pudéssemos agradecer.

Trocamos algumas palavras gentis e Nishiyama me contou que a filha do Kouchou sensei tinha estudado na Universidade de Cambridge.

"Nossa, você esteve na Inglaterra?", perguntei para o Kouchou sensei, torcendo para a viagem não ter deixado uma impressão negativa do meu país.

Ele disse algo e se virou para Nishiyama para traduzir.

"Sim, ele viajou para lá uma vez e experimentou *fish and chips*. Estavam deliciosos."

Ah, sim, *fish and chips*. A dádiva da Inglaterra para o mundo.

Depois de alguns momentos de conversa educada, algo que eu nunca tinha vivido aconteceu. Tanto o Kouchou sensei quanto o Nishiyama sensei ficaram completamente em silêncio. Não estou falando de um silêncio constrangedor momentâneo. Falo de um silêncio ensurdecedor que parecia não ter fim. Era como se tivéssemos iniciado uma sessão de meditação improvisada. Pode parecer trivial, mas foi incrivelmente desconfortável e preocupante de verdade. Será que eu tinha dito algo errado? Ninguém olhava para os lados ou para a janela. Nishiyama e o diretor ficaram parados, encarando o chá verde, como se tivessem sido desligados.

Tossi, na tentativa de trazer as pessoas de volta para a conversa, mas ninguém respondeu. Olhei ao redor, para o vácuo do escritório, e fingi ler as placas e troféus. Eu não sabia dizer se já estávamos ali havia vinte segundos ou duas horas.

Alguns minutos de agonia depois, sem nenhum aviso, Nishiyama se "reiniciou", levantou os olhos e disse:

"Bom, acho que devemos deixar o diretor voltar ao trabalho."

"Sim, com certeza", respondi, me levantando abruptamente, aliviadíssimo pelo término da experiência.

"Boa sorte!", o diretor gritou, me pegando de surpresa com seu inglês, e saímos da sala fazendo uma série de reverências.

Assim que ficamos fora do alcance de sua audição, me virei para o meu novo colega.

"É... Nishiyama sensei, está tudo bem?" Fiquei incomodado depois daquele primeiro encontro um tanto frio. Eu teria cometido alguma ofensa imperdoável?

"Sim, Chris sensei, acho que ele gostou muito de você." A resposta dele pareceu sincera. Mas o que diabos tinha acabado de acontecer?

Tempos depois eu descobriria que, na cultura japonesa, esses longos períodos de silêncio, *chinmoku* (沈黙), são comuns. Têm suas raízes no zen-budismo, em que se diz que o silêncio guarda os segredos da existência. O provérbio japonês "É melhor deixar muitas coisas não ditas" captura a essência do *chinmoku*. Longe de ser constrangedor, no Japão o silêncio é uma parte natural das interações diárias. Só que nesse primeiro dia na escola eu ainda não sabia disso, e saí da sala do diretor me perguntando por quanto tempo conseguiria aguentar aquilo. Eu tinha muita coisa para aprender.

Minha acomodação ficava a dez minutos de carro da escola, em um prédio de apartamentos de quatro andares, de concreto, pertencente ao governo local. A aparência externa mais parecia uma prisão da ex-União Soviética, mas tinha sido pintada com um rosa otimista para tentar disfarçar o que era — essencialmente, um atentado contra a arquitetura. O efeito geral provavelmente era mais deprimente do que se eles nem tivessem se dado ao trabalho de pintar. O Nishiyama sensei me levou até meu quarto no primeiro andar e abriu a porta para revelar um apartamento minúsculo com uma cozinha tão pequena que só dava para rir. Não havia espaço nenhum no balcão para cozinhar. Só uma pia e um fogão a gás, com uma panela de arroz empilhada em cima do micro-ondas, que por sua vez estava empilhado em cima da geladeira.

    O ar-condicionado claramente não era ligado fazia um tempo, então logo sentimos o bafo do calor. Percebi o cheiro forte dos tatames novos que tinham sido colocados um pouco antes da minha chegada. Não é fácil descrever o cheiro de tatame para alguém que nunca sentiu. Enquanto no Japão é um cheiro nostálgico, adorado pelos adultos e que os remete à infância, para mim tinha mais cheiro de curral. Imagine um fardo de feno misturado com grama recém-cortada, com um toque de meias mofadas. Não posso dizer que gostei.

Caminhei dois passos pela luxuosa cozinha e abrimos a porta deslizante para revelar uma pequena sala de estar, equipada com um sofá de couro preto na extremidade oposta, uma mesa *kotatsu*, uma cadeira reclinável sobre um tapete barato e, finalmente, no canto, o que parecia ser a televisão mais minúscula do Japão. Para um país renomado pela habilidade tecnológica, fiquei um pouco desapontado com meu apartamento tão claramente retrô. Minha maior preocupação era como diabos eu iria me aquecer no inverno, já que não havia radiadores e as paredes eram finas como papel. O *kotatsu*, basicamente uma mesa com um aquecedor embaixo para manter as pernas e os pés quentinhos, parecia uma boa ideia, mas na prática não era substituto para o aquecimento de século XXI que claramente estava faltando.

Notei a ausência de um quarto e perguntei a Nishiyama onde eu iria dormir.

"Ah, sim, seu futon está aqui!" Ele abriu o grande e rangente armário, e um futon dobrado de qualquer jeito saltou para fora, como se quisesse escapar. O dono anterior claramente o enfiara às pressas lá dentro antes de sair.

Olhei ao redor e não pude deixar de pensar que um apartamento tão pequeno seria ilegal no Reino Unido. A única coisa boa era o preço, cerca de 110 dólares por mês. Também tinha uma varandinha minúscula, adornada com duas cadeiras enferrujadas que pareciam um bilhete de primeira classe para o tétano. Um bônus.

"Obrigado pelo seu bom trabalho hoje, Chris sensei. Por favor, descanse. Amanhã venho te buscar para o trabalho às oito horas."

Agradeci ao Nishiyama sensei enquanto ele saía pela porta, deixando-me à vontade em minha residência palaciana. Me joguei no sofá de couro, que, surpreendentemente, era bem confortável.

Durante os últimos e intensos quatro dias, desde o momento em que chegara ao aeroporto de Heathrow, eu fazia uma jornada cuidadosamente coreografada, aparentemente sem exercer nenhuma vontade própria.

Agora, finalmente sozinho, tinha caído a ficha da realidade da situação. Depois de todos aqueles anos de espera, ali estava eu, sozinho em um quarto no norte do Japão, me perguntando em que diabos tinha me metido.

3.
SUOR E AREIA

AGOSTO DE 2012

"Chris sensei, não vai me acompanhar na segunda-feira de manhã para um evento especial?"

Eu já tinha me afeiçoado ao Kengo sensei, que falava de forma suave e adorava música, e que tinha me ajudado muito desde a minha chegada em Sakata. Então, sem nem questionar o que era o tal evento, aceitei de cara o vago convite dele enquanto saíamos do trabalho na sexta-feira à tarde.

"Muito bem! Pego você às sete horas. A gente vai antes do trabalho."

Foi uma primeira semana brutal, com uma rotina de viagens, apresentações e jet lag. Com os alunos de férias, passei os primeiros dias meio perdido, organizando os papéis na minha mesa enquanto tentava não quebrar nada nem passar vergonha.

Mas agora, enfim, eu era um homem livre, pronto para o primeiro final de semana sozinho no Japão. Decidi que ia explorar um pouco os arredores.

Fui acordado de maneira nada gentil no sábado de manhã pelo grito de um gavião que gostava de ficar se exibindo no telhado de um prédio vizinho. Não consegui voltar a dormir e, com a cara amassada, saí do meu apartamento às nove horas, já com o sol quente, segurando um mapa de papel e tendo o contorno distante do monte Chōkai como meu guia improvisado. Eu ainda não tinha telefone celular, de modo que precisaria fazer tudo do jeito antigo.

Minha primeira parada foi na loja de conveniência local, o Family Mart. No momento em que as portas se abriram, fui quase derrubado pelo grito *"Irashaimase!"* que ecoou pelo lugar. Ainda sem saber direito como reagir a esses cumprimentos de boas-vindas que se recebe ao entrar em uma loja ou restaurante no Japão, simplesmente acenei sem muita empolgação, dei um sorriso meio sem graça e comecei a andar pelos corredores, tentando encontrar alguma comida ou bebida que eu conhecesse.

As lojas de conveniência no Japão são um verdadeiro espetáculo de organização e eficiência. Cada cliente que entra é recebido com o mesmo grito, sem exceção. Não importa o que esteja acontecendo — se o funcionário está lidando com a correria da hora do almoço, com uma falha na caixa registradora ou com o próprio apocalipse — eles nunca vão deixar de gritar *Irashaimase!* quando a porta se abrir. Para garantir que não percam nenhum cliente, cada rede de lojas tem seu próprio jingle que toca assim que você entra, sendo a melodia de onze notas do Family Mart a mais famosa. Tecnicamente, o Family Mart não é dono da musiquinha — ela vem de uma campainha criada pela Panasonic —, mas, de qualquer forma, em cinco minutos dentro da loja eu tinha ouvido a melodia pelo menos umas vinte vezes. É impressionante como a ética de trabalho japonesa faz os funcionários aguentarem ouvir essa musiquinha mais de mil vezes durante um único turno e ainda conseguirem manter a sanidade.

Comparado a uma loja de esquina no Reino Unido, os *conbinis* japoneses estão anos-luz à frente em termos de variedade de serviços. As três maiores redes são 7-Eleven, Family Mart e Lawson, e, além de estarem abertas 24 horas por dia, 365 dias por ano, sem faltar um dia sequer, cada loja tem tudo o que você pode precisar: caixa eletrônico, fotocopiadora/impressora, banheiro e até um computador para você providenciar de tudo, desde passagens de avião até ingressos para a Disney. Você ainda pode pagar suas contas no caixa. Isso sem contar a enorme variedade de alimentos, bebidas, refeições prontas e uma área onde você pode preparar tudo, com micro-ondas, máquina de café e chaleira. Resumindo, viver só com o que tem em um *conbini* japonês é assustadoramente fácil. O único problema é decidir em qual loja ir. Mesmo aqui, no meio do nada, tinha no mínimo quatro lojas em um raio de cinco minutos para escolher.

Enquanto eu olhava a geladeira de bebidas, vi algumas marcas que conhecia, como Coca-Cola e Tropicana, mas a maioria era uma seleção de produtos coloridos e com aparência exótica, e os nomes, para minha surpresa, estavam todos escritos em inglês. Uma garrafa amarela e chamativa com o rótulo CC Lemon me chamou a atenção — era uma bebida gaseificada que anunciava com orgulho que tinha o equivalente a "33 limões" de vitamina C. Ao lado dela, na prateleira, estava o famoso Pocari Sweat, uma bebida isotônica popular, e ao lado, outra bebida com o nome curioso de Salt and Fruit. Me sentindo ousado, peguei uma garrafa de Pocari Sweat e tentei não pensar muito nas implicações.

Prateleira após prateleira, encontrei sanduíches perfeitos sem casca e *onigiris* recheados com tudo, desde atum com maionese até ameixa em conserva. Cada um vinha embrulhado em *nori* (alga marinha) verde-escuro e crocante, apresentados em formas e tamanhos diferentes, sendo o mais comum o formato triangular, que ficava em pé, como se estivesse esperando pacientemente para ser pego por um cliente apressado. Na prateleira de cima da geladeira de *onigiris*, notei um pacote plástico rosa e brilhante com as palavras preocupantes "Baked Sand" estampadas. Tive certeza, ali, de que a culinária japonesa era mais complexa do que eu imaginava. Felizmente, depois de olhar melhor, percebi que se tratava de um wrap e não de uma nova forma revolucionária de areia comestível. "Sando" é o apelido de "sandwich" (sanduíche) no Japão, e parece que a equipe de marketing do "Baked Sand" achou o nome comprido demais.

Caminhando pelos corredores quentes e empoeirados, logo percebi um garotinho de boné me seguindo pela loja. Ele aparecia e desaparecia no fim de cada corredor, sem tentar esconder sua surpresa ao ver o estrangeiro (eu) examinado cuidadosamente itens aleatórios de comida. Depois de alguns minutos de vigilância intensa, a mãe dele o puxou para longe.

"*Okaasan! Gaijin!*", ele exclamou, alertando sua mãe mortificada ao perceber o estrangeiro ali. Os olhos dela se moviam rapidamente entre mim e o chão, enquanto ela se desculpava com um "*Sumimasen!*" e fazia uma reverência rápida, antes de sumir com o filho travesso para o calor da área externa da loja.

Eu sabia que esse tipo de interação seria inevitável aqui no interior do Japão. Com tão poucos residentes estrangeiros, eu era uma espécie de *celebridade involuntária*. Me disseram que, contando comigo, havia menos de dez ocidentais morando em uma área com cem mil habitantes. Mesmo assim, minha primeira experiência foi ao mesmo tempo engraçada e um pouco desconfortável. Eu me senti meio deslocado pelo restante do dia, completamente ciente de todos os motoristas me encarando enquanto eu caminhava pelas ruas, armado com meu Pocari Sweat e meu primeiro *onigiri*.

Seguindo o mapa, fui em direção ao centro de Sakata. Tirei o bolinho de arroz da mochila e o desembrulhei. Eu, que esperava algo seco e difícil de mastigar, fiquei impressionado com o quanto estava molhadinho e fresco, como se tivesse acabado de sair de uma panela de arroz. O arroz levemente salgado combinava perfeitamente com a maionese cremosa e o atum picado no meio, e a camada de *nori* dava uma crocância deliciosa a cada mordida. Em pouco tempo percebi o apelo do fast food mais popular do Japão; parecia infinitamente melhor do que a bagunça de sanduíches cheios de migalhas que eu costumava comer em casa, e decidi que compraria outro no próximo mercado de conveniência que encontrasse.

As ruas praticamente vazias de Sakata faziam tudo parecer o Velho Oeste. Pedestres eram uma visão rara, e mais da metade das lojas nas ruas principais estava fechada, com as persianas de metal enferrujadas bloqueando a entrada. Eu praticamente esperava ver um rolo de feno rolando pela calçada, mas as únicas coisas se movendo por ali eram os aposentados em *mamacharis* (literalmente, bicicletas da mamãe) surgindo das ruas laterais antes de desaparecerem nas vielas.

O *mamachari* é a bicicleta mais comum no Japão, e a melhor maneira de descrevê-la é imaginar uma bicicleta completamente simplificada: um assento, uma cesta, um sino e, geralmente, apenas uma marcha. Ela foi fabricada após a Segunda Guerra Mundial para ser acessível e atrativa para as mães ocupadas que precisavam se deslocar com compras e crianças. O quadro baixo e o centro de gravidade tornam o passeio seguro e estável, e, como os modelos mais simples custam apenas 10 mil ienes, elas costumam ser tratadas como descartáveis, deixadas por aí como um guarda-chuva velho. Essa bicicleta é muito feia. E eu queria uma.

Eu ainda estava bem no meio de um choque cultural, e as esquinas de Sakata pareciam repletas de surpresas. Saí da rua principal, cheia de lojas fechadas, desviando dos *mamacharis* que apareciam do nada, e deparei com uma colina que levava até o único parque da cidade. Virando a esquina, dei de cara com um desenho gigante *hentai* de uma mulher nua, com os seios à mostra e uma expressão de falsa surpresa no rosto enquanto olhava para os transeuntes. Suas coxas estavam adornadas com a inscrição Hair Salon Kaji. Os personagens de *hentai* geralmente são sexualizados de forma exagerada e são um tipo de arte restrita a quadrinhos de mangá lidos atrás de portas fechadas.

Fiquei olhando incrédulo por alguns segundos, me perguntando como algo tão grosseiro poderia existir na cidade mais tranquila do Japão, em uma cultura que é frequentemente considerada superconservadora. Aquela arte *hentai*, tão agressiva, dominando a rua principal de Sakata, ao lado de uma padaria que vendia pães em formato de gato e na frente de um parquinho infantil, era realmente ousada. O que será que os pais diziam aos filhos quando viam aquilo no caminho para a escola?

Enquanto estava lá, rindo na esquina, uma mulher idosa passou inocentemente debaixo da obra de arte. Era o contraste perfeito dos extremos japoneses, uma imagem que eu sabia que não esqueceria tão cedo.

Surpreendentemente, a garota *hentai* continuou visível por pelo menos mais meia década, até ser apressadamente coberta por um mapa da cidade dias antes da visita do imperador, que fazia uma turnê pelo norte do Japão. Enfim, acho que arte é uma coisa subjetiva.

Continuei minha caminhada, suando muito enquanto subia a colina. Decidi, com relutância, abrir a garrafinha de Pocari Sweat e torci para não ter o gosto do nome. Para minha surpresa, era uma bebida doce e cítrica, cheia de sais, o que ajudou a repor a quantidade absurda de suor que eu tinha perdido nos últimos dez minutos.

No topo da colina, me refugiei da intensa luz solar entrando na sombra de uma pequena floresta. À medida que entrava, o som das cigarras foi ficando ensurdecedor. Cheguei a um impressionante *torii* que levava a um templo de madeira imaculadamente bem cuidado, cercado por árvores e vegetação densa. Pode até um clichê dizer que o Japão é um lugar de grandes contrastes, mas passar do pôster de uma mulher nua para um templo antigo em questão de minutos deixou isso bem claro.

Uma brisa suave carregava o aroma adocicado de meia dúzia de incensos queimando em um grande caldeirão no pátio. O templo tinha um teto magnífico, coberto por *kawara* (telhas japonesas), e no topo havia uma pequena estátua de um demônio, ou *onigawara*, que, segundo dizem, afasta os demônios maus e previne incêndios. O teto era tão grande que envolvia o salão interior na escuridão, mesmo durante o dia. Havia uma notável ausência de pedras, e a estrutura era sustentada por pilares de madeira envelhecida, muitos deles parecendo desgastados e lascados. Fiquei parado em frente ao templo e senti uma *serenidade instantânea*, algo que nunca tinha experimentado em uma igreja cristã cercada por lápides em ruínas.

Os templos japoneses geralmente têm paredes, com um caminho de pedra vigiado por *komainu* (leões guardiões) e uma pequena fonte chamada *temizuya*, onde os fiéis se purificam com água fria antes de rezar. Ali onde eu estava também havia uma pequena banca (fechada naquele dia) onde os fiéis podiam comprar *omikuji*, papéis da sorte; os que têm coisas ruins são amarrados em um pedaço de barbante, para que a má sorte não vá para casa com você.

Um homem de meia-idade estava em pé diante do santuário. Ele jogou uma moeda na caixa de doações e fez duas reverências profundas antes de bater palmas duas vezes e fechar os olhos em oração silenciosa. Depois de alguns momentos de contemplação tranquila, ele fez mais uma reverência profunda e se virou, levando um susto ao ver o britânico suado segurando a garrafinha de Pocari Sweat para salvar sua vida.

Ele sorriu e, com um caloroso *Konnichiwa!*, viu minha garrafinha e riu.

"*Atsui, desu ne!*" ("Tá quente, né?")

Assenti e respondi em japonês bem ruim.

"Sim, está bem quente!"

Percebendo que eu não falava sua língua, o homem terminou a conversa rapidamente, deu um aceno amigável e sumiu na floresta. Notei que aqueles que não conhecia tendiam a desaparecer quando percebiam que eu não conseguia me comunicar em japonês. Fiquei com a sensação de que a ideia de escapar era muito mais atraente do que tentar falar qualquer coisa em inglês. Ou será que o pessoal por aqui realmente não sabia inglês? Eu ainda não tinha certeza.

Eu estava tentado a rezar também, mas, como já tinha esquecido o complicado ritual das palmas, segui em frente, caminhando para além do templo.

Quando saí da floresta, na beira de um mirante, vi Sakata ao fundo, com barcos de pesca balançando no porto distante e o sol da tarde refletindo sobre os milhares de telhas de *kawara* nas casas tradicionais japonesas. Lá no horizonte, uma única nuvem estava posicionada perfeitamente acima do contorno enevoado do monte Chōkai.

Engoli as últimas gotas salgadas de Pocari Sweat e tentei absorver tudo ao meu redor, jurando explorar o resto da cidade e as montanhas distantes assim que conseguisse ter um carro. Fiz uma anotação mental para visitar aquele templo novamente assim que dominasse a arte da oração japonesa. Mal sabia eu que apenas dois dias depois estaria de volta.

Na segunda-feira de manhã, Kengo sensei chegou pontualmente às sete horas e nós partimos pela cidade, refazendo o caminho que eu tinha feito no fim de semana. Seguindo em direção ao porto, me perguntei se estávamos indo ver a pesca do dia ou fazer uma pescaria matinal. Eu não poderia estar mais enganado.

Dez minutos depois, paramos na beira da floresta onde eu tinha encontrado o templo.

"Chegamos, Chris san. O serviço vai começar em uns dez minutos. Você sabe que dia é hoje?", perguntou ele, fazendo mistério.

Olhei para meu relógio: segunda-feira, 6 de agosto.

A ficha caiu. Como membro do movimento pela paz pós-guerra, o Kengo sensei tinha passado minha primeira semana me contando sobre as manifestações das quais ele participara, ainda adolescente, reivindicando a desmilitarização do Japão.

"Estou correto em pensar que esse é um memorial em homenagem ao bombardeio de Hiroshima?", perguntei.

"Sim, acertou, Chris san. Neste dia, em 1945, uma tragédia terrível aconteceu. Às 8h15 da manhã, milhares de pessoas morreram instantaneamente. Sinto que preciso honrar seus espíritos de alguma forma."

Tendo crescido em meio ao caos da era pós-guerra e ao movimento pela paz que ela inspirou, o Kengo sensei estava olhando além da política da guerra. Eu não o ouvira debater os eventos da Segunda Guerra Mundial, nem o vira demonstrar raiva ou hostilidade em relação ao Ocidente ou àqueles que lançaram a bomba. Ele simplesmente sentia que era essencial reconhecer os horrores da guerra e garantir que algo assim nunca mais acontecesse. Especialmente o uso de armas nucleares.

Enquanto estava diante do templo naquela manhã com o Kengo sensei e três moradores locais que também vieram para celebrar o aniversário, parecia estranho ver a Segunda Guerra Mundial pelo outro lado. O sacerdote tocou o grande sino de bronze *bonsho*, puxando uma corda presa a um bastão do tamanho de um aríete. Baixei a cabeça e refleti sobre as cerca de cem mil pessoas — muitas delas civis — cujas vidas foram interrompidas naquela manhã de 6 de agosto de 1945. Enquanto o eco do sino reverberava pela floresta e pelo pátio do templo, de forma quase sincronizada, o céu claro da manhã começou a chover sobre nós.

Minha função como assistente de professor de idiomas (*assistant language teacher*, ALT, em inglês) significava que eu trabalharia junto com um dos dez japoneses professores de inglês em cada uma das aulas que eu ministrava; então, formar boas relações com meus colegas era importante. Para começar, enfrentei a assustadora tarefa de tentar decorar o nome de todo mundo — não apenas dos professores do departamento de inglês, mas de toda a escola.

Nunca fui bom com nomes em inglês, quanto mais em outra língua. Considerando que os japoneses usam os nomes com muito mais frequência ao falar com alguém do que um inglês usaria (a palavra "você" é considerada quase rude no Japão), isso seria um grande desafio.

Felizmente, me deram um livreto com os nomes e fotos de identificação de cada um dos 110 professores. Com a ajuda de um livro sobre técnicas de memorização que havia comprado no aeroporto de Heathrow, usei a associação de palavras para forçar os nomes na minha cabeça.

Asami Shinya
Imaginei alguém derrubando uma xícara de chá massala (Assam) na canela (*shin*).

Natsuki Yoshiro
O personagem de videogame Yoshi, descendo uma montanha a milhão.

Shotaro Saito
Um site ("saito") dedicado a flechas disparadas (*shot arrows*).

Então, me sentei à minha mesa, folheando as fotos dos funcionários e fazendo anotações, enquanto curiosos passavam apressados. Me perguntei se já tinha pirado com apenas oito dias no emprego. E a tarefa não ficou mais fácil pelo fato de pelo menos dez professores terem os sobrenomes Sato ou Saitou — tão comuns no Japão quanto Smith é na Inglaterra.

Porém, para minha total surpresa, em apenas sete horas usando essa técnica, no fim do dia eu já havia memorizado todos os nomes. Cheguei a pedir para o Nishiyama sensei fazer um teste comigo no almoço, cobrindo os nomes e apontando para as fotos.

Depois de lembrar uns vinte e poucos nomes, Nishiyama bateu o livrinho da escola na mesa e me parabenizou.

"Você tem uma memória muito boa, Chris sensei!", disse, rindo.

Na minha segunda semana, uma fila de professores — cujos nomes e rostos eu já reconhecia — fez uma espécie de peregrinação até minha mesa, lá no fundo da sala dos professores, para me dar as boas-vindas à escola.

A professora mais simpática foi a Umetsu sensei, que dava aula de negócios e falava inglês fluentemente. Uma mulher de meia-idade de óculos redondos e cabelo preto brilhante, ela estava superfeliz por ter um colega britânico com quem poderia discutir sua obsessão por George Michael.

"O rosto dele é demais!", ela exclamou, me entregando uma caixa de chá verde premium. Aceitei o generoso presente e concordei de cara. Eu também achava o rosto do George Michael maravilhoso.

A conversa mais bizarra que tive foi com uma colega do departamento de inglês chamada Komako sensei, uma senhora já perto da aposentadoria que chegou à minha mesa com um punhado de KitKats.

A Komako sensei provavelmente tinha o melhor inglês do departamento, mas falava muito devagar, como se alguém tivesse diminuído a velocidade de reprodução para 50%. Enquanto a maioria dos outros professores vinha e começava um bate-papo rápido, de cerca de cinco minutos, a Komako sensei transformava cada uma de nossas interações em um interrogatório extenso sobre o mundo fora do Japão, exigindo frequentemente minhas opiniões sobre as complexidades culturais da vida no Reino Unido.

"Chris sensei, ouvi dizer que vocês comem *fish and chips* todo dia no Reino Unido. Isso é verdade?"

"Bem, não exatamente todo dia. Mais ou menos uma vez por mês, eu diria."

"Ah, sério?" Ela assentiu devagar, com a boca aberta, como se tivesse acabado de ter uma revelação.

"Mas Chris sensei, todo mundo deve adorar a família real, não é?"

"Bem, nem todo mundo. Mas muita gente gosta."

"Ah, verdade! Nem todo mundo!"

Essa foi minha primeira conversa com a Komako sensei, e depois de uns vinte minutos de bate-papo ela voltou satisfeita para sua mesa, do outro lado da sala, só para retornar uma hora depois com mais KitKats. Era quase como se os KitKats fossem uma ferramenta de barganha, um tipo de troca onde eu ofereceria a ela o presente do conhecimento sobre a Grã-Bretanha. Mas nada poderia me preparar para a rodada seguinte de perguntas.

Estava saboreando uma xícara de chá verde da Umetsu sensei na minha mesa quando Komako reapareceu e, do nada, perguntou:

"Chris sensei, o que você acha da namorada do Osama bin Laden?"

Quase engasguei com o chá, me perguntando se tinha ouvido direito. Essa não era bem a conversa que eu imaginava ter na minha segunda semana no Japão.

"Honestamente, Komako sensei, realmente não sei", gaguejei, limpando o chá verde da boca. Bin Laden tinha sido assassinado no ano anterior, e por algum motivo sua vida amorosa tinha ido parar nos jornais japoneses. Parece que a Komako sensei tinha visto uma foto da namorada dele no jornal e achava ela "muito fofa!". Aparentemente ela era muita areia para o caminhãozinho dele.

A seriedade do tom dela tornava a conversa ainda mais ridícula. Eu não conseguia acreditar que tinha me mudado para o outro lado do planeta para discutir os detalhes da vida amorosa de um assassino em massa.

Percebi que lecionar ao lado da Komako sensei nas semanas e meses seguintes seria uma experiência e tanto.

4.

TERMAS E CARROS PEQUENOS

AGOSTO DE 2012

Com o retorno iminente dos alunos às aulas após as férias de verão e meus níveis de ansiedade subindo só de pensar em ficar na frente de uma turma de quarenta adolescentes japoneses, James, um veterano do programa JET que morava em Yamagata fazia dois anos, sugeriu que Mark, o garoto do Colorado, e eu o acompanhássemos até um *onsen*, uma fonte termal, para uma tarde de relaxamento.

James, natural de Nova Jersey, era amigável e tinha um cabelo cacheado que frequentemente escondia seu rosto cheio de sardas. Ele falava com ares de um sábio professor. Foi ele quem escreveu a carta me parabenizando por ganhar a loteria de lugares no Japão; com dois anos de experiência, ele já tinha explorado Yamagata de ponta a ponta em seu confiável Kei car.

Apesar da popularidade dos *keijidousha* (軽自動車), literalmente "automóveis leves", que representam 30% de todos os veículos nas estradas do Japão, de alguma forma eu nunca tinha ouvido falar desses carros até o momento em que James apareceu na frente do meu apartamento com seu Suzuki Wagon azul desbotado.

Esses carros se assemelham a um modelo hatch normal — se tivesse sido esmagado por uma prensa de carros industriais e reduzido à metade de seu tamanho, com o teto empurrado para cima. O resultado final é uma engenhoca aconchegante que comporta quatro passageiros, sem espaço físico entre o motorista e o passageiro da frente. Não tem espaço nem para um suporte de copo. Simplesmente, não existe no mundo carro que proporcione mais calor humano.

Junte um motor de 660 cilindradas e alguns incentivos fiscais, e não é difícil ver o apelo de dirigir por essas ruas apertadas do Japão com um orçamento limitado.

"Bom dia, cara! Entra aí!", James fez um gesto entusiasmado pela janela aberta.

Meu primeiro pensamento foi se alguém poderia realmente sobreviver a um acidente de carro em um Kei. Um único incidente e os passageiros se transformariam em panquecas humanas.

"Você não imagina como eles são seguros!", James tentou me tranquilizar. "Eles têm airbags."

Eu não estava muito convencido.

Chegamos ao *onsen*, na base do monte Chōkai, e encontramos um animado Mark em seu próprio Kei estacionado. Estávamos no Japão fazia apenas algumas semanas, mas os colegas de Mark já tinham arranjado um carro para ele, enquanto os meus só tinham me dado KitKats. Invejei um pouco.

Como um dos países mais sismicamente ativos do mundo, o Japão é um verdadeiro paraíso geotérmico, com mais de 3 mil fontes termais registradas em todo o país. Embora as pousadas tradicionais, ou *ryokan*, abriguem a maioria delas, essa era uma casa de banhos pública onde os moradores passavam para um mergulho à tarde no fim de semana ou para relaxar após um longo dia de trabalho, pelo preço acessível de 500 ienes.

A principal diferença entre um *onsen* e outras fontes termais que você possa ter visitado em outro lugar é que todo mundo entra completamente nu. Para manter os banhos limpos e aproveitar os benefícios da água rica em minerais, todos entram do jeito que vieram ao mundo. Embora nossa excursão tivesse sido motivada pela vontade de relaxar, visitar uma fonte termal no Japão pela primeira vez não foi nem um pouco relaxante. Sendo três ocidentais brancos em uma área bem rural, fomos observados pelas várias famílias que descansavam nos tatames da sala de espera, desde o momento em que entramos no local. Se um urso-negro local tivesse entrado vindo pela rua, teria causado menos reação.

Agora, se existem apenas dois kanjis japoneses que você precisa aprender, são homem (男) e mulher (女). Em muitas casas de banho japonesas, os banheiros e os vestiários não têm placas em inglês, então aprenda esses kanjis; caso contrário, você pode acabar entrando no vestiário errado e ser deportado. Felizmente, quando se trata de fontes termais, as áreas de vestiário masculinas e femininas têm uma cortina *noren* cobrindo a metade superior de cada um, azul para masculino e vermelha para feminino. Assim, desde que você conheça seus estereótipos básicos de gênero, pode evitar cometer esse erro grave.

Vindo do Reino Unido, onde a ideia de ficar nu em público enche de pavor a maioria das pessoas, pode ser um grande choque cultural entrar em uma casa de banho ou fonte termal japonesa. Enquanto nós três estávamos no vestiário apertado, cercados por meia dúzia de homens japoneses de meia-idade e idosos, em diferentes estágios de desnudez, eu me senti levemente desconfortável, sabendo que aquela seria a primeira vez na vida que ficaria nu em público.

Para minha surpresa — e, ouso dizer, alegria —, percebi que Mark compartilhava da minha apreensão. Tiramos nossa roupa de baixo timidamente e a colocamos em uma cesta na prateleira, fingindo que aquilo era uma coisa normal.

Felizmente, James veio em nosso socorro, entregando a cada um uma "toalha da privacidade", basicamente um pano para cobrir nossas partes íntimas enquanto atravessávamos uma porta de vidro para entrar em uma sala tão embaçada de vapor que parecia a porta do inferno.

Através das nuvens de vapor, vi uma dúzia ou mais de figuras imersas em duas grandes piscinas, a maioria das pessoas estava imóvel e de olhos fechados, cada uma com sua toalha branca da privacidade dobrada cuidadosamente sobre a cabeça, criando quase um efeito de auréola. Um homem estava deitado de costas na beirada entre as duas piscinas, sua figura inteira exposta sem nenhum pudor. Percebi que nenhum dos japoneses parecia minimamente ansioso por estar nu, mas isso não me impediu de manobrar desesperadamente o pano abaixo da cintura enquanto caminhávamos até o chuveiro.

A primeira regra em um *onsen* é se banhar completamente antes de entrar na água. Pular essa etapa seria um pecado grave e encarado com bastante desgosto por qualquer um que estivesse vendo. James indicou uma banqueta na frente do chuveiro, eu me sentei e comecei a me esfregar com sabão, passando xampu no cabelo. Percebi que estava sendo observado pelos moradores que estavam na piscina, e fiz um esforço extra para me esfregar até ficar vermelho, me banhando generosamente no xampu fornecido. Descobri que gostava de tomar banho dessa forma meticulosa, sentado, e, quando comecei a caminhar em direção à piscina, senti como se tivesse completado algum tipo de ritual.

Nos dirigimos para o banho principal, com água marrom-clara a uma temperatura de 46 graus Celsius. Testei a temperatura com o pé e imediatamente o retirei da água escaldante. De repente comecei a questionar o apelo de entrar no banho mais quente do mundo em um dia de verão já dos mais tórridos. No entanto, parado de forma desajeitada ao lado da piscina e segurando desesperadamente o meu pano da privacidade, percebi que não tinha escolha a não ser descer a escada e cerrei os dentes.

James, o veterano do *onsen*, já estava totalmente imerso e descansava na borda da piscina com a cabeça coberta pelo pano da privacidade.

"É isso, meu caros. Aqui é o paraíso", ele murmurou enquanto afundava ainda mais.

Dizem que os *onsens* têm propriedades curativas, desde melhorar a pressão arterial e a circulação até esfoliar a pele. Alguns até acreditam que eles são uma das razões pelas quais os japoneses estão entre as populações mais longevas do mundo.

Contudo, à medida que eu afundava, fervendo como um sapo e sentindo o coração palpitar fora do peito, comecei a suspeitar de que não estava aproveitando os benefícios completos da fonte termal.

Depois de 25 minutos alternando entre a piscina interna e a externa, ligeiramente mais fria, a *rotenburo*, onde a brisa da tarde oferecia algum alívio, decidi me retirar e deixei os caras lá. Por alguma razão, parecia que eles gostavam de ferver vivos.

Em uma casa de banho japonesa, você geralmente encontrará máquinas de venda automática na área de descanso, com leite de diferentes sabores, chocolate e café sendo as opções mais populares. Quando as casas de banho público se tornaram populares, nos anos 1950, uma empresa de leite teve a genial ideia de colocar refrigeradores nas áreas de vestiários ou de espera para que os banhistas pudessem se reidratar após o banho quente. Por serem tão comuns, essas máquinas de vendas se tornaram praticamente sinônimo da cultura do banho.

Deitado sobre os tatames na área de descanso, com a pele vermelha e vibrante pela circulação sanguínea e sentindo que poderia praticamente estourar pipoca com as próprias mãos, tomei um gole do leite fresco e cremoso sobre o café e imediatamente percebi o apelo. A melhor coisa sobre os tatames é que você consegue relaxar de verdade em cima deles. Então, espalhado no chão como se tivesse acabado de lutar em uma batalha medieval, prometi a mim mesmo nunca mais visitar um *onsen* no auge do verão.

Eu estava deitado fazia dois minutos, ou nem isso, de olhos fechados, quando um homem idoso se aproximou de mim, segurando uma cesta de cerejas.

"*Sumimasen. Sakuranbo suki desu ka?*"

Abri os olhos e me assustei ao ver um homem na casa dos setenta anos, com um sorriso amigável, tipo meia-lua, no rosto. Sentando-me, assenti e respondi em meu japonês lamentável:

"Sim, eu gosto de cerejas!"

"*Douzo!*"

Ele me entregou a cesta, que estava cheia até a borda com as cerejas mais suculentas e frescas que eu já tinha visto, tão perfeitas e impecáveis que me lembraram os pratos de comida feitos de resina que ficam do lado de fora dos restaurantes japoneses como um menu visual.

"Uau! É... verdade? *Daijoubu desu ka?*"

Eu não fazia ideia de qual era a atitude adequada ao aceitar cerejas aleatórias de um estranho. Ele fez um gesto para eu provar as cerejas e sumiu tão rapidamente quanto apareceu.

Era o tipo de gesto gentil que eu tinha lido em histórias de viajantes que visitaram o Japão. Ninguém no Reino Unido jamais apareceu para me dar uma cesta de frutas frescas, especialmente uma cesta de cerejas imaculadas e caras. Percebi que o homem provavelmente me viu deitado no chão e comprou as cerejas especialmente na loja de presentes.

Coloquei uma na boca, e ao fazer isso, olhei para cima e vi o homem sentado em um banco a distância observando minha reação. Felizmente, não precisei fingir que estava gostando. A cereja doce e suculenta foi sem dúvida a melhor que eu já havia comido. Agora fazia sentido que a única coisa que aparece a respeito de Yamagata na internet fossem as cerejas. Fiz um sinal de "uau" com a boca e mandei um joinha, e ele pareceu muito contente.

As cerejas de Yamagata eram tão incríveis que fui guloso e fiz questão de devorar toda a cesta muito antes que meus amigos americanos saíssem dos vestiários. Compartilhar, simplesmente, estava fora de questão.

5.

SR. PINTO

SETEMBRO DE 2012

Era um ponto sem volta.

Observei o caos matinal preenchendo a sala dos professores antes de o sino da escola tocar — o icônico som do Big Ben, famoso no Japão graças a milhares de séries de anime. Os alunos corriam para suas salas de aula enquanto os professores pegavam livros didáticos em suas mesas e seguiam pelo corredor para iniciar a primeira aula do dia.

Kengo sensei atravessou a sala e se aproximou da minha mesa, equilibrando uma montanha de cadernos de exercícios cor-de-rosa nas mãos.

"Chris sensei, está pronto para a sua primeira aula?"

Ser chamado de *sensei* pela primeira vez me pareceu estranho. Um equívoco comum é achar que sensei significa professor de escola, quando na verdade significa "instrutor" ou "mestre", de forma mais geral. Se você é professor, médico ou advogado, conquistou o honorífico *sensei*. Os dois kanji na palavra (先生), "antes" e "vida", fazem referência a isso, evocando a imagem de um viajante experiente.

De uma hora para outra, ser alçado a uma posição de autoridade e respeito me fez sentir um completo charlatão, já que eu tinha feito tão pouco para merecer o título. Minha única habilidade era falar minha língua nativa — dificilmente uma conquista que me tornaria digno de ser chamado de "mestre".

"Vamos lá, Kengo sensei! Claro que estou pronto."

Eu *definitivamente* não estava.

As turmas japonesas geralmente são maiores do que as de escolas britânicas ou americanas. Enquanto no Reino Unido pode haver trinta alunos por turma, no Japão eles conseguem colocar até quarenta.

Quando entramos na sala de aula — minha frequência cardíaca aumentou rapidamente —, os alunos estavam correndo para seus lugares, depois de terem acabado de responder à chamada. O riso e a conversa desapareceram imediatamente, substituídos pelo barulho das cadeiras sendo arrastadas enquanto todos se levantavam para nos cumprimentar com seus uniformes azul-marinho impecáveis, os meninos de calça e as meninas de saia.

"Bom dia, pessoal!", gritou Kengo sensei, chamando a atenção dos poucos alunos que ainda conversavam no fundo da sala.

"Bom dia…" A turma diminuiu a voz no fim da frase, deixando a última palavra praticamente inaudível. Eu não sabia se eles estavam inseguros sobre como terminar a frase ou se estavam intimidados pela presença de um falante nativo de inglês.

"Podem sentar!", indicou Kengo, e os alunos se curvaram respeitosamente antes de obedecer. Fiquei impressionado com o senso de ordem que foi rapidamente trazido à sala. Controlar uma turma de quarenta alunos de repente parecia viável.

"Hoje temos um convidado especial vindo da Inglaterra para estar com vocês…"

Concordei com a cabeça e sorri enquanto meus olhos percorriam a sala. Toda a turma estava completamente fixada em mim, os rostos exibindo uma mistura de expressões. Alguns alunos pareciam nervosos, como se um Rottweiler feroz tivesse sido solto na sala, mas felizmente a maioria estava sorrindo, cheia de expectativa. Duas meninas entusiasmadas na frente da sala piscavam os olhos para mim de forma cômica e gritaram: *"Ikemen!"*, a palavra japonesa para "bonito".

"Elas disseram que você é muito legal!", disse Kengo sensei, de forma tranquilizadora.

"É... sim." Fiquei vermelho e, desajeitadamente, mandei um "joinha", que estava se tornando minha resposta física característica para interações diárias confusas.

Para minha primeira aula, o plano era realizar a tradicional introdução de *jikoshoukai* — felizmente em inglês, desta vez — e deixar os alunos fazerem perguntas para que pudessem descobrir com que tipo de idiota eles estavam lidando.

"Bom dia, pessoal! Meu nome é Chris, e eu sou da Inglaterra."

Como uma pessoa que sempre odiou ficar sentado em uma sala de aula ouvindo alguém falar sem parar, planejei tornar o sofrimento o mais interativo possível, fazendo os alunos adivinharem as respostas para minhas perguntas. O que poderia dar errado?

"Para começar, quantos anos vocês acham que eu tenho?"

Escrevi quatro idades possíveis no quadro — 22, 28, 36 e 41 —, apontando para cada número e pedindo para eles levantarem a mão se achassem que aquela era minha idade.

Quando apontei o giz para o número 36, quase todas as mãos na sala se levantaram.

"Ah, não. Eu tenho vinte e dois."

A turma riu alto enquanto eu me perguntava como minha aparência física poderia ter se deteriorado de forma tão catastrófica tão cedo na casa dos vinte. Qualquer satisfação arrogante que eu tivesse sentido por ser chamado de bonito evaporou naquele momento.

Na tentativa de sair dessa humilhação, tentei algo diferente.

Duas verdades, uma mentira era um jogo que eu tinha "roubado" do manual de ensino do JET. Era um excelente exercício de escuta disfarçado de jogo, e tentei escolher três exemplos bem diferentes para colocar à prova as habilidades de inglês deles.

"Número um: fiz uma caminhada pela Grande Muralha da China. Número dois: tomei chá com a rainha. E número três: sofri um acidente de moto em Roma no ano passado."

Escrevi as três opções no quadro e apontei para cada uma,

pedindo para os alunos adivinharem qual era a mentira. Achei que seria uma escolha fácil, mas para minha surpresa, quando apontei o giz para o número um, a maioria das mãos se levantou.

"Desculpe, pessoal. A resposta certa é que eu nunca conheci a rainha!"

Os alunos estavam incrédulos. Havia a suposição de que, por ser britânico, eu *deveria* ter conhecido a rainha.

Em seguida, coloquei no projetor uma foto minha caminhando desajeitadamente pela Grande Muralha da China de regata e outra em cima dos restos quebrados de uma Vespa vermelha na frente do Coliseu.

Quando a imagem com a moto apareceu, eu me perguntei se uma história envolvendo quase ser atropelado por um Fiat em Roma era o melhor exemplo para uma turma de adolescentes inocentes de dezesseis anos.

No entanto, quando chegamos à parte de perguntas e respostas, depois da minha introdução pouco impressionante, percebi que havia subestimado a inocência deles.

"Ok, pessoal. Vocês têm perguntas para o Chris sensei?"

No começo, nenhuma mão se levantou, enquanto os alunos viravam para os colegas para discutir possíveis opções. Após alguns momentos de murmúrios, uma das meninas travessas da frente levantou a mão e fez a pergunta inevitável.

"Você tem uma namorada?", ela disse, rindo, enquanto a sala explodia em gargalhadas. Enquanto eu ficava lá sem saber o que dizer, Kengo sensei, que eu esperava que me resgatasse, me incentivou a revelar meus segredos mais profundos para a turma.

"Sim. Muitas namoradas", sorri, mandando mais um "joinha".

Todos explodiram em vivas e aplausos, como se eu tivesse ganhado algum tipo de prêmio; parecia que eles estavam alheios à minha mentira óbvia. Na realidade, minha vida amorosa era um completo desastre, mas descrever a sensação de solidão e desespero absolutos para uma classe de adolescentes japoneses parecia um passo longo demais para nosso primeiro encontro.

Enquanto isso, no fundo da sala, um grupo de quatro rapazes com aparência durona e cabeça raspada estava rindo sem parar.

Um deles ergueu a mão e perguntou:

"Você tem o pinto grande?"

As risadas ficaram ainda mais estridentes, e o Kengo sensei pareceu descontente, mas não surpreso com o rumo que as desastrosas perguntas e respostas estavam tomando. Sorri e acenei, percebendo que, sendo bem sincero, era o tipo de pergunta de merda que usávamos para intimidar o assistente de idiomas quando eu estava na escola. O mundo dá voltas mesmo.

No total, tive cerca de trinta aulas com alunos com idades entre dezesseis e dezoito anos, e ao longo de duas semanas participei de todas elas, transmitindo, assim esperava, um conhecimento inestimável da língua inglesa.

Ao longo das cerca de dezesseis aulas que ministrei na minha primeira semana, descobri que conseguia rapidamente ter uma noção de como estava ferrado no momento em que entrava em cada sala. As melhores turmas imediatamente explodiam em aplausos e gritos. Eles sabiam que a presença do estrangeiro desajeitado significava que a aula seria divertida e descontraída — uma agradável quebra da monotonia dos livros didáticos de inglês que dominavam a maioria de suas aulas. No outro extremo, algumas turmas permaneciam completamente silenciosas quando eu entrava. Era como se o ar tivesse saído da sala, exceto pela brisa fresca que soprava sempre que eu tentava iniciar uma conversa. Essas eram as aulas que eu temia intensamente, em que os alunos fechavam a boca e ficavam em silêncio durante todo o período. Você poderia fazer a pergunta mais simples e nenhuma mão se levantava. Era como se interagir comigo fosse cortejar a morte.

Não eram apenas os alunos que conseguiram influenciar o ambiente. O professor com quem eu trabalhava tinha um efeito enorme sobre o magnetismo das aulas, tanto para os alunos quanto para mim. Após minhas primeiras semanas de ensino, tomei consciência da disparidade nos estilos de educação entre o Japão e o que experimentei no Reino Unido.

As aulas de japonês envolviam muito menos debate ou discussão, normalmente girando em torno de um professor fazendo uma preleção, em estilo de palestra, durante a maior parte dos cinquenta minutos. Não era incomum ver alunos dormindo em suas carteiras; desde que não roncassem, muitas vezes os professores não faziam nada a respeito.

Houve também uma ênfase muito maior na dinâmica do grupo do que no individual. Se eu fizesse uma pergunta e pedisse a resposta de um aluno específico, nove em cada dez vezes ele congelava. No entanto, antes que tivesse tempo de responder, o professor encorajava os colegas vizinhos a pedir ajuda e eles intervinham com a resposta. Isso fazia sentido do ponto de vista japonês. Um provérbio popular que encontrei exemplifica isso: "Uma única flecha se quebra facilmente, mas não dez em um feixe". Os japoneses enfatizam o trabalho conjunto como um valor coletivo. Vindo do Reino Unido, eu via esse método de ensino não tanto como um exercício de formação de equipe, mas como uma ótima maneira de roubar dos alunos qualquer capacitação individual, e isso foi algo que comecei a notar cada vez mais durante meu tempo trabalhando no sistema educacional japonês. As escolas formariam cidadãos modelo que seguiriam as regras e raramente questionariam a autoridade, mas que também privariam os alunos de qualquer espírito empreendedor e violador de regras.

Meu parceiro favorito era Kengo sensei. Ele era um tipo raro de professor de inglês, fluente no idioma e entusiasmado com seu papel na educação. Foi um prazer trabalhar com ele, e logo ficou claro que Kengo trazia um brilho especial ao departamento de inglês.

Lecionar com a Komako sensei, com quem eu havia trocado segredos de estado por KitKats, era bem diferente. Logo descobri que ela não era apenas detestada pelos alunos, mas também nutria uma aversão semelhante por eles. Talvez quarenta anos de ensino a tivessem esgotado, ou talvez os alunos simplesmente não partilhassem o fascínio dela pela vida amorosa de Osama bin Laden.

Seja qual for o caso, quando íamos juntos para as aulas, o caos reinava supremo. Não importava quão alto ela gritasse, suas tentativas de controlar a turma eram inúteis. Os alunos simplesmente falavam por cima dela, ignorando suas tentativas de ensinar. Minhas aulas com a Komako sensei geralmente me incentivavam a ficar em um canto observando a loucura se desenrolar.

As aulas com a Saitou sensei eram um pouco mais suportáveis, mas ficara evidente desde nosso primeiro encontro que ela não falava inglês. Acabei passando mais tempo ensinando inglês para ela do que para os próprios alunos. Parece que, quando ela começou a ensinar, o requisito para se tornar professora de inglês no Japão não era apenas baixo, mas praticamente inexistente, exigindo somente alguns exames escritos e nenhuma habilidade prática de conversação.

Em uma de nossas primeiras aulas juntos, ela escreveu "Chris é um Londres" no quadro, e tive que corrigir a informação apressadamente antes que os alunos a copiassem em seus cadernos. Felizmente, ela acolheu intervenções como essa e elas nunca levaram a uma estranha dinâmica professor-assistente sobre a qual eu fora alertado na orientação em Tóquio. Fiquei grato pela disposição da Saitou sensei em ser corrigida, mas me perguntei o quanto esses alunos aprenderiam em suas aulas.

Ainda assim, mesmo que as habilidades linguísticas do professor não fossem adequadas, as aulas ainda podiam ser muito divertidas.

Um dos professores mais imprevisíveis era o Sasaki sensei, um homem tímido de meia-idade que passava seu tempo entre as aulas fumando como uma chaminé, e cujos óculos escuros e a cabeleira grisalha o faziam parecer mais velho do que era. Seu comportamento desajeitado e cômico fazia dele a versão japonesa do Mr. Bean. Assim como a Saitou sensei, ele era dolorosamente consciente de que seu inglês era um desastre. Ele sabia disso. Os alunos sabiam disso. E, em trinta segundos da minha primeira aula com ele, eu também soube.

Envergonhado com seu péssimo inglês, ele falava comigo exclusivamente em murmúrios. Ele soava como se tivesse uma mão invisível enfiada na boca. Nossas trocas desconcertantes a caminho da sala de aula geralmente chegavam a um beco sem saída bem rápido.

"Então, Sasaki sensei, você teve um bom final de semana?"

Ele acenava com a cabeça entusiasticamente.

"Sim, eu realmente gosto de fim de semana."

"Fez algo interessante?", eu perguntava, desesperado para estender nossa conversa ao menos até chegarmos à sala.

"Sim. Interessante fim de semana!", ele respondia com um sorriso, e virava para olhar para o outro lado, interrompendo de imediato nosso perspicaz papo de elevador.

Apesar de seu inglês ruim, tanto os alunos quanto eu realmente gostávamos das suas aulas. Elas rapidamente se transformavam em uma descontrolada apresentação de comédia. Quase todas as vezes em que entrávamos na sala, ele conseguia derrubar pelo menos um item no chão, de giz a livros, até seus óculos, para grande diversão da turma. Pelo que eu podia perceber, nunca era de propósito. Uma vez ele derrubou as chaves do carro e, em meio às risadinhas dos alunos, se atrapalhou no chão tentando pegá-las. E isso era só o começo de cinquenta minutos de comédia em ação.

"Certo! Agora! Isso. É um Chris sensei!"

Ele agitava as mãos na minha direção, e a classe aplaudia e gritava de alegria.

"Ok. Capítulo dois! Leitura. Agora!"

Ele pegou o livro de inglês, abanando-o freneticamente.

Tenho que admitir, eu também o achava cativante.

"Chris sensei! Leitura. Você faz! Vamos lá!"

Essa era a minha deixa.

Eu li o capítulo em voz alta como uma fita cassete humana. Era uma passagem bizarra sobre um homem colocando itens ao redor de seu quarto, com o objetivo de ensinar preposições como "sobre", "dentro" e "embaixo". Quando chegamos ao fim do capítulo, Sasaki sensei queria que demonstrássemos esse conceito na vida real usando dois acessórios questionáveis: sua mesa — e eu.

Ele gritava: "Onde está o Chris sensei!?".

E toda a classe tinha que gritar onde eu estava em relação à mesa. Foi uma coisa emocionante.

No começo eu me escondi debaixo da mesa. Facinho.

"Onde está o Chris sensei?"

"EMBAIXO da mesa!", a turma gritou.

Em seguida, ele fez sinal para eu entrar no pequeno armário debaixo da mesa dele e fechou as portas atrás de mim, como se estivesse tentando esconder um cadáver às pressas.

"Onde está o Chris sensei?"

"DENTRO da mesa!", a turma gritou.

Ele abriu as portas e eu rolei para fora, me perguntando como diabos 30 mil libras de mensalidades universitárias tinham me levado até aqui.

Depois, ele me mandou subir em cima da frágil mesa, o que me parecia uma péssima ideia.

"Será que tudo bem, Sasaki sensei?", perguntei enquanto me ajoelhava precariamente na mesa.

"Sim, sim! Você sobe agora!"

Eu me levantei devagar, e a mesa de madeira balançou e estalou sob os 80 quilos de homem britânico — um peso que claramente não foi feita para suportar. Comecei a me preocupar com as implicações de saúde e segurança caso a mesa desabasse.

Como um surfista se levantando das ondas, finalmente fiquei em pé, dominando a sala com a plateia aplaudindo. Eu já podia imaginar a próxima resposta.

"Onde está o Chris sensei agora?"

"*No hospital, porra.*"

Uma das minhas professoras favoritas também era uma das mais estranhas. A Naoko sensei falava inglês muito bem, com um leve sotaque americano, graças a alguns anos que passara nos Estados Unidos. Ela era uma mulher de estatura baixa, com quarenta e poucos anos, que usava um chamativo batom roxo que combinava com sua energia inquieta e caótica. Ela sempre parecia ter tomado um expresso triplo antes de começar cada aula.

Em uma das nossas primeiras aulas juntos, ela criou uma situação desnecessariamente humilhante que me fez querer correr para fora da sala. Ela veio pulando até minha mesa com uma pilha de livros.

"Vamos, Chris sensei, vamos!" Estranhamente, apesar de seu excelente domínio do inglês, ela tinha uma tendência a interpretar mal tudo o que eu dizia, como se só ouvisse a última palavra de cada frase.

"Você fez algo divertido no fim de semana, Chris sensei?", ela perguntou, enquanto íamos para a aula.

"Neste fim de semana estava procurando uma locadora de carro, porque preciso muito de um logo."

"Uau! Isso parece divertido! E então, para onde você foi?"

"É..."

Na aula, ensinávamos aos alunos como falar sobre seus sonhos futuros na vida com frases simples como: "Quando me formar, quero ser bombeiro".

Naturalmente, muitos estudantes não tinham ideia da profissão que iriam abraçar, então, para incentivá-los a usar a imaginação, Naoko me pediu para apresentar o que eu queria ser quando era criança. Isso foi fácil. Como um grande fã da *Ilha do Tesouro dos Muppets*, sempre quis ser um pirata fanfarrão. Até hoje é uma meta pela qual continuo me esforçando.

"Bem, Naoko sensei, quando crescesse, eu queria me tornar um pirata!" Dada a popularidade da série de mangá *One Piece*, imaginei que isso seria bem-aceito pela turma.

Só que eu mal tinha terminado de falar quando a Naoko sensei me olhou feio, como se eu tivesse proferido um palavrão na frente da turma.

"Mas o que é isso? Um pirata? Chris sensei, por que você iria querer *matar* e *estuprar* pessoas?"

"É... bem..." Me senti levando um tapa na cara.

Eu me virei para olhar para a turma. Quarenta pares de olhos estavam me encarando. Fiquei horrorizado, de boca aberta, sem saber como me defender contra afirmações tão baixas.

Não sei que versão de *A Ilha do Tesouro* ela estava assistindo, mas as coisas ficaram sombrias muito rápido.

Graças a Deus, pensei, ao perceber que a turma não tinha ideia do que a Naoko sensei acabara de dizer. Agora eu só precisava defender meus motivos.

"Bem, Naoko sensei, eu gosto de viver aventuras e de viajar pelo mundo em busca de tesouros."

Ela parou por um momento e sua expressão chocada se transformou em um sorriso e um aceno de aprovação.

"Ah, entendi! Isso parece divertido mesmo."

Simples assim, ela voltou ao seu estado normal e alegre e isso nunca mais foi mencionado.

Daquele dia em diante, nunca mais toquei no assunto de piratas na sala de aula. Especialmente quando a Naoko sensei estava por perto.

6.
SAQUÊ, ONEGAISHIMASU!

OUTUBRO DE 2012

Enquanto meu colega norte-americano, Mark, já estava passeando pelos campos de arroz em seu novo e sofisticado Kei havia quase dois meses, eu ainda não tinha conseguido colocar as mãos no meu próprio carro. O fato de ter vindo para o Japão com um cartão de crédito endividado e uma montanha de dívidas estudantis pairando sobre mim como a espada de Dâmocles não ajudava em nada.

Comprar até mesmo o carro mais barato parecia impensável: um Kei simples custaria cerca de 400 mil ienes, ou seja, dois meses de salário. Felizmente, eu tinha uma tábua de salvação.

Eu não era o único professor estrangeiro trabalhando na Sakata Senior High School — o número de alunos era tão grande que eram necessários dois professores de inglês estrangeiros para dar conta da demanda.

Roy, um neozelandês três anos mais velho que eu, parecia uma versão atraente do personagem Bane, dos quadrinhos da DC. Ele chamava Sakata de lar fazia quatro longos anos, mas o limite no programa JET era de cinco anos, e ele estava prestes a sair no ano seguinte. O presente de despedida dele para mim seria seu adorado Toyota Starlet — um carro verde-escuro barulhento fabricado em 1996 e que, de alguma forma, ainda estava funcionando. Os extras incluíam ar-condicionado quebrado, vidros que desciam, mas não subiam, e bancos salpicados com queimaduras de cigarro. Não era, de forma alguma, o carro dos meus sonhos, mas era de graça. Como eu poderia recusar?

Foi nesse carro que Roy nos levou para o trabalho todas as manhãs, fumando um cigarro Melvius, com o volante em uma mão e uma lata de café barato de máquina na outra: um ótimo café da manhã diário.

Levei um tempo para conhecer esse meu colega JET. No fim da minha primeira semana na escola, eu estava sentado à minha mesa quando um neozelandês apareceu aleatoriamente na sala. Depois de ter passado a semana inteira sem ver outro rosto estrangeiro, fiquei me perguntando se ele tinha ficado preso em algum armário. (Acontece que ele estava em uma viagem para Tóquio.) Mas rapidamente nos entendemos, nos conectando através de programas de TV britânicos, citações de filmes nerds e comemorando nosso primeiro encontro com um pack de seis cervejas Asahi no meu apartamento.

Quando comecei a mencionar Roy nos encontros do JET nos fins de semana, descobri que ele era uma espécie de enigma, já que se mantivera firme em evitar outros estrangeiros da comunidade JET durante todo o seu tempo no Japão. Roy passava a maior parte das noites em um *izakaya* do outro lado da cidade, bebendo cervejas sem fim em meio a uma espessa nuvem de fumaça de cigarro. Ele dizia que não era porque odiasse outros JETs, embora claramente odiasse, e sim pelo fato de que, depois de passar quatro anos em Yamagata, ele tinha visto a porta giratória com professores estrangeiros entrando e saindo e não via sentido em fazer amizade com colegas que logo iriam embora.

Apesar de sua persona de lobo solitário, Roy era visto como uma lenda na comunidade JET de Yamagata por ter passado com sucesso em um teste de japonês formidável, o Kanji Kentei, no qual você precisa memorizar mais de 3 mil kanjis. Ele foi um dos poucos estrangeiros aprovados nesse teste nacional. Com mais de 2.200 caracteres kanji usados no cotidiano, Roy foi além e aprendeu os que geralmente permanecem apenas nos livros didáticos. Isso se tornou um jogo para ele. E o teste era tão difícil que a maioria dos japoneses nativos nem ousava tentar. Depois dessa vitória, ele se tornou o orgulho da escola e era procurado por aqueles na comunidade estrangeira que obsessivamente queriam dominar o japonês. Eles queriam saber seu segredo, mas Roy só queria fumar e beber Asahi.

Trabalhar com Roy tinha altos e baixos. Era ótimo ter um mentor que podia me mostrar as manhas, mas a fluência dele me deixava envergonhado. Enquanto eu mal conseguia dizer "Eu gosto de gatos", lá estava ele conduzindo aulas sozinho em japonês. Muitos dos professores o viam como um semelhante. Seu comportamento rebelde escondia um homem que era bom no que fazia, além de ser muito respeitado.

Apesar de trabalhar à sombra dele, ter outro estrangeiro por perto tornava a vida em uma escola japonesa muito menos assustadora — mesmo que seu forte sotaque neozelandês significasse que ele era tão indecifrável quanto seus colegas japoneses. Durante as assembleias escolares no ginásio, quando eu ficava cercado por 1.200 alunos e professores japoneses, às vezes me sentia desconfortavelmente em evidência sendo o único rosto não japonês na escola. Ver a expressão travessa de Roy aparecer quando ele voltava de um intervalo para fumar era reconfortante.

Meu primeiro inverno no Japão estava se aproximando, e eu me preparei para a horrível nevasca da qual tinham me avisado. Sem outros amigos e com pouco o que fazer, comecei a cair em alguns hábitos nada saudáveis com Roy. Enquanto nos levava para casa depois do trabalho, na maioria dos dias ele me lançava um olhar malicioso.

"*Mar?*", ele perguntava.

Eu nunca hesitava.

"Vamos lá."

Roy tinha encontrado a cura após passar um dia inteiro na frente de duzentos adolescentes lendo apostilas mal escritas. Era uma cura que muitos *salarymen* (trabalhadores corporativos) japoneses adotavam em um clima de condições de trabalho insanas, onde o conceito de equilíbrio entre vida pessoal e trabalho era assustadoramente ausente.

Bebida.

Estima-se que Tóquio tenha 120 mil bares e restaurantes — mais do que qualquer cidade no mundo —, então é justo dizer que o Japão tem uma cultura alcóolica vibrante. É muito comum sair depois do trabalho para um *izakaya* para comer, beber e fumar até se embriagar, antes de rastejar para casa nas primeiras horas da manhã.

Embora trabalhar como professor assistente não fosse exaustivo, também não era o trabalho mais dinâmico, então ter algo pelo que esperar certamente ajudava a passar o dia. Para nós, esse algo era um *izakaya* de bairro chamado Mar.

Izakayas (居酒屋), literalmente "loja de saquê, para residir", são uma das maiores alegrias de viver no Japão. São lugares geralmente apertados, onde você acaba se esbarrando com estranhos com quem muitas vezes vai terminar a noite dividindo uma cerveja. A primeira coisa que você percebe sobre um *izakaya* é que muitas vezes não há janelas ou qualquer maneira de enxergar o lado de dentro, olhando da rua. Embora isso possa sugerir algo mais como um culto do que um pub, considerando o comportamento irreverente dos frequentadores embriagados lá, é natural esconder os clientes dos olhos curiosos dos transeuntes. Atrás dessas paredes, as pessoas se soltam depois de um dia de educação rígida e implacável.

Felizmente para nós, nosso *izakaya* local era um dos melhores da cidade, com comida barata e deliciosa. Entrar ali era como ser transportado para uma bolha hedonista. O brilho das luzes douradas nunca deixou de nos atrair em meio aos ventos amargos que varriam Sakata na véspera do inverno. Com seus balcões de madeira e seu aquecedor de parafina soprando perto da entrada, o Mar tinha uma atmosfera incrivelmente acolhedora que nos incentivava a permanecer ali e gastar todo o salário.

Assim que atravessávamos pela porta deslizante, éramos saudados pela equipe e enviados para uma das duas áreas: uma sala com tatame à direita, grande o suficiente para quatro mesas baixas; ou, à esquerda, um balcão com seis lugares virados para a cozinha estreita. Quando possível, sempre escolhíamos o balcão, onde ficávamos lado a lado e comíamos uma sequência interminável de pratos selecionados por Roy, pois só ele conseguia ler o maldito menu.

Aprendi rapidamente que, independentemente do que você queira beber no Japão, todo mundo, sem exceção, começa com *namabiiru* — cerveja na pressão. É uma regra tácita da etiqueta japonesa. Não importa a marca, desde que seja cerveja na pressão. Pode ser uma festa de trabalho ou com amigos, é extremamente raro alguém escolher outra coisa, e a razão por trás disso é não complicar o primeiro pedido e colocar rapidamente a bebida nas mãos de todos. Embora eu não fosse fã de Asahi, segui a regra e me forcei a gostar. Enquanto no Reino Unido nós devoramos petiscos de pub como amendoins e batata frita, o acompanhamento padrão da cerveja no Japão são os *edamames*, sementes de soja salpicadas com sal. Uma alternativa um pouco mais saudável, é tão crocante e deliciosa quanto, mas sem a culpa dos dedos gordurosos dos petiscos de pub ocidentais.

Esse benefício à saúde foi um pouco anulado, no entanto, pela cultura do tabagismo no Japão. Como fumar era permitido em ambientes fechados — para alegria de Roy —, enquanto saboreávamos o cardápio inspirado na culinária francesa e italiana, com peixes, pizzas e massas, ele dava conta facilmente de seu segundo maço de cigarros. As nuvens de fumaça ofereciam ao interior um brilho glamoroso, arruinado apenas pelo fedor nauseante do tabaco. O fumo é tão entranhado na cultura japonesa que, ocasionalmente, vendedores de empresas de cigarro entravam no *izakaya* com novos sabores mentolados e passavam de mesa em mesa oferecendo pacotes grátis para degustar. Era uma loucura; em um mundo que estava se afastando da indústria do tabaco, o Japão ainda a abraçava plenamente.

Infelizmente para mim, logo comecei a entrar na onda. Eu sabia que meu relatório de saúde no fim do ano seria uma tragédia depois de passar metade da semana comendo, bebendo e fumando em um pub japonês, mas por três ou quatro horas seguidas eu fazia o trabalho fantástico de me enganar, dizendo que tudo isso era para "fins educacionais". Afinal, a imersão é a melhor forma de aprender.

Roy era uma enciclopédia ambulante, falante e fumante de tudo relacionado ao Japão. Sentado no balcão conversando com ele e com os dois homens que administravam o *izakaya* e que agora eram seus amigos, logo comecei a pegar algumas frases-chave em japonês.

O melhor de tudo foi que eu percebi que comer fora no Japão era relativamente barato, especialmente porque não existe a cultura de gorjetas. No Japão, é considerado quase uma indelicadeza dar gorjeta. Os japoneses acreditam que os funcionários do setor de serviço devem *sempre* dar o seu melhor o tempo todo, e se você tentar deixar dinheiro, provavelmente acabará sendo perseguido pela rua por um garçom segurando o seu troco. O Japão oferece um dos melhores serviços do planeta, e é uma pena que você não possa recompensar os funcionários de bares e restaurantes por isso.

No entanto, para ajudar a mitigar essa ausência, a maioria dos bares e restaurantes japoneses tem uma cobrança de assento disfarçada como um prato de entrada chamado *otoshi*. É um petisco rápido que é servido assim que você chega, geralmente adicionando de 400 a 500 ienes à sua conta. Em restaurantes mais baratos, isso pode compensar a ausência da gorjeta.

Durante minhas noites encostado no balcão, era fascinante ver os japoneses locais sendo "eles mesmos". A bebida é nada menos que uma poção mágica no Japão. No momento em que um cliente dá um gole em sua primeira cerveja na pressão, ele instantaneamente relaxa, expressando os pensamentos e opiniões que guardou durante todo o dia de trabalho. Alguns chamam isso de *nommunication*, misturando de forma divertida a palavra comunicação, em inglês, com o verbo japonês *nomu* (飲む), que significa "beber".

O Japão tem uma estrutura social tão rígida e hierarquias tão severas no ambiente de trabalho que, quando os funcionários de uma empresa saem para beber, essa é a oportunidade deles para dizer ao chefe o que *realmente* pensam. Aquela ideia terrível que o supervisor forçou você a colocar em prática no escritório é completamente válida para debater depois de tomar três cervejas. A bebida é o lubrificante social que libera tudo, e é por isso que os *nomikai* (飲み会), ou festas de trabalho, são tão ativamente incentivados. Era uma coisa que eu logo experimentaria pessoalmente.

Os clientes que estavam ao meu lado no balcão frequentemente ofereciam excelentes oportunidades para praticar as frases em japonês que eu estava aprendendo. O único problema era que, depois de duas cervejas, a maioria dos japoneses começava a pôr para fora qualquer habilidade de inglês que tivesse, depois de escondê-la o dia todo, então eu mal precisava usar o japonês.

Em uma das minhas primeiras idas ao Mar, alguns caras estavam celebrando o fato de finalmente terem atingido a maioridade legal para beber no Japão, que é aos vinte anos. Vendo um britânico na cidade tranquila, eles imediatamente começaram uma conversa em inglês arrastado. Até aquele ponto eu já tinha me acostumado com o fato de que, sendo um estrangeiro incomum, eu era frequentemente o centro das atenções em uma sala cheia de japoneses. Quem vem de fora costuma chamar isso de "status de rockstar estrangeiro", e, embora houvesse dias em que eu pagaria por um pouco de anonimato, tinha também seu lado positivo.

"Você gosta de saquê japonês?", perguntou um dos caras, animado.

Balancei a cabeça. Eu tinha provado saquê brevemente no Reino Unido, mas nunca tinha bebido de verdade.

"Nossa... você precisa provar! Saquê, *onegaishimasu!*" Ele fez um gesto para o garçom.

Em poucos minutos, uma pequena jarra de cerâmica branca com saquê foi trazida, acompanhada de três quadrados de madeira, *ochocko*. Para olhos destreinados, o conteúdo da jarra poderia facilmente ser confundido com água.

"Amigo, tome cuidado com isso", disse Roy, que sorria enquanto dava um gole em sua Asahi. O homem bebia como se fosse água, mas raramente saía da cerveja. Eu estava prestes a descobrir por quê.

Meu novo amigo despejou o saquê no quadrado de madeira polido e, após um breve *Kanpai!*, todos nós tomamos um gole. Esperando o pior, fiquei agradavelmente surpreso com o sabor delicado. Se você nunca experimentou saquê, ele tem gosto de um vinho branco adocicado e deixa um leve ardor na parte de trás da garganta, similar a vodca ou gin. Embora não seja tão forte quanto essas bebidas, com cerca de 14% de teor alcoólico, é perigosamente fácil de beber.

Mal coloquei o *ochocko* de volta quando meu jovial benfeitor me serviu uma segunda dose.

"*Dou?* Achou gostoso?"

"Maravilhoso!" Eu sorri enquanto dava outro bom gole.

Em apenas três minutos a jarra estava vazia e uma segunda estava a caminho. Como na verdade eu nunca tinha experimentado saquê, acabei rapidamente com a jarra seguinte, achando que seria impossível ficar bêbado com o que basicamente tinha gosto de água aromatizada.

Após 25 minutos bebendo e conversando sobre a cultura britânica, o que no Japão invariavelmente significa Harry Potter, virei para Roy e senti o ambiente começar a girar.

"Ah, merda."

"Eu te avisei, amigo!" Roy deu risada enquanto eu baixava a cabeça entre as mãos.

Nesse meio-tempo, um dos jovens japoneses, que tentava valentemente acompanhar a intensa disputa de saquê, correu para o banheiro. Eu não precisava ser um bebedor experiente de saquê para saber que algo espetacularmente ruim estava prestes a acontecer. O amigo dele ficou quieto na cadeira, olhando para o balcão da cozinha e balançando suavemente de um lado para o outro. Se uma rajada de vento tivesse entrado pela porta, ele teria sido derrubado do banco.

"Game over. Acho que é hora de irmos embora, amigo." Roy riu novamente, me ajudou a levantar e nós saímos cambaleando. Quando passamos pela porta do banheiro, ouvi o horrível som violento de vômito. Meu novo amigo certamente nunca esqueceria sua entrada na maioridade.

7.

QUANDO ENSINAR NÃO FUNCIONA

OUTUBRO DE 2012

Uma manhã na escola, recebi um e-mail aleatório de uma japonesa chamada Noriko. Ela dizia ser a responsável por um *eikaiwa*, uma aula de conversação em inglês, que acontecia toda segunda-feira. Cada semana, uma dúzia de adultos se reunia no centro comunitário para praticar inglês, e, com a saída do meu antecessor na Sakata Senior High, eu agora era o herdeiro do trono do *eikaiwa*. Era uma tradição dos JETs de Sakata ministrar essas aulas e, em troca, ser convidado esporadicamente para festas com jantares organizadas pelos alunos.

Embora o programa JET incentive os professores a se envolverem com a comunidade local, realizar trabalhos pagos paralelos é proibido. Essa atividade de *eikaiwa* parecia um bom substituto. Eu ofereceria meu tempo para a comunidade local, e a ocasional festa com jantar e a emoção de ensinar adultos que realmente queriam aprender inglês seriam minha recompensa.

Respondi a Noriko que ficaria feliz em ministrar as aulas toda segunda-feira às sete da noite, e assim, em uma segunda-feira, no meio de setembro, saí da minha casa para encontrá-la me esperando para me levar até a aula em seu Suzuki Wagon rosa brilhante.

Noriko parecia estar na casa dos cinquenta anos, tinha o cabelo preto bem curto e usava óculos roxos cintilantes. Com um sorriso acolhedor e um aceno, ela me recebeu no carro. Enquanto entrava no automóvel de uma completa estranha, me perguntei no que eu tinha me metido.

Era uma viagem de cinco minutos até o local onde a aula acontecia, tempo suficiente para Noriko me interrogar sobre meu histórico.

"Ah, nossa, Inglaterra! O nosso último professor era do Canadá e, antes dele, da Austrália. Tantos países!" Ela lambeu os lábios com prazer, como se tivesse colocado meus predecessores em uma panela e os tivesse cozido vivos, e eu fosse ter o mesmo destino.

Tive a impressão de que Noriko adorava conversar, pois dominou o bate-papo durante a maior parte da viagem, me contando que os professores anteriores tinham sido maravilhosos. Aparentemente, um deles, Aidan, costumava levar sua guitarra para as aulas e fazer serenatas para os alunos.

"Todos nós amávamos o Aidan. Ele era muito especial."

Fantástico. Eu nem tinha posto os pés na sala de aula e a régua já tinha sido colocada de forma absurdamente alta por algum idiota com uma guitarra. Ainda assim, eu sabia fazer beatbox. Eu superaria o Aidan.

O *eikaiwa* acontecia em um salão de uma vila nos arredores da cidade, ao lado da pista de patinação no gelo local, e era um edifício cinza insignificante que seria completamente sem graça, não fosse o *kawara* no telhado. Quando entrei, fui recebido pelo forte odor de cem pares de sapatos, seguido pelo aroma amargo característico do chá verde.

Como era de esperar, quando caminhamos pelo corredor, avistei um clube de cerimônia do chá servindo a bebida quente em uma das salas comunitárias lotadas.

No fim do corredor, Noriko me conduziu até uma sala bem mais vazia, onde dez adultos, com idades variando de vinte a setenta anos, conversavam calmamente, sentados em formato de U ao redor de um grande quadro branco.

Quando chegamos, a conversa parou instantaneamente e experimentei a sensação familiar de estar sob um holofote enquanto todos me olhavam de cima a baixo. Percebi que, do grupo todo, apenas dois eram homens. Isso fazia sentido com o que eu tinha notado na escola: as aulas de inglês eram sempre muito mais populares entre as meninas do que entre os meninos. Nunca entendi muito bem o motivo, mas suspeitava de que os homens japoneses se sentissem menos à vontade para fazer papel de tolos tentando falar um novo idioma. Além disso, o inglês é muitas vezes visto como uma matéria suave, quase "feminina". Dos meninos era esperado que jogassem beisebol e cortassem madeira, mas não aprender uma língua inútil falada por bilhões de pessoas. Esse estereótipo antiquado de gênero ainda é muito prevalente na sociedade japonesa.

"*Konbanwa!* Boa noite!", todos exclamaram, se curvando em uníssono.

"Prazer, pessoal!" Fiquei aliviado com a recepção calorosa.

"Boa noite, pessoal! Este é o Chris sensei. Ele é nosso novo professor da Inglaterra!"

Algumas das alunas acenaram.

"Então, Chris sensei, *por que* você se mudou para o Japão?" Noriko começou minha primeira aula de adultos com uma sessão de perguntas e respostas. Pelo menos essas perguntas seriam mais maduras do que as que meus alunos do ensino médio costumavam fazer.

"Talvez você goste de meninas japonesas?"

Ou talvez não. Pelo menos não me perguntaram se eu tinha o pinto grande.

É importante destacar que, se você passar um tempo no Japão, estará condenado a responder à mesma pergunta todos os dias: *"Por que você veio para o Japão?".*

Eu odiava essa pergunta. Normalmente existiam duas respostas aceitáveis: "Eu sou fã de caratê" e "Anime e mangá são as minhas coisas favoritas". Essas respostas simples e previsíveis satisfazem qualquer um, de alunos curiosos a senhoras curiosas.

Eu não tinha uma resposta fácil. Como poderia explicar que um encontro aleatório com um casal de meia-idade em um avião me colocara em um curso de eventos que mudariam minha vida?

Diante do meu público silencioso no salão enfumaçado da vila, consegui formular uma resposta aceitável.

"Eu adoro *O último samurai*."

"Ah, Tom Cruise e Watanabe Ken!", exclamou Noriko. "Homens muito bonitos."

A maioria das mulheres acenou com a cabeça em concordância. Mas um dos homens não ficou satisfeito com minha resposta.

"Talvez você faça algum tipo de arte marcial?"

Todos os olhares se voltaram para mim novamente.

"Ainda não. Mas gostaria de fazer aikido."

Isso foi suficiente. Ele fez um aceno de aprovação, e graças a Deus eu viveria para ver outro dia...

E, assim, toda segunda-feira após a escola, eu ensinaria um grupo de adultos que provavelmente eram os únicos moradores da cidade com algum grau de fluência na língua inglesa.

O cara que estava mais interessado em investigar meu interesse pelo Japão logo se tornou meu aluno favorito. Alto, atlético e na faixa dos quarenta anos, Shotaro trabalhava para uma empresa de hardware em TI, viajando frequentemente entre Tóquio e Sakata. Sua presença muitas vezes me dava uma sensação de sanidade quando eu lidava com os membros mais velhos do grupo, especialmente ao tentar confrontar suas ideias ultrapassadas sobre o mundo.

Em uma ocasião, enquanto discutíamos a zona de exclusão de Fukushima, onde uma série de roubos tinha ocorrido nas casas vazias dos evacuados, os membros mais velhos do grupo declararam que deviam ser "os chineses ou coreanos", como se os japoneses nunca pudessem cometer um crime. Shotaro me lançou um olhar sério e balançou a cabeça, claramente acostumado com esse tipo de comentário. (Uma das duplas pegas roubando era de japoneses de Hiroshima.)

Em uma noite, como exercício criativo, pedi para a turma inventar e dar nome a um tipo de café para ser vendido em lojas de conveniência. O normalmente estoico Shotaro se jogou na atividade, gastando muito mais tempo do que seus colegas para elaborar um cartaz para sua marca, que ele então apresentou ao grupo com um entusiasmo contagiante.

"Essa é a minha marca de café premium, a Luxpresso. Tem o melhor sabor de café de loja de conveniência." A turma ficou impressionada, assim como eu.

Todo mês, o ponto alto do *eikaiwa* eram as festas em casa organizadas pela Naoko ou por algum dos membros mais velhos do grupo. Todo mundo trazia bolos e lanches caseiros para saborearmos juntos. Além de ser um cenário bem melhor do que o salão estéril, passar um tempo nas casas dos colegas de classe me fez sentir mais integrado à comunidade local. De repente eu deixava um pouco de ser uma figura estrangeira fantasmagórica andando pelas ruas sozinha para ser um membro da comunidade.

E o grupo do *eikaiwa* não estava totalmente livre de drama. Ocasionalmente, uma das integrantes do grupo, uma senhora idosa chamada Reina, me convidava para uma "festa secreta" à qual Naoko deliberadamente não era convidada.

"Ela trata esse *eikaiwa* como se fosse o feudo pessoal dela", lamentava Reina. "Por que ela é a chefe?"

Eu ficava sentado lá, concordando sem me comprometer, com a boca cheia de bolo de chocolate.

O inglês é uma matéria lamentavelmente impopular no Japão. Ouvi no seminário do JET que apenas 40% dos alunos gostavam de inglês, por ser considerado muito difícil e, no fim das contas, inútil. Eu enfrentava uma batalha especialmente dura no interior do país, onde as chances de precisar falar ou entender inglês eram mínimas. Dava para ouvir meus alunos se perguntando por que diabos precisariam dessas habilidades.

Os adultos da minha turma de *eikaiwa* eram exceções. Muitos deles tinham viajado diversas vezes para fora do Japão, outros estavam procurando um novo hobby agora que tinham mais tempo após a aposentadoria, e abordavam a matéria com entusiasmo e vigor.

Ensinar uma matéria para aprendizes motivados toda segunda-feira à noite ajudava a me manter são e dava energia renovada para enfrentar meus adolescentes mais apáticos. De volta à Sakata Senior High, eu começava a me familiarizar com minha rotina. Passei o primeiro mês indo de sala em sala, reapresentando meu *jikoshoukai* repetidamente e sendo zoado todas as vezes sobre minha idade, mas no outono, enfim, chegou a hora de começar a dar aulas de verdade. Felizmente eu já não temia entrar em uma sala e ter quarenta alunos totalmente cativados por mim. Ouso dizer que talvez até tivesse enlouquecido com o poder.

Embora a disciplina nas salas de aula japonesas seja boa, toda turma tem seus alunos problemáticos e, com o passar das semanas, comecei a ser mais criativo na minha forma de lidar com isso.

Perdi a paciência com um garoto que parecia não parar de falar. Um dia, joguei minha apostila de lado diante da turma surpresa e escrevi "Supercalifragilisticexpialidocious" no quadro. Olhando para todos perplexos, chamei o aluno problemático até a frente da sala e falei rapidamente a palavra em voz alta. O garoto ficou confuso quando gritei: "Agora você!".

Punição no estilo britânico em sua melhor forma.

Me recostei na minha mesa, pronto para ver o garoto se enrolar. Mentalmente, me parabenizei pela abordagem criativa em relação à disciplina. No entanto, assim que pensei ter vencido, o atrevido repetiu a palavra perfeitamente, fazendo uma ótima imitação de mim no percurso. Isso fez a turma soltar uma gargalhada e aplaudir. Odeio admitir, mas caí na risada também.

Ele voltou ao seu lugar como um herói triunfante.

Embora eu achasse que tinha sido desmascarado, que meu raciocínio rápido tivesse falhado na sala de aula, parecia que eu conquistara um respeito naquele dia. Daquela vez em diante, o aluno problemático, um prodígio da arte marcial japonesa da esgrima com espadas de bambu (*kendo*) chamado Keita, nunca mais se comportou mal na minha presença, e nós nos tornamos bons amigos. Ele até começou a me procurar na sala dos professores para conversar e praticar seu inglês.

Nunca subestime o poder de Mary Poppins.

Esses momentos de avanço foram raros, no entanto. Na maior parte do tempo, eu lutava contra o currículo sem graça e os recursos pouco inspiradores que me eram fornecidos. Conforme as semanas passavam, comecei a entender exatamente por que o inglês era tão impopular. Os livros didáticos desse idioma no Japão eram nada menos que uma atrocidade e muitas vezes eram usados de maneira muito inadequada pelos professores com quem trabalhei.

Quase todos os capítulos traziam uma forte mensagem antiguerra que, embora comovente, estava desprovida de qualquer inglês prático do dia a dia. Uma das primeiras histórias que li para a turma foi sobre Mosha, um elefante de Mianmar que tinha pisado em uma mina terrestre e perdido a perna. Ao contar a história angustiante de como os médicos amputaram a perna do elefante e a substituíram por uma prótese, olhei para meus alunos de dezesseis anos, que estavam cochilando, e me perguntei com que frequência eles precisariam do termo "prótese" caso resolvessem fazer uma viagem para um país de língua inglesa.

Deixando de lado as histórias curiosas, tendo sido redigidos por professores japoneses de inglês, os livros didáticos tinham muitos erros. Um capítulo ridiculamente intitulado *Soccer Balls to Afghanistan* contava a história de uma escola no Japão que tinha trabalhado incansavelmente para costurar quinhentas bolas de futebol para enviar para lá. Sem dúvida, isso era a única coisa pela qual as cidades devastadas pela guerra no Afeganistão estavam clamando.

A história atingiu seu clímax quando as crianças do Afeganistão receberam as quinhentas bolas. Na frente de quarenta alunos, li a frase: "E, quando mostramos às crianças, seus olhos brilharam. APARECIA mágica".

Aparecia mágica.

Soltei uma gargalhada, e a turma riu baixinho, embora não soubesse exatamente por que eu estava rindo.

Foi um pouco constrangedor, mas mais tarde reclamei com o Kengo sensei sobre a qualidade dos livros didáticos.

"Na verdade, Chris san, meus amigos e eu escrevemos muitos desses livros."

Droga.

De repente, as histórias fizeram sentido. O passado antiguerra do Kengo tinha se infiltrado nos livros. No entanto, por mais bem-intencionados que fossem esses sentimentos, é uma pena que não tivessem sido revisados por um falante nativo.

Mas não eram só os livros didáticos que eram péssimos. Os próprios professores contribuíam para a ineficiência das aulas.

Em uma lição, a Komako sensei achou que seria "divertido" me fazer encenar o vocabulário em inglês no estilo de charada. Os alunos deveriam gritar o que achavam que a palavra significava em japonês. Eu não via como isso ajudaria na compreensão do inglês, mas não queria reverter os planos grandiosos dela na frente dos alunos. As coisas começaram direitinho, eu encenando verbos como "conversar" e "tremer". Depois, chegamos a palavras como "posteridade" e "refutação" e o negócio complicou. Eu mal sabia como definir as palavras em inglês, quanto mais por mímica.

"Vamos lá, Chris sensei. Por favor, tente mais", disse a Komako sensei.

Os quarenta alunos exasperados gritaram praticamente todas as palavras do dicionário tentando adivinhar, enquanto eu me perguntava qual era o propósito de tudo aquilo.

Fiquei cada vez mais irritado com as limitações do sistema educacional japonês, passando meu tempo livre tentando descobrir maneiras criativas de fazer os alunos se engajarem. A Naoko sensei foi uma das poucas professoras que me deram algum grau de autonomia. Ela me deixava fazer qualquer coisa que eu quisesse — desde que envolvesse tocar uma música dos Beatles, seus amados Beatles.

E assim, em uma das aulas, transformei a totalmente insana "I Am the Walrus" em um exercício de escuta que quase virou a classe de ponta-cabeça. Imprimi a letra, excluí palavras-chave e pedi para eles preencherem as lacunas.

Dava para ouvir os cérebros deles implodindo, e a Naoko sensei também não estava muito impressionada.

"Chris sensei, o que é o *egg man*? Quem são os *egg men*?"

"Ele é o Walrus", insisti.

"Não entendi nada." Ela bateu os pés de irritação e insistiu que, a partir daquele dia, deveríamos nos limitar à sua lista oficial de músicas dos Beatles.

Ainda assim, tocar "Hey Jude" era muito mais divertido do que fazer os alunos repetirem "Chris quer comer frango" várias vezes.

À medida que eu me sentia mais confortável no papel e ganhava confiança aos poucos, passei a ter mais afinidade com meus alunos, fazendo amizade com muitos deles, especialmente com os que gostavam de inglês. Uma garota, Rina, frequentemente deixava presentes na minha mesa. Depois que mencionei em classe, brincando, que queria ser o James Bond quando criança, mas nunca realizara meu sonho, alguns dias depois apareceu um cartaz de *007: Operação Skyfall* na minha mesa.

"*Não desista do seu sonho. Para nunca esquecer* — Rina."

Dei risada quando li seu bilhete. Foi um momento maravilhoso: uma estudante japonesa incentivando seu professor a se tornar um espião britânico. Espero um dia fazer Rina se orgulhar de mim.

Apesar dos meus sucessos ocasionais, a enorme barreira linguística entre os alunos e eu se tornou uma fonte constante de frustração. A maioria dos estudantes me achava intimidador e evitava falar comigo, plenamente cientes de que minha incapacidade de me expressar em japonês os pressionava a falar inglês. De muitas formas, esse era o objetivo do programa JET. O plano nunca foi enviar os melhores professores de inglês que o mundo já viu (claramente; afinal, eu de alguma forma conseguira chegar lá). Era simplesmente dar aos alunos a oportunidade de praticar o idioma com um falante nativo.

Embora eu me esforçasse ao máximo para tornar as aulas divertidas, de vez em quando as coisas davam errado de um jeito espetacular.

Durante uma aula com a Naoko sensei, eu estava falando sobre a cultura britânica e o amplamente odiado tópico da culinária do Reino Unido.

Eu havia imprimido fotos de vinte refeições e sobremesas populares britânicas, de *toad in the hole*[2] e *bangers and mash*[3] até um café da manhã inglês completo e *treacle tart*.[4] O objetivo era que os alunos associassem as fotos aos nomes dos pratos.

Organizando os quarenta alunos em dez grupos de quatro, a competição estava lançada para ver qual equipe terminaria mais rápido e ganharia o grande prêmio: uma caixa de chocolates da Cadbury.

No início, tudo estava indo bem. O apelo do chocolate estrangeiro nunca falhava em motivar a turma a se esforçar — embora eu tenha cometido um erro fatal ao incluir o pudim britânico *spotted dick*. Embora o pudim cozido no vapor, recheado com frutas secas e servido com creme, fosse uma deliciosa sobremesa para milhões no Reino Unido, meus alunos no Japão viam apenas uma palavra: *dick* (pinto). Em pouco tempo a sala foi tomada por risadinhas.

Uma equipe de quatro meninas venceu e eu entreguei a elas os chocolates, sob gritos de alegria delas.

---

2   "Sapo no buraco" é um tradicional prato no Reino Unido que consiste em salsichas assadas na massa do pudim Yorkshire, tendo a aparência de uma torta. Pode ser servida com legumes e molho. (N. T.)

3   Salsichas com purê é um prato popular no Reino Unido que consiste em salsichas grelhadas servidas com purê de batata. (N. T.)

4   Torta de melaço é uma sobremesa tradicional no Reino Unido. (N. T.)

Mas ainda havia um prêmio extra para ser conquistado — uma barra de chocolate Hershey's que eu tinha comprado na loja de produtos importados. A turma vibrou enquanto eu a segurava no ar, como se fosse o Santo Graal.

Uma das outras sobremesas da minha lista era o sundae grande de sorvete *Knickerbocker Glory*. Para muitas equipes, foi o último prato a ser adivinhado, já que o nome da sobremesa não dava exatamente muitas pistas. Para esse desafio final, requisitei um voluntário corajoso para vir até o quadro e escrever *Knickerbocker Glory* de memória.

Nada menos que sete alunos se levantaram para tentar escrever a palavra. Cada um tentou e falhou, ao som de gargalhadas estrondosas.

Nosso último competidor, um garoto tímido de óculos que mal tinha falado uma palavra durante muitas aulas minhas, se levantou para espanto geral e pegou o giz. A Naoko sensei pareceu mais surpresa do que qualquer outra pessoa enquanto o garoto dava seu melhor, fazendo pausas pensativas entre as letras. A tensão no ar era palpável.

Finalmente, depois do minuto mais longo de todos os tempos, o garoto se afastou para revelar a frase:

"Knicker Poker G."

A turma percebeu instantaneamente que ele estava errado e explodiu mais uma vez em risadas.

Entrei na brincadeira, apontando que "Knicker Poker G" soava como o apelido do maior jogador de pôquer do mundo. "Acho que seria um nome incrível!"

De repente, houve um estrondo alto que nos calou de imediato.

O garoto tinha batido seus livros contra a mesa, fazendo seu material de escrita voar e assustando tanto a mim quanto à Naoko sensei, enquanto nos desviávamos dos lápis voadores.

Parece que o estudante não gostou nada de ser zoado pela turma toda.

"*Sensei! Urusai!* Eles precisam calar a boca!", ele gritou, batendo os livros uma segunda vez.

Eu nunca tinha sentido a atmosfera mudar tão rápido em uma sala de aula.

Os sorrisos desapareceram e todos os olhares estavam voltados para Naoko e para mim, ansiosos para ver como reagiríamos.

Naoko sensei juntou as mãos quase como em oração, o gesto japonês para "desculpe".

"*Sumimasen.*" Ela pediu desculpas em tom sincero, e eu a segui. O estudante tímido claramente tinha sido afetado pelas risadas da turma.

O garoto continuou a olhar para sua mesa, fervendo de raiva.

Eu tinha sentimentos conflitantes sobre a situação. Por um lado, isso evidenciava a imensa pressão que os alunos enfrentavam. Cometer erros é uma parte essencial do aprendizado de um idioma, e, se o resultado disso for ser ridicularizado abertamente, por que tentar, afinal? Cometer erros na sala de aula significava se expor ao escárnio, e, na frágil dinâmica coletiva de uma sala de aula japonesa, se destacar e ser alvo de risos poderia levar a ser alvo de bullying a longo prazo, como eu logo descobriria.

Era fácil entender por que a grande maioria dos alunos relutava em levantar a mão na sala de aula.

Por outro lado, "Knicker Poker G" era gozado demais.

Era uma pena que o garoto não tivesse conseguido rir do próprio erro. Os alunos anteriores tentaram e falharam. Eles também foram zoados, mas encararam numa boa. A partir daquele dia, fiz uma promessa de me tornar mais consciente de como reagia às zombarias na sala de aula. Queria que meus alunos se sentissem mais confiantes nas minhas aulas, e não se escondessem ainda mais.

Acima de tudo, no entanto, eu finalmente tinha um nome de usuário matador para meu perfil de pôquer online.

8.

NEVE DEMAIS, PORRA

NOVEMBRO DE 2012

Com a chegada dos rigorosos meses de inverno do Japão, eu estava cada vez mais desesperado para conseguir um carro. A ideia de caminhar sobre mais de um metro de altura de neve me aterrorizava. Felizmente, em outubro, o Kengo sensei veio em meu socorro, me conectando com um amigo que alugava carros usados.

Pouco tempo depois eu era o orgulhoso proprietário de um velho Nissan Micra, que me custava um olho da cara, 40 mil ienes por mês — quase um quarto do meu salário líquido. Mesmo assim, a perspectiva de liberdade e a chance de escapar da carona diária com Roy, movida a cigarro e café, se mostraram bons motivos para eu esvaziar minha carteira.

Para comemorar, planejei fazer um vídeo para o canal do YouTube que eu acabara de criar, sobre dirigir no Japão. Até aquele momento eu tinha postado dois vídeos no *Abroad in Japan*, nome que fazia uma brincadeira com o meu sobrenome.

Nos dias que antecederam minha mudança para o país, eu tinha passado horas no YouTube procurando vídeos sobre o norte do Japão e sobre a região que em breve eu chamaria de minha casa. Encontrei apenas um punhado de youtubers de Tóquio, que ofereciam pouco mais do que imagens deles mesmos elogiando sanduíches de morango da Family Mart. Eu tinha a sensação de que poderia fazer algo melhor. Decidi então que criaria meus próprios vídeos. Seria uma ótima maneira de documentar minhas experiências, mas também me ofereceria uma oportunidade inesperada de seguir algo que sempre senti ser minha verdadeira vocação.

Em 1951, enquanto trabalhava na embaixada britânica em Jacarta, na Indonésia, meu avô David foi acidentalmente trancado em um cofre por um colega desastrado. Embora ele tenha sido encontrado mais tarde, a experiência de ser lacrado em um pequeno e impenetrável quarto por horas a fio deixou-o com uma claustrofobia aguda, que o acompanharia pelo resto da vida. Isso significa que, após anos viajando pelo mundo como cônsul da embaixada, ele nunca mais conseguiu entrar em um avião.

Quarenta e seis anos depois, quando sua filha mais nova — minha tia Kate — se casou em Vancouver, ele infelizmente não pôde comparecer. Foi então que, aos sete anos, me entregaram uma câmera de última geração e me encarregaram de registrar o evento em seu nome.

Isso despertou em mim um amor duradouro por câmeras e produção de filmes. Com catorze anos, eu queria ser diretor de cinema. Com dezoito, era um dos melhores alunos da minha turma de cinema no ensino médio, e com dezenove já tinha jogado todos os meus sonhos de cineasta no lixo quando percebi que as chances de entrar na indústria cinematográfica eram praticamente inexistentes. Eu não tinha nem confiança nem contatos.

Mas agora, quinze anos depois de ter recebido minha primeira câmera, finalmente estava prestes a compartilhar com o mundo meu hobby de produtor de vídeos. Eu tinha feito um vídeo horrível meu andando pela minha minúscula casa japonesa, e, para minha surpresa, apesar da voz monótona, da filmagem de baixa qualidade e da postura tão rígida que parecia que eu estava com *rigor mortis*, foi um sucesso instantâneo, com impressionantes 250 visualizações. Como eu só tinha nove amigos, foi uma marca impressionante. Eu não conseguia acreditar que havia estranhos do outro lado do mundo dispostos a assistir um cara vagando por uma sala de tatame.

Meu segundo vídeo, sobre choque cultural, teve um desempenho ainda melhor, com incríveis trezentas visualizações. Suspeitei de que o aumento de acessos se devia à imagem em miniatura do vídeo que apresentava o provocante pôster *hentai* da mulher nua que eu tinha visto em minha primeira caminhada no centro de Sakata.

Não foi surpresa nenhuma que a quantidade de cliques, ou seja, o número de pessoas que acessaram o vídeo quando o encontraram, fosse maior. Infelizmente os espectadores ficaram furiosos ao descobrir a ausência de *hentai* quando clicaram no vídeo. Em vez disso, foram atraídos para assistir a um britânico mal-humorado sentado no chão de seu apartamento comendo uma barra de chocolate e reclamando da TV japonesa. Entretenimento digno de um Oscar.

E agora, minha terceira obra-prima seria sobre dirigir no Japão. Felizmente para mim, como os japoneses dirigem do mesmo lado da via que os britânicos, conseguir a carteira de motorista japonesa envolvia apenas algumas perguntas simples, enquanto meus colegas americanos precisavam lutar em um circuito de teste. Deus abençoe o volante do lado direito. Esse foi um dos benefícios duradouros da ajuda britânica para o Japão na construção de sua infraestrutura e linhas ferroviárias no século XIX.

Um dos aspectos mais curiosos de dirigir no Japão era conciliar a cultura da bebida com a capacidade de voltar para casa, especialmente em áreas rurais, onde o transporte público é escasso. Enquanto na Inglaterra você pode tomar uma cerveja e ainda dirigir com um limite de 0,08% de concentração de álcool no sangue, no Japão as regras são bem mais rígidas, com um limite de 0,04%. O cheiro de bebida, por si só, já te desqualifica para dirigir. Isso provavelmente é benéfico, já que a população tende a ser mais suscetível aos efeitos do álcool — pelo menos foi o que vi.

Dado o papel vital que a bebida desempenha na cultura japonesa, onde os funcionários de escritório geralmente precisam passar horas a fio impressionando seus chefes com um balde de Asahi, não é de surpreender que voltar para casa depois disso se torne um problema.

Com uma indignação pública contra dirigir sob efeito de álcool após acidentes de alta gravidade nos anos de 1990 e 2000, o Japão reduziu drasticamente o número de incidentes envolvendo motoristas alcoolizados em uma década, adotando uma abordagem de duas etapas: implementando penalidades severas e incentivando soluções viáveis, uma das quais foi um serviço engenhoso e altamente popular conhecido como *daikou*.

Minha primeira experiência com o serviço único de *daikou* aconteceu em uma noite de trabalho, quando o Kengo sensei e eu estávamos tomando um drinque em um *izakaya* local.

Kengo sensei tinha gentilmente me ajudado a praticar meu japonês com algumas conversas básicas, e havíamos concluído que eu ficava mais à vontade para falar sob a influência do álcool. Quando ele se ofereceu para dirigir até o lugar onde iríamos jantar, naturalmente assumi que ele não iria beber. Essa suposição caiu por terra no momento em que nos sentamos no tatame e ele pediu uma cerveja.

Minha suposição seguinte foi a de que ele pretendia deixar o carro no *izakaya* e voltar para casa de táxi quando a noite terminasse.

Três horas mais tarde, depois de comer um prato de sashimi fresco de atum que derretia na boca, de ter consumido um barril de cerveja e de ter tentado falar japonês entre os pratos, chegou a hora de ir embora.

Para minha surpresa, Kengo se virou para mim e perguntou: "Chris san, quer carona para casa?".

Olhei para a mesa coberta de copos de cerveja vazios e molho de soja derramado e me perguntei se alguém estava prestes a perder o emprego.

"Tem certeza de que está tudo bem pra dirigir?"

"*Daijoubu!* Sem problemas!" Ele riu, acenando com as mãos como se tentasse aliviar minhas preocupações.

Ele se virou para uma garçonete que estava esperando ali perto e gritou: "*Daikou onegaishimasu!*".

"*Hai!*" Ela foi até o telefone.

Estávamos sentados perto da janela na frente do *izakaya*, e, quando um Kei meio sujo chegou, quinze minutos depois, com um cartaz no teto, presumi que finalmente pegaríamos um táxi. Curiosamente, no lugar do cartaz onde normalmente estaria escrito "Táxi" lia-se "Daikou", e, em vez de um único motorista, havia dois homens na frente do carro, usando bonés vermelhos de beisebol. O homem no banco do passageiro saiu e entrou no *izakaya*, e a garçonete apontou para o Kengo sensei e para mim.

Ele se aproximou, fez uma reverência amigável e murmurou: "Sua chave, por favor, senhor!", enquanto o Kengo, já embriagado, enfiava as mãos nos bolsos da calça à procura dela.

Eu não fazia a menor ideia do que estava acontecendo. O Kengo sensei finalmente conseguiu tirar a chave do bolso e fez uma breve descrição do carro e de onde o estacionara. O homem desapareceu na noite, enquanto eu me perguntava se Kengo acabara de ser vítima do roubo de carro mais educado do mundo.

Quando pagamos a conta, o Toyota de Kengo apareceu, conduzido pelo homem do boné vermelho.

"Está pronto, Chris san? Vamos", disse Kengo. Ele me guiou para fora do restaurante e me colocou no banco de trás do seu carro. Em pouco tempo estávamos percorrendo as ruas de Sakata com um completo estranho no volante. Tudo aquilo parecia um pouco com os games Grand Theft Auto.

Embora eu estivesse bastante confuso, o Kengo sensei parecia bem calmo, então presumi que fosse uma situação normal.

Em minha ligeira embriaguez, olhei para trás e vi que o táxi *daikou* que eu tinha visto antes estava agora seguindo atrás de nós. O motorista me acenou amigavelmente e eu fiz um aceno de aprovação, mesmo sem entender nada do que estava acontecendo.

"Bem, aqui estamos, Chris san! Tenha uma boa noite e nos vemos amanhã."

Saí do banco de trás, sem entender nada, e virei para olhar o estranho que estava dirigindo o carro de Kengo.

"É... Você vai conseguir voltar para casa, Kengo sensei?"

"Ah, sim, não se preocupe! O *daikou* vai me levar. Nos vemos amanhã."

Com isso, fechei a porta com força e observei a caravana desaparecer na estrada.

Para minha surpresa, mais tarde aprendi que, apesar de o serviço *daikou* exigir dois motoristas, ele era apenas um pouco mais caro do que um táxi. Isso porque, enquanto os motoristas de táxi precisam de um veículo licenciado para operar, o *daikou* usa o veículo do cliente, economizando nas taxas de licença, gasolina e manutenção.

Se em muitos países a ideia de deixar um desconhecido dirigir seu carro enquanto você está de pileque no banco de trás parece, no mínimo, bizarra e, no pior cenário, perigosa, no Japão existe um nível de confiança social que possibilita o funcionamento de sistemas baseados em honra como esse. O *daikou* parecia uma solução única do Japão, e, durante os meses de inverno com neve, foi um serviço do qual eu viria a depender.

Em dezembro de 2005, um trem da Japan Railways East que viajava de Akita para Niigata passou por Yamagata quando uma poderosa rajada de vento o lançou para fora dos trilhos, batendo contra um pequeno abrigo na estrada coberto de neve. Cinco passageiros morreram e 33 ficaram feridos. Esse acidente foi um testemunho do poder das rajadas de vento da Sibéria, que cruzam o mar do Japão e batem na costa oeste do país. Combinado com a maior nevasca do planeta, fica claro o motivo pelo qual o inverno no Japão não deve ser subestimado.

Roy me alertou sobre o que estava por vir mas, arrogantemente, fiz pouco-caso.

"Amigo, acho que sei o que é neve."

Leitor, eu não sabia.

Em um dia de início da semana, no início de dezembro, acordei às sete horas e abri as portas de papel de arroz do meu *shoji*. Minha janela normalmente dava para um estacionamento movimentado, mas naquela manhã os habituais dois ou três carros tinham desaparecido sob uma montanha de neve. Em uma única noite, tinha nevado quase dois metros.

O estacionamento rapidamente se transformou em um canteiro de obras. Parecia uma cena de *Os caçadores da arca perdida*, exceto que, em vez de procurar a Arca da Aliança, as escavadeiras estavam à procura de Toyotas.

Corri para fora e descobri que, felizmente, o prédio tinha meia dúzia de pás comunitárias para esse tipo de emergência. Peguei uma delas e comecei a tirar a neve fofa, espantado com a quantidade que tinha caído durante a noite. A voz do responsável japonês que me levou para Yamagata meses antes ecoava na minha mente:

No inverno, essas montanhas, muitas neves.

Muitas neves da porra, de fato.

Depois de quase meia hora escavando com afinco, o Nissan finalmente foi desenterrado e os pneus ficaram livres para se mover. Eu tinha retirado tanta neve de cima do teto do meu carro que poderia não apenas construir um boneco de neve, mas uma tropa inteira de infantaria. Quando estava terminando, Roy apareceu virando a esquina, fumando seu cigarro matinal.

"Eu te avisei!", ele riu, com um sorriso de vitória.

"É, é. Boa sorte para limpar seu carro, amigo." Pelo menos eu poderia assistir enquanto ele cavava para sair com uma dose de *Schadenfreude* (o regojizo maligno sentido pelo infortúnio de alguém).

Mas não foi isso que aconteceu.

Roy tirou a neve do lado do motorista e de uma parte do para-brisa diretamente à frente do volante, abriu a porta e entrou no carro. Ligou o motor e, em uma manobra agressiva, deu ré para fora do monte de neve que tinha soterrado seu Toyota Starlet.

Em cinco segundos ele fez o que eu levara uma eternidade para fazer, e, com um sorriso maroto e uma baforada de fumaça, acelerou e disparou para fora do estacionamento, em direção à vitória.

NEVE DEMAIS, PORRA

Que canalha dos infernos.

Aquela condição não deveria me surpreender. Se eu tivesse feito a lição de casa, teria descoberto que duas das cidades mais ao norte do Japão, Aomori e Sapporo, detêm o recorde mundial de maiores níveis de neve por ano.

A cidade de Aomori, que ficava apenas 250 quilômetros ao norte de Sakata, recebeu impressionantes 8 metros de neve em um único inverno. A boa notícia é que, ao contrário da confusão que as condições climáticas causam no Reino Unido, com cancelamentos de trens, o Japão estava preparado para isso.

Enquanto eu dirigia para a escola naquela manhã, vi nada menos que uma dúzia de limpadores de neve trabalhando meticulosamente pelas ruas do bairro. Com muitos agricultores e trabalhadores rurais sem ter o que fazer nos meses de inverno, o Japão teve a ideia genial de recrutá-los como operadores de máquinas de neve; então, apesar da forte nevasca, um exército de agricultores conseguia virar o jogo e manter a sociedade funcionando.

Eu, pessoalmente, no entanto, sentia que estava perdendo a batalha. Nas semanas seguintes, sair de casa se transformou em uma luta constante contra as tempestades de neve e o trabalho de limpeza. Remover neve do carro. Remover neve da porta do apartamento. Remover neve de mim mesmo até ficar enterrado em um buraco fundo o suficiente para hibernar o inverno todo.

Não importava quantas vezes eu escavasse meu carro, no dia seguinte ele estava desaparecido novamente.

Não era incomum que a temperatura caísse tão rapidamente que os limpadores de para-brisa congelassem no vidro enquanto estavam em uso. Os maiores flocos de neve que eu já tinha visto se acumulavam ao redor dos limpadores, tornando-os inoperáveis e me forçando a parar o carro com frequência, sair correndo e limpá-los.

Tudo chegou ao auge em uma manhã de dezembro, quando estava dirigindo o meu Nissan morro acima para o trabalho. Os pneus ficaram presos em um buraco coberto de neve e gelo, fazendo o carro patinar e parar na posição perfeita para bloquear a entrada do Sakata Senior High.

Embora tivesse trocado para pneus de neve algumas semanas antes, esperando pela neve, ao contrário de muitos dos carros locais, o Nissan não tinha tração nas quatro rodas. Enquanto os pneus giravam na neve e eu sentia o carro afundar cada vez mais, me senti totalmente sem esperança. Eu não só estava atrasado para o trabalho como metade do corpo docente estava preso na fila cada vez maior atrás de mim.

Fiquei morto de vergonha ao perceber que estava totalmente exposto, enquanto todos os meus alunos caminhavam ao lado do carro na calçada, enfrentando a nevasca para seguir em frente. Alguns fingiam educadamente que não me viam, mas um grupo específico de meninos apontou e riu de forma irritante antes de correr para dentro. Fiz uma anotação mental de suas caras estúpidas; a vingança seria rápida e brutal na hora de corrigir as provas finais deles.

O motorista atrás de mim parecia ser um homem de meia-idade com uma expressão severa.

"Brilhante." Tenho certeza de que ele vai adorar ajudar o estrangeiro atrapalhado que o está fazendo se atrasar.

Abri a porta do carro e saí para o frio cortante, fazendo um sinal de polegar pra baixo, nervoso, para o motorista, mas, para minha surpresa, ele saiu do carro sem pensar duas vezes e avançou pela neve para começar a empurrar.

"*Sumimasen, sumimasen!* Sinto muito!", eu gritei, sobre o som do carro ligado e o vento que nos atingia.

"*Iie, iie!* Não, de jeito nenhum!", ele respondeu, indo até a parte traseira do Nissan e começando a empurrar.

Momentos depois, outro homem se juntou a ele, seguido por uma funcionária da escola.

Fazendo uma reverência solene para minha equipe de apoio,

voltei para o banco do motorista para tentar manobrar e sair do buraco literal em que havia me metido.

Contando até quatro, eles empurraram e eu acelerei.

"*Ichi, ni, san, SHI!*", gritaram, todos empurrando em uníssono. Quando senti o pneu aderir à estrada e o veículo se mover para a vitória, acenei triunfante pela janela para a multidão que estava aplaudindo. Eu tinha sobrevivido ao meu primeiro grande confronto com a brutal queda de neve do Japão.

"Você perdeu a hora hoje, cara", disse Roy quando me joguei na cadeira no escritório dos professores.

"É, o carro de alguém ficou preso na colina", murmurei.

Depois daquele dia, fiquei tão assustado com a possibilidade de reviver aquela situação que evitei dirigir para o trabalho quase todo o inverno.

Ironia das ironias, o carro que eu tanto desejava passou a maior parte dos dias da semana preso no estacionamento do apartamento, sendo transformado em um boneco de neve gigante. A experiência foi tão traumática que eu preferia caminhar 25 minutos na tempestade de neve a arriscar passar por aquilo de novo. Sempre que Roy ou Nishiyama perguntavam por que diabos eu estava andando em temperaturas abaixo de zero, eu dizia que era por razões de saúde e condicionamento físico.

Com o ambiente externo se tornando cada vez mais inóspito, comecei a passar mais tempo livre no apartamento, enterrado sob a mesa aquecida *kotatsu* com uma manta me cobrindo da cintura para baixo. Embora mal houvesse espaço para andar no meu apartamento, a área minúscula significava que ele era maravilhosamente aconchegante.

As casas e apartamentos tradicionais japoneses são notoriamente inadequados quando se trata de isolamento e aquecimento. Quem diria, mas portas de papel deslizantes não fazem o melhor trabalho de segurar as temperaturas congelantes. Ao contrário do Reino Unido, onde a maioria das casas vem equipada com radiadores, as casas japonesas frequentemente dependem de aquecedores a querosene e *kotatsu*, e apartamentos como o meu usam um tipo de ar-condicionado configurado para o modo de aquecimento, que sopra ar quente e seco, transformando cada cômodo no clima de deserto.

No entanto, sentado no suave tatame, curvado sobre minha mesa sob um cobertor quente, eu desfrutava de cada instante.

Trancado no meu apartamento e hibernando como um urso, não havia um segundo a ser desperdiçado. Eu me propus a alcançar a meta de poder conversar em japonês até a primavera seguinte, e, a cada dia que passava comecei a apreciar a imensidão da tarefa que estava diante de mim.

9.
O IDIOMA IMPOSSÍVEL

NOVEMBRO DE 2012

Dois mil kanjis.

Três sistemas de escrita.

Três mil palavras básicas do dia a dia para memorizar.

Comecei a perceber quão ferrado estava enquanto iniciava minha jornada para aprender uma das línguas mais difíceis do mundo. Mesmo deixando de lado a quantidade absurda de coisas para memorizar, a estrutura gramatical era tão alienígena que eu suspeitava de que o idioma japonês tinha sido especialmente projetado para destruir o cérebro de quem fala inglês.

Tendo estudado alemão e espanhol na escola e fracassado miseravelmente em ambas as línguas, eu dizia a mim mesmo, pessimista, que meu cérebro simplesmente não estava preparado para lidar com um segundo idioma. Qualquer pensamento de dominar uma língua estrangeira parecia absurdo. Não era necessário ser fluente em japonês para se candidatar ao programa JET — afinal, o motivo pelo qual você estava lá era para falar inglês — e cerca de 50% dos professores estrangeiros que conheci pareciam não ter nenhuma experiência com o idioma. Alguns também não tinham intenção de aprendê-lo, pois o plano era morar no Japão por um ou dois anos e depois voltar para casa.

Embora eu não antecipasse que ficaria no Japão por mais de três anos, sempre tive a intenção de estudar o idioma e me esforçar ao máximo. A ideia de viver e trabalhar em um país estrangeiro por um longo período e não fazer um esforço para abraçar a cultura e a língua parecia desrespeitosa, mesmo que não fosse esperado.

Além disso, era uma chance de provar para mim mesmo que eu

não era um completo fracasso. Aprender japonês seria o curso de autoajuda definitivo e finalmente me ajudaria a fazer algo sobre minha memória terrível. Esse era um problema que me assombrava a vida inteira. No entanto, embora essas coisas tivessem sido o que me motivara antes de me mudar para o Japão, vários meses depois eu estava percebendo que a sensação esmagadora de ser incapaz de funcionar na vida cotidiana era um motivador muito mais forte.

No corredor da escola, os alunos corriam até mim e gritavam em japonês: "Chris sensei! *** ***** **** ***". Eu ficava ali, gaguejando sem graça, fingindo saber o que estavam dizendo com um aceno ocasional. Muitos professores continuavam a me evitar, se escondendo em portas laterais quando eu aparecia. A ideia de terem que usar o inglês era simplesmente demais para eles.

Incapaz de me comunicar com os alunos e colegas, e lutando para realizar tarefas básicas como ir ao banco, pagar a conta do telefone ou até mesmo operar o micro-ondas, eu me sentia paralisado e roubado em minha independência. Estava desesperadamente dependente de amigos como Roy ou Kengo sensei, mas, a cada vez que pedia ajuda, experimentava um crescente sentimento de culpa pelo fardo que me tornara.

O pior de tudo foi que minha inabilidade para o japonês acabou me levando a infringir a lei.

Uma recente road trip para ver os macacos-da-neve vagando pelas fontes termais de Nagano me levou até as montanhas do centro do Japão. Suportei as longas seis horas de viagem pela costa leste, usando as notoriamente caras rodovias japonesas.

Com cerca de 10 mil túneis rodoviários, o Japão tem mais dessas passagens subterrâneas do que qualquer outra nação no mundo, perdendo apenas para a China. Em uma terra de montanhas implacáveis e níveis extremos de neve, os túneis rodoviários são cruciais para atravessar o país e tinham me poupado duas horas no tempo de viagem.

Saindo do último túnel interminavelmente longo da jornada, parei no pedágio, onde, para meu horror, percebi que tinha ido pelo caminho errado.

Eu tinha entrado na passagem exclusiva para carros usando um sistema de chip chamado ETC, que permite a transição sem interrupções nas rodovias usando um transmissor sem fio no painel. Esse era um luxo que eu não tinha.

Quando parei em um bloqueio com a barreira fechada e sem possibilidade de pagar em dinheiro, uma longa fila de carros começou a se formar atrás de mim. Eu estava preso. Coloquei a cabeça para fora da janela, me balançando em agonia, com o som incessante das buzinas ao fundo. Para minha surpresa, um homem que trabalhava em uma cabine de pedágio só para pagamento em dinheiro correu até mim. Meu salvador tinha chegado.

"*Genki desu ka?*" Ele perguntou se eu estava bem, olhando ansiosamente para a longa fila de carros atrás de mim.

"É... sim, *genki!*" Fiz um sinal de positivo com o polegar.

"*Hai, douzo!*" Ele fez um gesto para a barreira, que de repente se levantou, levando à liberdade.

"*Arigatou gozaimasu!*", gritei, enquanto acelerava pela rampa. No meio do alívio por escapar, percebi que o homem me liberara de pagar o pedágio completamente. Foi uma reviravolta incrível de sorte.

Isso durou até dois meses depois.

Um dia, enquanto estava estudando uma nova lista de vocabulário japonês, descobri que a palavra para dinheiro em japonês era *genkin*.

Lembrei do incidente no pedágio. O homem não estava perguntando se eu estava *genki* (bem). Ele estava perguntando se eu tinha **genkin** (dinheiro).

"Você tem dinheiro?", o homem me perguntou.

Quando respondi com o sinal positivo, ele assumiu que eu tinha dinheiro e fez um gesto para um lugar onde eu poderia parar e pagar.

Eu, no entanto, acelerei pela rodovia, deixando o homem da cabine de pedágio ali parado em uma nuvem de fumaça do escapamento.

Minha estupidez pode ter me poupado alguns milhares de ienes, mas isso não retratou os residentes estrangeiros da melhor forma. Para me redimir de meus pecados, prontamente doei o dinheiro não pago para uma instituição de caridade local que trabalhava em prol das vítimas do desastre de Tohoku.

Nascido do medo de me tornar um criminoso de classe baixa e de continuar sendo um fardo para meus colegas, assumi um nível de resolução que nunca tinha experimentado antes.

Determinado na luta, canalizei minha energia para dominar o japonês e criei uma rotina diária implacável para fazer parecer que era possível. Entra a montagem dramática.

Às sete da manhã, eu acordava com uma hora de antecedência. Eu me sentava no chão do meu apartamento, curvado sobre a mesa, com um café em uma mão e um lápis na outra, escrevendo 25 kanjis. No ritmo de 25 por dia, calculei que conseguiria passar pelos 2.200 caracteres básicos em três meses.

Possivelmente o maior obstáculo para dominar o idioma, os kanjis japoneses são adaptados de caracteres chineses e, no começo, pareciam uma falha considerável no sistema. Afinal, pode levar de nove a dez anos de estudo contínuo para um estudante japonês memorizar a leitura e a escrita de sua própria língua. Já o alfabeto inglês você pode aprender em um dia e logo está pronto para usar.

Mas a natureza logográfica dos kanjis permite que um único caractere represente uma palavra ou conceito inteiro, ocupando assim menos espaço. Onde nós temos que escrever "água" com um pouco de esforço, os japoneses desenham este pequeno e belo caractere: 水.

Intuitivamente e, ao mesmo tempo, de forma confusa, palavras semelhantes muitas vezes compartilham os mesmos traços. "Gelo", por exemplo, é 氷. É praticamente idêntico ao caractere de "água", com uma pequena adição à esquerda.

Achei isso fascinante, e foi a descoberta diária de coisas como essa que alimentou minha empolgação em aprender um novo idioma. A cada novo caractere que dominava, eu ficava um passo mais perto de entender meu entorno. Uma manhã, depois de memorizar o caractere 茶 para "chá", passei por uma máquina de vendas automática a caminho da escola e imediatamente reconheci esse caractere em algumas das garrafas dentro da máquina. Para comemorar, comprei uma garrafa de chá quente de trigo maltado e a bebi durante o caminho até o trabalho.

Continuando meu trajeto até a escola, passei por uma loja tradicional de bebidas alcoólicas, construída no andar térreo de uma casa de um casal idoso, que vendia todo tipo de saquê conhecido pelo homem. Tendo memorizado o kanji para saquê (酒) logo no início, já que ele estava no nome da cidade de Sakata (酒田), todas as manhãs, ao passar apressado pela loja, eu adorava espiar pelas janelas embaçadas e observar o mar de garrafas coloridas, cada uma com 酒 estampado nela. Esse único kanji reconhecível ficava ao lado de uma série de caracteres indecifráveis. Eu ansiava pelo dia em que o conteúdo das garrafas não fosse mais um mistério.

Uma manhã, encontrei 25 novos kanjis focados no tema das bebidas. Depois de passar minha hora habitual na mesa com um lápis, rabiscando cada um deles dez vezes, terminei as últimas gotas do meu café e saí para a amarga nevasca mais uma vez.

Quando cheguei à loja de saquê e dei meu olhar habitual através da vitrine, meus olhos percorreram as garrafas e as palavras apareceram magicamente na minha cabeça:

梅酒 — vinho de ameixa
甘酒 — saquê doce
にごり酒 — saquê turvo

Não, eu não estava me tornando um alcoolista. Eu finalmente estava conseguindo ler!

Finalmente a loja de saquê fazia sentido.

Para celebrar, entrei na loja e comprei uma garrafa de vinho de ameixa doce e refrescante para beber no caminho até a escola.

Ao menos isso.

Esses momentos de triunfo, embora aparentemente pequenos, agora aconteciam todos os dias. O lento desvendar dos meus arredores antes incompreensíveis estava se tornando cada vez mais empoderador e gratificante. As horas de implacável estudo estavam valendo a pena. Eu tinha aprendido a amar minhas manhãs em estilo meditativo no chão do meu apartamento, escrevendo os caracteres em silêncio repetidamente. Com certeza isso era bem melhor do que correr para o trabalho inalando uma nuvem de fumaça de cigarro emanada pelo Roy.

Ainda assim, embora eu tivesse chegado a um ponto em que poderia saborear com prazer o cardápio de um bar, quando se tratava de gritar para o garçom e fazer o pedido em japonês, isso era um jogo completamente diferente.

Antes de começar a falar, eu precisava, de alguma forma, enfiar na minha cabeça 3 mil palavras do vocabulário básico de japonês. Fiz isso usando flashcards digitais sempre que tinha algum tempo livre entre as aulas, muitas vezes testando-os com colegas na sala dos professores. Muitas vezes eu me sentia um pouco culpado por incomodar os professores durante seu tempo livre, mas sempre havia um que me ajudava mais do que os outros durante os meus três anos na escola.

Possivelmente o homem mais louco da sala dos professores, Chounan sensei era um professor de ciências que, de alguma forma, se tornou fluente em inglês ao longo de uma vida cheia de muitas aventuras. Com uma voz rouca decorrente do fumo de mil cigarros diários nos últimos trinta anos, se ele não estivesse em uma pequena pausa para fumar com Roy, estava sentado ao meu lado, causando uma bagunça entre as aulas.

Durante a maior parte do dia, a sala dos professores parecia uma biblioteca — pacífica, calma e tão silenciosa que sempre havia mais de um professor dormindo sobre a mesa. Isso tudo acabava no momento em que Chounan sensei entrava na sala.

Sendo a alma e o espírito da sala dos professores, com um penteado caótico e ondulado que parecia que ele tinha acabado de sair de um túnel de vento, você sempre ouvia Chounan muito antes de vê-lo, suas gargalhadas ecoando pelos cantos da sala, muitas vezes para irritação visível dos outros professores. E ele nem estava rindo de nada em particular.

"HAHA, Chris sensei! Boa tarde!"

"Boa tarde, Chounan sensei! O que significa *muzukashii*?"

"Ah! *Muzukashii ne!* Significa 'difícil'. Então, para mim, parar de fumar é meio *muzukashii*, HAHA!", ele exclamou, desabando em uma cadeira próxima.

Durante pelo menos 25 minutos todo dia, sem falta, nós trocávamos frases em inglês e japonês, enquanto ele tentava, sem sucesso, me apresentar à jovem e atraente enfermeira da escola, que ficava na mesa à minha esquerda.

"Ela está solteira, você está solteiro. Vocês deviam namorar! HAHA", ele brincou.

Enquanto a enfermeira da escola corava e eu me encolhia na minha cadeira, lembrei-me da história de Roy sobre o fato de meu predecessor no programa JET ter causado um caos na área de recursos humanos depois de se aproximar de uma enfermeira da escola e enviar para ela mensagens de texto polêmicas. Embora o namoro entre professores japoneses fosse comum, o namoro entre JETs e professores japoneses era proibido. Essa era uma regra tácita à qual eu tinha a intenção de aderir.

De volta para casa, por volta das cinco da tarde, depois de um jantar ou de omelete de queijo ou frango frito — os únicos dois pratos que eu sabia cozinhar com alguma habilidade —, eu colocava uma fita de áudio e praticava minhas habilidades de escuta. Quando metade da Sibéria não era despejada na costa oeste do Japão, eu saía pelas ruas à noite, explorando a cidade e ouvindo uma lista de vocabulário em repetição.

Meu dia terminava assistindo à TV japonesa ou anime com legendas, seguido por um banho às dez horas. Eu nunca tinha sido fã de anime, mas me tornei viciado em uma série absurda chamada *GTO: Great Teacher Onizuka*, que tinha sido adaptada de uma série de mangá dos anos 1990 que fazia muito sucesso.

A história girava em torno de Onizuka, um jovem de 22 anos que tinha sido membro de uma gangue de motociclistas e se tornava professor com o único objetivo de namorar as mães atraentes de seus alunos. Com seus motivos duvidosos e um diploma de ensino de segunda categoria, ele se torna o professor responsável pela turma de estudantes mais indisciplinados de Tóquio e usa seus métodos pouco ortodoxos para resolver disputas escolares, geralmente socando alguém na cara.

Com uma abordagem sarcástica e escandalosa, a ponto de eu ter certeza de que a série não seria exibida fora do Japão, *GTO* era especialmente divertida, já que suas tramas ecoavam minha experiência real, embora com bem menos socos. Ver Onizuka lidar com os valentões da escola e os professores desajeitados me fez desejar que tivéssemos nosso próprio professor fora da lei na Sakata Senior High.

De escrever kanji de manhã e memorizar vocabulário durante o dia a ouvir atentamente os monólogos escandalosos de Onizuka na sala de aula, aos poucos o idioma japonês estava se infiltrando em meu cérebro. A melhor analogia seria uma ampulheta constantemente despejando as palavras, a gramática e os caracteres todos os dias, e o idioma estava lentamente se acumulando no meu subconsciente.

Para testar pra valer essas novas habilidades, eu precisava me jogar de cabeça e demonstrar aos meus colegas que estava fazendo progressos. E qual seria o melhor lugar para testar tudo isso senão o caos e a bagunça completa que seria a minha primeira festa oficial de trabalho?

Embora *enkai* (宴会) simplesmente signifique "festa de trabalho", *Bonenkai* (忘年会) significa "festa de esquecer o ano", e era a maior e mais selvagem de todas, um evento anual realizado em locais de trabalho em todo o país no início de dezembro, quando o ano chega ao fim. Embora o Japão não celebre o Natal, mesmo reconhecendo a estação à sua própria maneira, o feriado de Ano-Novo, ou *Shogatsu*, é uma grande ocasião, com o país praticamente fechado nos três primeiros dias de janeiro. A ideia da festa é esquecer as dificuldades e os problemas enfrentados no ano para que você possa começar o novo ano com uma página em branco.

Finalmente o *Bonenkai* tinha chegado. E, ironicamente, para uma festa que celebrava o esquecimento, a noite seria incrivelmente memorável.

10.

HORA DA FESTA

DEZEMBRO DE 2012

Ao longo dos anos, fomos ensinados pelos filmes que, se você quiser extrair a verdade de uma pessoa, uma seringa de barbitúrico é o suficiente para relaxá-la e fazê-la revelar seus segredos mais profundos e sombrios.

No Japão, você só precisa de duas canecas de cerveja.

"Eu acho que o Nishiyama é um homem meio estúpido."

"Ah... sério?"

Um professor de inglês com quem eu trabalhava, que tinha guardado seus pensamentos para si mesmo durante os últimos quatro meses, estava abrindo o jogo sobre o fato de odiar todo mundo no departamento. Era como se estivéssemos dentro de um confessionário de igreja, e eu fosse o padre. No canto de uma sala de banquete espaçosa, cercado por cem colegas de ensino bêbados e segurando garrafas de Asahi, eu olhava ao redor para me certificar de que ninguém estava ouvindo o desabafo de Suzuki sensei.

"Ele parece meio preguiçoso. Não sei por que ele comanda o departamento de inglês. Ele é um idiota."

"Ah, entendi." Eu estava tentando evitar frases que parecessem concordar.

Caramba, por que esse professor estava me contando tudo isso?

A resposta estava na caneca de cerveja na mão dele e no seu rosto vermelho como um pimentão. Ele parecia que ter enfiado o rosto em um balde de ketchup. Juntos, os dois indicavam claramente que ele não estava sóbrio.

Ele não foi o primeiro professor a me pegar de surpresa durante a bagunça que foi o *Bonenkai*.

Um grupo de quatro professores de educação física, todos na casa dos vinte e poucos anos, se aproximou da minha mesa mais cedo naquela noite para praticar o inglês e humilhar um dos membros do grupo.

"Chris sensei, meu inglês não é tão bom! Mas o Sasaki sensei, ele não tem namorada", zombou Arashiyama sensei, e todo o grupo riu à custa de Sasaki. Sasaki riu desconfortável, parecendo levemente ofendido, mas seguindo a piada.

"Porra, ele é um cara muito ruim!", declarou Sasaki, em uma retaliação triunfante, enquanto eu ficava lá, pasmo, com o desmoronar da compostura dos meus colegas. Enquanto isso, professores que me evitavam como a peste nos corredores começaram a vir até mim para me servir uma cerveja, me tratando como se eu fosse uma celebridade.

Achei tudo aquilo desconcertante. A bebida que fluía livremente estava transformando meus colegas sérios e rígidos em personagens de uma pantomima.

O *Bonenkai* estava acontecendo na sala de banquetes do Sakata Landmark Hotel, o edifício mais alto da cidade e, sem dúvida, o mais feio. Infelizmente era um dos poucos locais grandes o suficiente para acomodar a enorme equipe da Sakata Senior High.

Na imensa sala, eu estava sentado em uma das dez mesas redondas, ao lado de uma dúzia de professores, com muitos dos quais eu nunca tinha falado antes. O único que eu realmente conhecia era o Suzuki sensei, que por acaso era o único professor de inglês com quem eu nunca tinha realmente me dado bem.

Ele era de meia-idade, tinha cabelo curto e espetado, e suas habilidades em inglês estavam entre as melhores do departamento. Mas ele parecia relutante em usá-las perto de mim, como se cometer um erro na minha frente fosse causar uma catástrofe. Consequentemente, durante todo o meu primeiro semestre na

Sakata Senior High, toda vez que as aulas estavam marcadas, eu olhava da minha mesa e o via levantar da cadeira, pegar uma pilha de livros didáticos e caminhar em direção à porta, enquanto evitava contato visual comigo. Ele parecia ansioso para evitar dar aulas comigo, e, em vez de confrontá-lo, simplesmente deixei as coisas assim. Não queria parecer que estava invadindo suas aulas. Além disso, isso significava mais tempo livre para eu continuar meus estudos de japonês na minha mesa.

Agora, enquanto estávamos sentados lado a lado, em seu tom habitual de incerteza, gaguejando e se repetindo, Suzuki sensei parecia desconfortavelmente reconhecer a situação.

"Chris sensei, eu acho... eu acho que meus alunos gostariam de ver você na aula! Não... quer dizer, você pode ir?"

"Claro, Suzuki sensei. Eu adoraria."

"Como posso dizer... sabe... Isso é tão ótimo!"

Não consegui descobrir se ele estava sendo educado ou fazendo as pazes. Talvez, durante todo esse tempo, ele tivesse pensado que *eu* é que estava *o* evitando.

A designação das cadeiras, que tinha sido feita intencionalmente para incentivar os professores de departamentos diferentes a conversarem, parecia inicialmente ter falhado. No início, quando olhei ao redor da mesa, a maioria dos colegas estava se mexendo em silêncio, e senti que estava prestes a encarar uma longa e tediosa noite infernal.

Enquanto esperávamos a chegada do diretor para o discurso de abertura, fugi do silêncio constrangedor inventando a desculpa de precisar ir ao banheiro. Na realidade, no momento em que me tranquei na cabine, saquei o livro de frases em japonês, disfarçadamente escondido dentro do meu paletó, e pratiquei as frases como se estivesse me preparando para um exame de última hora

"Dono kamoku wo oshite imasu ka?" Que matéria você ensina?

Essa seria minha abertura para uma conversa com meus colegas à mesa. Mas a maldita palavra *kamoku*, "matéria", continuava me escapando.

Kamoku. Soa como "*cam mock*"... Imagine zombar da câmera ruim de alguém.

Isso resolveu o problema. Deus abençoe a associação de palavras. Infelizmente, não precisei me preocupar.

Quando o diretor terminou seu discurso e todos na mesa ergueram seus copos de cerveja recém-servidos, a sala gritou o mais alto "KANPAI!" que eu já ouvi e beberam o copo de uma só vez.

Como o personagem Popeye fica depois de comer uma lata de espinafre, as pessoas na sala se transformaram instantaneamente.

Para minha surpresa, todos na mesa começaram a conversar. Não só isso, todos magicamente começaram a falar inglês.

"Chris sensei, é muito bom te conhecer! Eu sou a Kumiko!" A tímida professora de caligrafia à minha esquerda se apresentou em inglês fluente.

"O que está achando do Japão até agora, Chris sensei?", gritou o gigante professor de *kendo* do outro lado da mesa.

Era como se uma chave tivesse sido virada.

Rapidamente ficou claro que existem apenas duas regras em um *enkai* japonês.

A primeira era falar o que pensava.

Como eu tinha descoberto com o Suzuki sensei e outros colegas, que agora estavam travando conversas acaloradas pela sala, as travessuras bêbadas do *Bonenkai* fornecem o cenário perfeito para soltar os pensamentos e opiniões que ficaram guardados durante o ano. Já que era a festa de esquecer o ano, parecia especialmente importante desabafar.

A regra número dois era: nunca, jamais, sirva a própria bebida. Seja cerveja, saquê ou vinho, pegar a garrafa e se servir sozinho é um grande "não" no Japão.

Ao ouvir isso, naturalmente você pode se preocupar que, em

algum momento da noite, seu copo fique vazio. No entanto, durante a primeira hora da festa, não importa quanto Asahi eu bebesse, algum colega próximo se levantava para encher meu copo novamente.

Geralmente eu não era inteiramente altruísta também; logo percebi que, toda vez que Suzuki sensei terminava de me servir um copo, ele olhava timidamente para seu próprio copo, que invariavelmente estava vazio.

"Desculpe, Suzuki sensei, deixe-me encher seu copo." Peguei uma garrafa do centro da mesa redonda e despejei-a no copo dele pela décima vez em cinco minutos.

"Ah, uau! Obrigado, obrigado, Chris sensei."

Com a atmosfera descontraída e o som de risadas e copos tilintando ao redor da sala, eu estava aproveitando o *enkai* muito mais do que eu esperava. Era como um milagre de Natal antecipado, ver colegas se abrindo pela primeira vez — mesmo que algumas coisas eu preferisse esquecer.

Em determinado momento, o vice-diretor Saitou tirou um CD player e começou a tocar uma música do maior grupo pop do Japão, AKB48. Ele era literalmente e metaforicamente o maior grupo pop do Japão, com mais de 48 integrantes. Ele tocou a música "Heavy Rotation", uma faixa surpreendentemente ruim que começa com a letra em inglês: *"I want you! I need you! I love you!"*.

Quando a música tocou, nada menos que vinte professores subiram no palco de madeira na frente do salão de banquetes e começaram a recriar a dança do videoclipe, fazendo gestos de mãos para formar corações e girando os quadris de uma maneira que eu nunca vou esquecer. Em momentos como esse, eu gostaria que a música nunca tivesse sido inventada.

A segunda festa não foi muito melhor.

Uma festa de trabalho japonesa pode se estender até três ou quatro *after-parties*, cada uma em um local diferente, até altas horas. A segunda festa é chamada de *nijikai*, a terceira de *sanjikai*, e o número de participantes vai caindo rapidamente a cada nível, quase como uma versão embriagada de *A origem*.

O *nijikai* aconteceu em um *izakaya* que ficava a apenas três minutos a pé do hotel, mas perdemos três quartos do pessoal pelo caminho e agora estávamos reduzidos a apenas vinte e cinco.

A partir daí, os professores com compostura com quem eu estava familiarizado se tornaram uma memória distante. A mais notável foi uma professora de literatura japonesa, Nakamura sensei, que eu temia ativamente, pois ela sempre parecia tão séria na sala dos professores e nunca a vi sorrir, e que passara o tempo todo no *izakaya* rolando no chão, rindo como uma maníaca.

Quando chegamos ao *sanjikai*, a terceira e, enfim, última festa, duas horas depois, Nakamura estava ensurdecendo os poucos professores restantes com sua cantoria estridente em um caraoquê.

Ainda hoje eu detesto caraoquê em grupo e suspeito que isso se deva ao que meus tímpanos sofreram naquela noite. Até então, sempre fiquei confuso sobre o motivo de o caraoquê não ter estourado no Ocidente da mesma maneira que no Japão. No entanto, enquanto Nakamura gritava noite adentro, percebi que os britânicos simplesmente não teriam paciência para isso. Teríamos que sair da sala ou destruir a máquina de caraoquê. Era um testemunho da força da polidez japonesa: não importava quão bêbados todos estivessem ou quantas orelhas sangrassem, ninguém colocaria fim à loucura.

Após a sinfonia de pesadelo de Nakamura, inevitavelmente fui convocado a cantar também.

Embora tenha inicialmente recusado, o grupo de professores embriagados começou a bater palmas e a cantar "Chris sensei, Chris sensei, Chris sensei!" repetidamente, até que eu não tive escolha senão ceder.

Felizmente, eu tinha um truque na manga. Eu havia memorizado com sucesso a única música japonesa que vale a pena saber como estrangeiro no Japão, "Ue wo muite arukou", mais conhecida em inglês como a "canção Sukiyaki", de Sakamoto Kyu.

Em 1961, a "Sukiyaki Song" fez um enorme sucesso, alcançando o topo da Billboard Hot 100 nos Estados Unidos, apesar de estar em japonês. Incrivelmente, foi o único single de um artista asiático a atingir o topo da Hot 100 até 2020, quando o grupo sul-coreano BTS invadiu as paradas.

Estranhamente, embora o título japonês da canção seja traduzido como "Eu olho para cima enquanto ando", em referência ao intérprete olhando para o céu para evitar que suas lágrimas descessem pelo rosto, a versão em inglês foi privada dessa imagem poética. Em vez disso, para dar à música um nome cativante, ela foi chamada de "Sukiyaki", uma espécie de refogado japonês estilo *hot pot* de carne que, embora delicioso, não tem absolutamente nada a ver com a canção.

Seria como rebatizar a música dos Beatles "A Hard Day's Night" para públicos internacionais e chamá-la de "Fish and Chips". Mesmo assim, o plano de marketing funcionou, e hoje é considerado um rito de passagem para professores de inglês estrangeiros aprender a música e cantá-la na frente de colegas impressionados. Eu até gostava de "Ue wo muite arukou". Mesmo que eu tenha ouvido a maldita música cinquenta vezes seguidas enquanto memorizava a letra em meu apartamento para esse momento, de alguma forma, nunca me cansei de ouvir a voz poderosa de Sakamoto Kyu.

Tragicamente, sua carreira terminou de maneira abrupta em 1985, quando ele embarcou no fatídico voo 123 da Japan Airlines. Em um voo de rotina de Tóquio a Osaka, o 747 sofreu uma falha mecânica catastrófica, fazendo o avião despencar nas montanhas de Gunma. Quinhentos e vinte passageiros perderam a vida, entre eles Kyu. Foi o maior acidente aéreo da história da aviação.

Assim que digitei a música na tela de toque do caraoquê, o grupo de professores deu um grito de alegria quando percebeu o que eu estava planejando cantar. Não dava para voltar atrás. Respirei fundo, tomei um gole de cerveja e parti para massacrar o legado de Sakamoto Kyu, recebendo aplausos extasiados e bêbados.

Na segunda-feira seguinte, quando cheguei à escola, fiquei me perguntando se a camaradagem compartilhada, formada no cenário da bebida e do caraoquê, teria algum efeito duradouro nas minhas relações com meus colegas. Talvez o Nakamura sensei finalmente sorrisse ou dissesse "olá" para mim na sala dos professores.

A resposta foi não.

Os outrora engraçados professores de educação física me deram um aceno silencioso e sem emoção no corredor.

Nakamura sensei olhou diretamente para o outro lado.

E o bom e velho Suzuki sensei me ignorou, como de costume, a caminho da aula.

O equilíbrio estava restaurado.

Era como se nada tivesse acontecido.

11.

TERRA DA CINTURA CRESCENTE

JANEIRO DE 2013

"Chris sensei, você tem o colesterol de um homem de quarenta anos."
Nishiyama ria enquanto examinava meu péssimo relatório de saúde.
"Meu Deus. Isso não é bom. Mais alguma coisa?"
"Seu índice de massa corporal diz que você está obeso."
Não era para ser assim.

Antes de chegar ao Japão, eu imaginava que em seis meses minha gordura corporal desapareceria magicamente ao adotar uma dieta de sushi, arroz e conservas. Quando abracei o estilo de vida japonês e desvendei o segredo das invejáveis taxas de obesidade do país, eu esperava uma transformação física espetacular como o mundo jamais tinha visto.

Pois é, não foi isso o que aconteceu.

As coisas pioraram — e muito.

Passei o inverno hibernando em casa, ora estudando japonês na mesa com a boca cheia de frango frito da Family Mart, ora bebendo e fumando noites adentro com Roy em um *izakaya*. Isso cobrou um preço horroroso da minha saúde. Minha dieta diária de peixe cru e conservas permaneceu firmemente no campo da fantasia, embora seja verdade que eu comia sushi pelo menos uma vez por semana. Um popular restaurante de sushi na esteira chamado Kappa Sushi ficava no meu caminho do trabalho para casa, e eu costumava parar ali regularmente depois de um longo dia e pedir uma dúzia de pratos de salmão, atum e cavalinha. Não tenho certeza se é tão saudável quando se come em grandes quantidades.

Muito mais perigoso, no entanto, era um restaurante de lámen delicioso próximo ao meu apartamento, chamado Shinzan. O lámen tem dois tipos de caldo: *kotteri* (rico) e *assari* (leve).

O *kotteri* é um caldo denso, geralmente meio branco e cheio de gorduras emulsificadas com ossos cozidos por horas. Já o *assari* é normalmente claro e mais delicadamente temperado com vegetais e peixe. Em resumo, o *kotteri* traz mais culpa, mas, na minha opinião, é um caldo infinitamente superior.

O caldo espesso do Shinzan era extremamente saboroso, com notas de carne de porco e um toque de peixe. Cada região do Japão tem sua especialidade em lámen, desde o lámen *tonkatsu* de Hakata, passando pelo missô de Sapporo, até o absurdamente salgado lámen negro de Toyama. O lámen servido nas lojas locais de Sakata era à base de molho de soja, com pedaços suculentos de porco cozido em camadas generosas e acompanhado de um cremoso ovo cozido no chá.

O lámen é frequentemente considerado um dos pratos mais fotogênicos do Japão, graças à mistura de ingredientes coloridos: o ovo com gema bem laranja fatiado, o verde do *nori*, o macarrão amarelo e a gordura brilhante do porco. Porém, o lámen do Shinzan parecia mais um derramamento de óleo.

O caldo era tão denso e escuro que absorvia a luz como um buraco negro. O macarrão nem sequer era visível, e o porco sempre ficava ligeiramente submerso. Quando colocaram a tigela diante de mim pela primeira vez, com o caldo derramando na mesa, fiquei meio decepcionado.

Mas, meu Deus, era fenomenal.

Depois de enfrentar as nevascas, não havia recompensa maior do que aquela tigela gordurosa e fumegante de macarrão. Ao preço ridiculamente baixo de 830 ienes (cerca de 6 dólares), tornou-se uma indulgência semanal.

E não era só no lámen que eu me esbaldava.

A cinco minutos do Shinzan, havia um restaurante chamado Alba que servia *katsu curry* com o molho mais espesso e cremoso da cidade, derramado sobre generosas porções de costeletas de porco empanadas e exibindo uma bela crosta dourada. Eu aparecia lá uma vez por semana e saía imensamente satisfeito — e incrivelmente inchado.

A única refeição saudável que eu comia eram os bentôs diários da escola, que pegávamos todas as manhãs do outro lado da sala dos professores. Cada dia era apresentado um prato bem equilibrado, com carne ou peixe, acompanhado de rabanetes em conserva, em uma caixa plástica vermelha, com o arroz em um recipiente verde separado.

Segunda-feira era o dia do hambúrguer, e eu abria a tampa com alegria para encontrar um hambúrguer suculento coberto por um molho espesso.

Terça-feira era dia de peixe branco cozido. Meio sem graça.

Quarta-feira era o dia do *karaage*, frango frito. Aleluia!

Quinta-feira era cavala cozida. Não era ótimo, mas aceitável.

Sexta-feira era o dia da surpresa. Nas semanas ruins, era mais peixe cozido sem graça. Nas boas, eu abria a tampa e encontrava carne de porco salteada. Graças aos céus!

O bentô tinha o tamanho perfeito. Eu terminava o almoço todos os dias satisfeito, sem me sentir empanturrado. No início do ano, costumava deixar metade do arroz no recipiente ao descartá-lo, para consternação de um dos gestores da sala dos professores.

"Chris sensei, você está deixando arroz na embalagem?", perguntou Yuko, uma mulher pequena e animada, uma das pessoas mais simpáticas da sala dos professores. O fato de que pela primeira vez ela não estava sorrindo enfatizava a seriedade da questão.

"Ah, sim, normalmente o arroz me deixa estufado." Gaguejei, apesar de minhas crescentes habilidades no japonês.

"*Mottainai*, Chris sensei! Por favor, não deixe sobras. Ou coma ou não peça."

Ah, *mottainai*.

A palavra mais hipócrita do vocabulário japonês.

Mottainai (もったいない) significa "Que desperdício!" e é geralmente pronunciada com pesar quando algum alimento não foi consumido ou algo não foi reciclado ou reutilizado. Enraizado no budismo, o conceito de evitar o desperdício tornou-se uma questão urgente no período pós-guerra, em meio à pobreza e ao racionamento de alimentos.

No entanto, em um país que vende bananas embaladas individualmente e é o segundo maior gerador de resíduos de embalagens plásticas per capita no mundo, é difícil não enxergar um nível de hipocrisia no uso do termo.

Mais de uma vez, fui repreendido por deixar um pedaço de peixe salgado, cheio de espinhas, no meu bentô.

"Chris sensei, não vai pensar no trabalho duro do pescador?", implorava a Komako sensei, enquanto se aproximava da minha mesa com um punhado de KitKats.

"Vou me atrapalhar para comer isso." Olhei para o pedaço espinhento de peixe, sabendo que, se colocasse na boca, alguém teria que me aplicar a manobra de Heimlich.

Enquanto isso, a mesa da Komako sensei parecia basicamente um aterro sanitário, repleta de embalagens de KitKats embalados individualmente.

"Não devemos desperdiçar comida, Chris sensei."

Concordei que deveria comer, mas esperei até ela se afastar para colocar a tampa e fugir da cena do crime.

Embora meu relatório de saúde não fosse tão terrível pelos padrões britânicos, no Japão era praticamente um desastre. Nos Estados Unidos, preocupantes 33% da população são obesos. O Reino Unido segue logo atrás, com 28%.

Você deve estar pensando: "Bom, eu sei que a taxa no Japão é mais baixa... talvez 15%?"

Não.

"Com certeza não é menos de 10%?"

Continue tentando.

A taxa de obesidade no Japão é de surpreendentes 3,3%.

Em uma era de alimentos ultraprocessados e fast food, é um feito notável e algo que o Ocidente deveria levar em consideração. Quando cheguei ao Japão, fiquei impressionado com a figura esbelta das pessoas, independentemente da idade. Dos 120 funcionários do Sakata Senior High, eu conseguia contar nos dedos de uma mão os que estavam acima do peso ou obesos — e agora eu era um deles.

Onde foi que eu errei?

Um estudo de 2008 descobriu que as pessoas no Japão caminham em média dois mil passos a mais por dia do que os americanos, e as porções de comida são significativamente menores, com os japoneses consumindo cerca de duzentas calorias a menos por dia. Além disso, os alimentos no Japão são muito menos processados do que no Ocidente e ricos em superalimentos, como o *natto* (soja fermentada, que eu imploro que nunca mais me obriguem a comer), rabanetes em conserva e o missô fermentado usado na sopa que acompanha praticamente todas as refeições.

Acredita-se que as refeições ricas em carboidratos (geralmente com arroz) deixam as pessoas satisfeitas por mais tempo; também é verdade que o hábito de fazer lanches é bem menos comum no Japão. Comparado ao meu antigo emprego de escritório, onde os colegas mantinham pacotes de batata frita ou biscoitos ao lado do teclado o dia inteiro, aqui eu quase não via professores beliscando algo antes ou depois do bentô.

Esses fatores, combinados, resultam em uma população saudável. No entanto, como logo aprendi, um elemento-chave geralmente é ignorado nessa história: a pressão social.

Minha primeira experiência com isso foi quando a boa e velha Komako sensei e eu estávamos caminhando para a aula em uma manhã. Do nada, ela soltou:

"Chris sensei, parece que você está gostando de comida ultimamente." Enquanto olhava diretamente para minha barriga.

Foi uma forma extremamente educada de me chamar de gordo.

Depois, uma das minhas melhores alunas de inglês, uma garota do último ano, cutucou minha barriga enquanto eu passava pela mesa dela certa manhã, como que para destacar meu peso crescente.

"Muito frango frito!", declarei, provocando risadas na sala. Tudo o que eu pude fazer foi rir junto.

É verdade que minha barriga estava mais saliente que o normal. O inverno tinha me pegado de surpresa, e as condições me levaram a passar a maior parte do meu tempo livre escondido em casa, devorando péssimos alimentos. Não ajudava o fato de as lojas de conveniência terem um balcão de fast food próximo ao caixa, oferecendo caixas de *karaage* (frango empanado e suculento) ou pão-pizza quente e macio por menos de 200 ienes cada. Minhas noites regadas a bebida com Roy foram o golpe final.

Droga, se continuasse nesse caminho escorregadio e gorduroso, acabaria literalmente em um caixão.

Pressionado pelo meu preocupante relatório de saúde e pelo bullying "brincalhão" de colegas e alunos, comecei a correr à noite, enquanto a neve começava a derreter no início da primavera, e a evitar os alimentos de lojas de conveniência, acessíveis e de preço razoável, dos quais eu tinha me tornado dependente.

Embora soubesse que colegas e alunos tinham boas intenções, isso certamente estilhaçou minha imagem perfeita da famosa polidez japonesa. Pela primeira vez fui submetido à marca única de bullying coletivo do Japão. Os comentários que recebi seriam impensáveis no Reino Unido, onde provavelmente as pessoas seriam demitidas por fazerem observações tão grosseiras.

Em 2008, o Japão foi alvo de reportagens internacionais enganosas por supostamente "tornar a obesidade ilegal", após anunciar a polêmica "Lei Metabo" (*metabo* sendo uma referência a metabolismo). Para evitar que as taxas de obesidade aumentassem, a nova lei exigia que empresas e governos locais verificassem anualmente a medida da cintura de pessoas entre 40 e 75 anos. Se a circunferência ultrapassasse 85 centímetros para homens e 90 para mulheres, a empresa incentivaria essas pessoas a participarem de aulas de perda de peso e a adotarem um plano para entrar em forma, ou enfrentariam penalidades financeiras. Para muitos, isso soava como um Estado paternalista que tinha ido longe demais, uma total invasão das liberdades dos cidadãos japoneses.

Contudo, a lei recebeu amplo apoio do público. Com os crescentes custos de saúde do governo japonês devido ao envelhecimento da população, um aumento nos casos de diabetes e doenças cardíacas poderia causar um impacto devastador nas frágeis finanças do país.

A taxa de obesidade de 3,3% sugere que está funcionando.

Quanto a mim, embora tenha conseguido trocar meus jantares de frango frito por omelete e salada, minhas saídas noturnas no centro de Sakata não mudaram.

12.
HOSTESS CLUBS E A ARTE DA COMPANHIA CARÍSSIMA

FEVEREIRO DE 2013

Era uma da manhã, e eu estava recostado em um sofá de couro roxo, espremido entre duas atraentes mulheres japonesas, tomando uísque e rindo com as garotas a respeito do meu brilhantismo.

Enquanto me inclinava para pegar um cigarro, ambas se apressaram para acender o isqueiro.

"*Kakkoii ne?*", comentou uma delas, dizendo que os estrangeiros são estilosos, enquanto acendia meu cigarro. A outra concordou com um aceno, colocando alguns cubos de gelo novos e mais uísque, a um preço razoável, no meu copo. Eu sorri aprovando, sentindo-me como o gângster que nasci para ser.

"Você é americano?", perguntou uma delas.

"Britânico."

"*Sugoi!* Incrível!", exclamaram as duas, antes de me presentearem com uma breve salva de palmas por essa conquista notável.

Infelizmente, surgiu a inevitável comparação.

"Harry Potter! Você se parece com o Harry Potter!"

Eu estava de bom humor, então decidi entrar na brincadeira.

"Sério! Você acha que eu pareço o Daniel Radcliffe?"

Alguns olhares confusos surgiram.

"*Nani Radcliffe?* O que é isso?"

A atmosfera naquela noite teria sido relaxante, não fosse o som desagradável de um animal de fazenda sendo eletrocutado vindo do outro lado da sala. Quando as nuvens de fumaça no ambiente fracamente iluminado começaram a se dissipar, revelou-se que esse "animal" era, na verdade, um executivo assalariado japonês de meia-idade cantando no caraoquê.

Dado o grupo de mulheres ao seu redor e o fluxo constante de champanhe, é seguro assumir que ele era um dos empresários mais ricos da cidade. Não era exatamente uma apresentação lisonjeira; seu corpo, que mais parecia reanimado à força, berrava no microfone para uma plateia, cômica e entusiasmada, de animadoras de torcida.

As atenciosas funcionárias do clube o incentivavam durante a interminável atrocidade musical.

"Você tem que cantar! Aposto que você é incrível!", gritou a mulher à minha direita, confundindo de alguma forma minha expressão de horror com um desejo de participar.

"Cante! Você é britânico! Tem que cantar Beatles!" A mulher à minha esquerda dedilhou a tela de seleções musicais do caraoquê e digitou "Hey Jude".

Meu Deus, de novo não.

De repente, voltei à realidade: não sou um gângster. Não sou estiloso. Na verdade, nem sou o Daniel Radcliffe.

Os elogios, a paquera, a atmosfera intoxicante de uma sala onde a fumaça substitui o ar respirável, os gritos de grupos de homens próximos, rindo de alegria enquanto seus egos e masculinidade são massageados... Bem-vindo ao *kyabakura*.

Um hostess bar.

Aqui, você pode se sentar, flertar com mulheres exuberantes e sensuais, ficar chocantemente bêbado e gastar o salário de um mês em menos de seis horas.

Parece quase um desafio, mas acredite, é assustadoramente fácil de fazer em uma noite neste local. Para a equipe inteiramente feminina que trabalha no clube, o único objetivo é manter você lá o máximo de tempo possível, por quase qualquer meio necessário.

Seus drinques são servidos para você, seus cigarros são acesos incessantemente, e toda frase que você disser será recebida com risadas, seja engraçada ou não.

Não é difícil entender por que o conceito de hostess bar tem grande apelo para assalariados exaustos. Talvez eles se sintam solitários, não tenham muita sorte com o sexo oposto, se sintam desrespeitados no trabalho ou simplesmente estejam cansados da monotonia do dia a dia. Poder ir a um bar onde você é feito para se sentir atraente e carismático, onde não precisa mexer um dedo, parece um ótimo negócio. E, justiça seja feita, a equipe se dedica de maneira excepcional, demonstrando disciplina implacável e atenção aos detalhes.

Os *kyabakura* geralmente ficam em grandes edifícios de vários andares, espremidos entre dezenas de outros bares do mesmo tipo. Embora seja inegavelmente intimidador para um estrangeiro explorar o labirinto de corredores e portas fechadas dentro deles — especialmente porque muitas vezes são gerenciados por organizações criminosas —, sua ansiedade logo será amenizada pelos nomes cômicos em inglês adornando as portas de cada bar. Quem não gostaria de ir ao Club Sexy Spice ou ao Bar Wonder Dove?

Minha primeira vez em um hostess bar foi com o Kengo sensei, que quis me oferecer a experiência após uma semana particularmente estressante no trabalho. Como um completo novato, tudo parecia um tanto sórdido.

"Não, não, Chris sensei! Acho que é um lugar bom para simplesmente relaxar. Só isso."

No momento em que o Kengo sensei empurrou a porta do Club Calm House, uma bela mulher apareceu, como um gênio saindo de uma garrafa.

"*Konbanwa!*" Antes mesmo de Kengo e eu tirarmos nossos casacos, fomos escoltados até um sofá tão vermelho como batom. Era como se ela temesse que fôssemos voltar pela porta e desaparecer na noite.

A sala era decorada em tons marcantes de vermelho, variando de rubi a banho de sangue.

Os hostess bar costumam ser pequenos, com capacidade para cerca de vinte clientes em média.

Como não têm janelas e a névoa de fumaça está sempre presente, pode parecer um pouco claustrofóbico no início.

Não vou mentir, meu coração estava acelerado. Eu não tinha ideia do que esperar, e a ideia de gaguejar em um japonês ruim para uma hostess animada não era exatamente minha definição de relaxamento.

Do outro lado da sala, uma voz rouca gritou para nós.

"Kengo sensei! *Hisashiburi!* Quanto tempo!"

Vestida com um elegante quimono preto, preso com um *obi* preto e vermelho, uma sorridente senhora de meia-idade correu até nós e deu um tapinha amigável no ombro de Kengo.

Embora toda a equipe da sala parecesse estar na casa dos vinte ou trinta anos, essa senhora era uma ou duas gerações mais velha, mas não menos bonita.

Ela fixou o olhar em mim.

"Olá. Meu nome é Keiko. Muito prazer!" Ela se apresentou em um inglês impressionante enquanto colocava uma toalha *oshibori* diante de cada um de nós. Peguei a minha e segurei contra o rosto por alguns momentos.

Essas toalhas úmidas, frequentemente oferecidas em estabelecimentos japoneses para que o cliente possa limpar as mãos, são servidas quentes no inverno e frias no verão. Alguns dizem que *oshibori* não deve ser usado no rosto, mas no inverno não há nada melhor do que descongelar o rosto com um pano quente.

Keiko era a *mama san*, a dona e gerente do clube, e tive a impressão de que ela e Kengo sensei eram velhos conhecidos.

"Guardamos sua garrafa, Kengo sensei. Gostaria de beber dela esta noite?"

Diante das enormes quantidades de bebida que se espera que você consuma em um hostess club, o procedimento padrão é comprar uma garrafa de *shochu* (um destilado de arroz) e deixá-la para trás caso não consiga terminá-la. Uma prateleira atrás do bar estava abarrotada de garrafas escuras de *shochu*, cada uma com uma etiqueta dourada adornada com o nome do cliente que a havia deixado.

Keiko estava ocupada gerenciando o clube, então a jovem que nos recebeu sentou-se no sofá à nossa frente, trazendo a garrafa de Kengo em uma bandeja com gelo e três copos.

"Cliente, eu posso beber também?", ela perguntou, com um sorriso tão grande que seria impossível dizer não.

"*Kanpai!*", ela gritou, enquanto brindávamos. Eu me perguntava como ela conseguia beber a noite toda, várias vezes por semana.

Pelas duas horas seguintes, Yukiko me ajudou a me sentir mais à vontade, ocasionalmente usando seu inglês ruim para superar a barreira linguística, enquanto Kengo observava divertido. Não houve um único momento em que Yukiko perdesse o sorriso durante nossa conversa; ela se aproximava cada vez mais, rindo de tudo o que eu dizia e me interrogando sobre a vida no Reino Unido. Ela ficou especialmente encantada ao saber que eu trabalhava na Sakata Senior High, já que havia se formado lá quase uma década antes.

Não há dúvidas de que a vida de uma hostess é dura. Espera-se que elas demonstrem uma energia inesgotável enquanto bebem, conversam e encantam os clientes a noite toda, com o objetivo de incentivá-los a consumir mais bebidas.

Ouvi dizer que a hostess mais bem paga de um clube de ponta em Roppongi, em Tóquio, conseguia faturar 46 mil dólares por mês ao convencer clientes a gastarem em champanhes de alto padrão. Por aqui, em Sakata, as chances de atingir esses números eram bem menores. Ainda assim, Yukiko já tinha sugerido a possibilidade de nos encontrarmos fora do clube — algo que as garotas eram incentivadas a fazer. Encontrando-se com clientes como acompanhantes, elas aumentavam as chances de que eles voltassem ao clube. Melhor ainda, poderiam receber presentes caros de clientes apaixonados.

Yukiko exibiu um glamoroso anel de diamantes que um cliente fiel supostamente tinha comprado para ela como presente de aniversário.

Tentando entender esse estranho tipo de entretenimento, perguntei a Yukiko como era trabalhar como hostess.

Sob o manto do profissionalismo, ela simplesmente me disse que gostava de socializar, cantar e beber.

"Todo dia é festa!", ela comemorou, levantando o copo para terminar o *shochu*. "Cliente, posso beber mais?"

No fim da noite, consegui entender o apelo que os *kyabakura* têm para assalariados solitários em busca de companhia. No entanto, quando a conta assustadora de 30 mil ienes (cerca de 240 dólares) chegou duas horas depois, percebi que certamente não voltaria tão cedo.

Sempre que possível, evitarei hostess clubs no futuro. Apesar da atmosfera calorosa e amigável, eu não conseguia ignorar o caro "elefante na sala". Tudo parecia muito superficial. Ninguém sorri por duas horas seguidas sem parar. Parecia estranhamente artificial, e era difícil não me perguntar quão felizes aquelas garotas realmente eram.

Mais preocupante ainda, como Sakata era uma cidade pequena, mais de uma vez me vi sendo atendido de forma constrangedora pela mãe de um dos meus alunos. Quando isso acontecia — quando a hostess se sentava ao meu lado em um traje revelador, servindo minhas bebidas a noite toda e tocando minha perna de forma insinuante —, eu ficava horrorizado só de imaginar meu aluno testemunhando tudo. Era como um enredo de uma comédia romântica terrível, e, para evitar descobrir como esse filme terminaria, me abstive de hostess clubs pelo resto do ano.

13.

SAIAM. AGORA.

ABRIL DE 2013

Dizem que a temperatura mais alta já registrada pelos humanos é de inacreditáveis 5 trilhões de graus Celsius, no Large Hadron Collider em Genebra.

Isso era uma mentira.

A temperatura mais alta já registrada foi na minha boca.

Estava tão ansioso para devorar meu *takoyaki* — bolinhos grelhados com pedaços de polvo no meio — que coloquei um na boca sem esperar esfriar. Esse foi um erro de novato.

Enquanto mordia a deliciosa massa derretida, junto com o doce molho de maionese e o molho inglês, minha boca virou um rio de fogo.

Pulei descontrolado ao lado de uma ponte em Dōtonbori, no centro de Osaka, fazendo as lascas de peixe *katsuoboshi* que cobriam o *takoyaki* voarem pelo ar. Um japonês apressado que passava me viu me contorcendo de dor. Seus olhos alternaram entre minha expressão e a caixa de *takoyaki* de poliestireno, e ele fez as contas.

"*Takoyaki, atsui ne!* Muito quente!", ele riu, enquanto desaparecia nas ruas lotadas. Claramente, eu não era a primeira pessoa a deixar que a gula superasse a saúde e a segurança.

Esse breve encontro me lembrou que Osaka é diferente de Tohoku, a região do norte onde eu morava, famosa por seus habitantes tímidos. Umetsu sensei, a professora de negócios enérgica que adorava vir conversar comigo na minha mesa, tinha me alertado sobre isso. Ela era natural de Osaka e incrivelmente extrovertida. Imaginei que, se todo mundo da terceira maior cidade do Japão fosse como ela, eu me divertiria muito na minha viagem.

Quando ela soube dos meus planos de sair da cidade para o feriadão, ela me contou tudo sobre Osaka.

Ela me ganhou na culinária. Principalmente ao descobrir que muitos dos meus pratos favoritos haviam se originado lá, incluindo *takoyaki*, *okonomiyaki* (panquecas salgadas feitas em uma grelha *teppan* na sua frente) e os espetinhos *kushikatsu*, uma delícia empanada e frita. Parece que eles tinham o monopólio dos pratos menos saudáveis do Japão, e esse era o segredo para o meu coração.

Foi minha primeira viagem solo no Japão, e meus únicos objetivos eram comer tudo o que aparecesse e trazer para Umetsu sensei o presente definitivo: Pringles sabor *takoyaki*. O design era excelente, mesmo que o sabor fosse como papelão salgado.

No Japão, é considerado um gesto de boa educação trazer *omiyage* (lembrancinhas) para todos os colegas depois de uma viagem. Isso é menos um gesto pensado e mais uma obrigação. Dado o exército de 120 funcionários na Sakata Senior High, sempre havia uma caixa de senbei (biscoitos de arroz) de *Iwate* ou *shiroi koibito* (biscoitos de Hokkaido) no refeitório compartilhado.

No entanto, nem todos concordam com a etiqueta do *omiyage*. Percebi que, ao conversar com certos professores, eles de repente começavam a sussurrar ao revelar seus planos de férias.

Eles tentavam manter seus planos de viagem em segredo, evitando a trabalheira e a obrigação de trazer uma caixa de biscoitos que seria distribuída pela imensa sala de professores sem nem um "obrigado". Eu compartilhava desse sentimento e planejava entregar o presente para a Umetsu sensei longe dos olhares famintos dos outros membros da equipe.

A viagem até Osaka, partindo da área rural de Yamagata, foi um grande desafio. Saí nas primeiras horas de uma sexta-feira de primavera e atravessei duas cadeias de montanhas só para chegar ao aeroporto de Sendai. As muralhas de neve de três metros que margeavam o passo de montanha haviam recuado, mas ainda pairavam sobre a estrada como blocos de gelo. Em Sendai, peguei um voo de uma hora para o sul até o aeroporto internacional de Kansai e então embarquei em um trem expresso até a estação Namba, no centro de Osaka. Quando finalmente cheguei, estava quase tão detonado quanto o *takoyaki* que comeria no jantar.

Após dez meses no Japão, pensei que já tivesse me acostumado, mas nessa nova e agitada cidade me vi experimentando o choque cultural mais uma vez. A transição abrupta da cidade rural de Sakata, com seus ventos cortantes e os campos de Yamagata, para essa metrópole de 19 milhões de pessoas, me deixou ainda mais ansioso para explorar.

A ponte Ebisu, o local do meu colapso com o *takoyaki*, estava sob o brilho de nada menos que cem painéis de anúncios iluminados. Esse ataque aos olhos talvez só seja rivalizado pelo famoso Shibuya Crossing de Tóquio em termos de espetáculo visual. No entanto, enquanto a atração principal do Shibuya Scramble Crossing era ver 400 mil pessoas atravessando no mesmo dia, aqui no centro de Osaka os coloridos painéis publicitários e comerciais de Dōtonbori eram a atração central.

Brilhando na superfície do canal abaixo, o maior painel publicitário era o Glico Man, o mascote de uma empresa de confeitos, representado correndo com os braços estendidos em frente ao sol nascente. Mal se pode se mover em frente a esse anúncio, tamanha a quantidade de turistas imitando sua pose para o Instagram. À esquerda do Glico Man, a imagem de uma lata de cerveja Asahi de três metros de altura brilha sobre a multidão, enquanto, sobre a ponte, a imagem de Ken Watanabe observa estoicamente, promovendo algum tipo de dispositivo eletrônico.

Até hoje, a vista da ponte Ebisu continua sendo meu lugar favorito em todo o Japão. A intensidade dos painéis publicitários, os barcos no canal abarrotados de turistas deslumbrados, combinados com o cheiro da comida de rua e o som das jovens mulheres incentivando os pedestres a irem para algum clube, bar ou loja de caraoquê, criam uma experiência avassaladora e revigorante. Era exatamente isso o que eu imaginava para minha nova vida no Japão — e não viver em um campo de arroz na costa distante do oeste.

Não importa para onde eu apontasse a câmera, toda a cena parecia um cenário de *Blade Runner: o caçador de androides*. Na verdade, foi o diretor desse filme, Ridley Scott, quem ajudou a colocar Osaka no mapa em seu thriller neo-noir de 1989, *Chuva negra*, estrelado por Michael Douglas e Andy Garcia. O enredo era inadreditável. Os dois policiais americanos estavam atrás de um chefe da Yakuza e constantemente se metiam em problemas com seus colegas japoneses.

"Você precisa entender! Para eles, você é *gaijin*! Bárbaros estrangeiros!", exclama uma mulher americana que trabalha em um hostess club para o personagem de Michael Douglas, enquanto ele lamenta a falta de apreciação por parte da polícia japonesa. Com seus diálogos hilariamente exagerados e a representação de Michael Douglas como o branco salvador transgressor de que o Japão tanto precisava, o filme estava longe de ser perfeito.

Apesar de seus defeitos, porém, a cinematografia capturou lindamente a sujeira e o caos de Osaka. Para mim, uma cidade japonesa à noite nunca tinha parecido tão atraente no cinema.

Osaka foi a primeira cidade japonesa que vi coberta de lixo. Você costuma ouvir turistas no Japão comentando sobre quão brilhantes são as ruas japonesas, apesar da notável falta de lixeiras (uma consequência dos ataques de gás sarin de 1995). As ruas de Osaka não tinham esse brilho, mas isso lhes dava uma sensação de rudeza e de "vivência", o que tornava explorar as ruas e becos uma experiência profundamente gratificante. Enquanto os arranha-céus polidos de Tóquio podem às vezes parecer um pouco higienizados, aqui, onde os fios de eletricidade serpenteiam acima, latas de cerveja vazias ficam olhando para o rio e vapor sai das cozinhas dos restaurantes, você realmente sente que está em uma cidade viva, que respira.

SAIAM. AGORA.

Relutantemente, me afastei das deslumbrantes vistas e fui até meu hostel para fazer o check-in. Dada a popularidade de Dōtonbori, encontrar uma boa acomodação era difícil, e acabei escolhendo um lugar mal avaliado chamado Dōtonbori Backpacker Hostel. Os comentários dos hóspedes não eram animadores.

"Cinco estrelas de dez. Foi interessante." – Anônimo

Na minha experiência, a palavra "interessante" não costumava ser sinônimo de uma boa noite de sono. Meus piores medos foram confirmados quando encontrei um bloco de apartamentos de concreto preto que, ao olhar mais de perto, na verdade era branco, mas estava tão manchado pelos gases de fumaça da estrada que quase não dava para perceber.

Peguei o elevador até o quarto andar e encontrei a porta número 401 em um corredor com portas de metal rosas. Parecia o pavilhão de prisão da Barbie. Quando bati na porta de metal, um barulho meio oco foi ouvido.

Após esperar trinta segundos por uma resposta, de repente, como um susto de filme de terror, a porta se abriu rapidamente e um homem literalmente caiu para fora dela, indo parar no chão.

"*Daijoubu?* Está bem?", exclamei, dando um passo para trás.

"*Daijoubu!*", ele respondeu com uma voz grave, levantando-se e se recompondo.

O homem parecia totalmente despreocupado com sua aparição excêntrica.

"Por favor, por favor." Ele fez um gesto para a porta no fim do corredor, e eu me perguntei se esse era o momento no filme de terror em que o público gritaria na tela "Não entre aí!". Contra o meu melhor julgamento, segui-o até um quarto que parecia um apartamento japonês normal. Percebi então que iria dormir no apartamento do cara.

Com seu cabelo longo e desarrumado e short de surfista, tive a impressão de que ele não era o típico japonês. Ele colocou um cigarro na boca, acendeu-o e abriu a geladeira, revelando os restos de uma melancia partida.

"Gosta de melancia?", ele perguntou, agora em inglês.

Recusei.

Parecia que alguém tinha pegado um martelo e batido nela. A maldita coisa tinha praticamente explodido. Quando abri a porta do meu quarto, recebi um desagradável bafo de ar úmido misturado com suor e encontrei nada menos que seis beliches arrumadas em forma de U no menor quarto do mundo. Fiquei chocado que isso fosse legal. A *posteriori*, provavelmente, não era.

Parecia que alguém realmente tinha redefinido a definição de albergue. Mas isso ajudava a explicar o preço absurdamente baixo de 2 mil ienes por noite.

Quando se trata de hostels, nenhum lugar tem mais variedade do que o Japão.

Apesar do que minha experiência em um "hostel" possa demonstrar, você realmente fica cercado por opções. No extremo mais barato, você tem os hostels, e falo de verdadeiros hostels, e os hotéis cápsula, que normalmente custam entre 1.500 e 4 mil ienes por noite. Eles são geralmente no estilo dormitório, com beliches e banheiros compartilhados. Costumo optar por um hotel cápsula, pela privacidade extra de dormir dentro do que é essencialmente um caixão jumbo.

Acima deles estão os hotéis para viajantes a trabalho, que custam entre 5 e 15 mil ienes. Geralmente com cheiro de cigarros de assalariados que passaram por ali, eles vêm com uma cama de solteiro pequena e seu próprio ofurô, a clássica banheira japonesa, e banheiro. Acima deles estão os hotéis boutique e luxuosos, que frequentemente ultrapassam 25 mil ienes por noite e oferecem as melhores comodidades e gastronomia.

Há também outra opção, um pouco mais excêntrica. Os *love hotels* custam cerca de 4 mil ienes para uma estadia de duas horas ou

11 mil ienes para a noite inteira. Esses quartos com curto período de estadia, frequentados principalmente, como o nome sugere, para encontros românticos, não podem ser reservados com antecedência e frequentemente têm temas espalhafatosos. Intimidado pela ideia, eu jamais planejei ficar em um. Ou assim eu pensava.

Depois de ser levado ao menor quarto do mundo, eu estava desesperado por uma bebida. Fugi do prédio e fui até o 7-Eleven mais próximo, pegando uma lata de Strong Zero. Essa bebida de limão com 9% de teor alcoólico garantido pela vodca era precursora de muitas noites problemáticas.

Beber em público no Japão é liberado, então caminhei por Osaka e acabei chegando a uma praça cheia de iconografia americana. No centro, adolescentes japoneses faziam manobras com skate à sombra de uma versão tosca da Estátua da Liberdade presa no telhado de um prédio próximo.

Eu me encontrava em Amerikamura, literalmente "cidade americana", uma celebração de tudo o que é americano. Ali era o lugar para se abastecer de marcas ocidentais ou comprar roupas escritas em um inglês muito estranho. Uma camisa vermelha com a frase "ARE YOU ENJOY SPRING?" estampada na frente me chamou a atenção, e fiz uma anotação mental para comprar uma antes de sair e adicionar à minha coleção crescente.

Em um mundo onde o inglês era embutido nas campanhas de marketing de cada produto e serviço para adicionar uma camada de prestígio, mas claramente nunca revisado, o Japão criou uma linguagem híbrida de japonês-inglês que frequentemente levava a mais perguntas do que respostas.

Logo em frente ao meu apartamento em Sakata, havia um steak house que deixava a desejar e que se vangloriava: "Este é o extremo do luxo: morder uma carne robusta. Suculenta e saborosa!! É além do que se descreve".

Os cardápios dos restaurantes pareciam um show de terror. Um prato de tofu coberto com cream cheese vinha com a descrição: "Soy sauce reckoning of the cream cheese" (o encontro do shoyu com o cream cheese, em tradução livre). Esse "encontro" soava mais como uma versão única de tortura do que uma entrada.

As lojas em si tinham nomes confusos. Todos os dias eu passava por uma loja de roupas com desconto para crianças chamada Starvations (fome extrema). No centro de Sendai, outra loja de desconto se chamava Sperm (esperma). Era difícil compreender o raciocínio por trás da escolha dessas palavras em inglês, mas isso tornava viver no Japão ainda mais gratificante. Você nunca sabia o que iria encontrar a seguir.

No ar úmido da noite, grupos de amigos ficavam sentados rindo e bebendo na praça de Amerikamura, e então experimentei uma sensação de calma que ainda não tinha vivido nas minhas visitas a Tóquio. A atitude descontraída aqui parecia em desacordo com Tóquio, onde ficar parado ou sentado ocioso parecia um crime. Havia uma sensação de que as pessoas em Tóquio estavam sempre em movimento, sempre tentando chegar a algum lugar.

Estava quase terminando minha lata de Strong Zero, já começando a sentir o efeito que vem antes de ficar levemente tonto. A bebida estava cumprindo sua fama.

Quando dei os últimos goles, percebi uma garota bebendo sozinha em um banco do outro lado da praça. Daquela maneira estranha em que os humanos parecem perceber que estão sendo observados, no momento em que a vi, ela rapidamente levantou os olhos para me olhar.

Talvez tenha sido o Strong Zero tomando conta de mim, mas, antes que eu pudesse pensar, levantei minha lata e dei a ela um "oi" amigável. O rosto dela, que antes estava sem expressão, se iluminou com um sorriso e ela ergueu sua lata como se fosse brindar com a minha.

O que se seguiu foi um jogo demorado de olhares como uma partida de tênis de mesa enquanto fingíamos observar os skatistas indo e vindo. Finalmente, ela apontou para o assento vazio ao lado dela, me chamando para ir até lá.

Segurando minha lata vazia de Strong Zero, fui até lá com um pouco de vergonha, esperando não fazer papel de idiota.

"Você está bebendo sozinho ou só se preparando para andar de skate?", ela perguntou sarcasticamente, me lançando um sorriso maroto.

"Muito provavelmente bebendo sozinho!", eu ri, batendo na lata, o som oco indicando que estava vazia.

"Ah, não, já terminou!" De dentro da bolsa, ela retirou uma lata de Strong Zero com sabor de sangria. "Quer mais um?"

Como eu poderia recusar?

Enquanto conversávamos, eu soube que Mei era de Taiwan e estava visitando Osaka para uma viagem solo.

Osaka era um destino popular de compras para países vizinhos como Coreia do Sul, China e Taiwan, e não era incomum turistas voarem até lá para comprar uma quantidade de produtos japoneses premium e voltar para casa, quase da mesma maneira que turistas britânicos costumavam ir até a França comprar toneladas de bebidas alcoólicas a preços melhores.

No caso de Mei, ela esperava lucrar com a viagem, vendendo os cosméticos que comprara em sua cidade natal, Taichung.

Depois de algumas latas, Mei e eu realmente nos demos bem. Não querendo voltar ao meu albergue/prisão e à melancia destruída, sugeri que continuássemos a noite em outro lugar.

"Não quer vir comigo comer um *okonomiyaki*?"

Deixamos nossas latas para trás e nos dirigimos para as ruas iluminadas por letreiros neon de Dōtonbori.

Okonomi literalmente significa "ao gosto de alguém". *Yaki* significa "frito". Perceba que os ingredientes não aparecem no nome. O apelo do *okonomiyaki* é a variedade de sabores que vêm das infinitas combinações possíveis de ingredientes. Nenhuma panqueca precisa ser igual à outra. Os ingredientes base são massa e repolho, e os clientes escolhem entre uma variedade de coberturas, que vão de carne a frutos do mar frescos até uma grande variedade de legumes.

O prato pode ser preparado no estilo de Hiroshima ou no estilo de Osaka. Em Osaka, os ingredientes são todos misturados de uma vez, colocados em uma *teppan* fumegante e moldados em um círculo com uma espátula metálica curta. Não é incomum você receber a tigela de ingredientes para preparar o prato por conta própria em frente à sua própria grelha.

No estilo Hiroshima, os ingredientes são colocados de forma gradual sobre a grelha, começando com uma porção de macarrão, depois o repolho, empilhando a panqueca cada vez mais alto e, por fim, a camada de massa.

Ambos os estilos terminam da mesma maneira: banhados em um molho à base de molho inglês, cobertos com maionese e flocos de alga e bonito defumado chamado *katsuobushi*. São os mesmos ingredientes usados no *takoyaki* e têm um sabor similar, mas o *okonomiyaki* geralmente é um prato bem mais recheado.

Pessoalmente, prefiro o estilo Hiroshima, pois é um prato mais complexo, com a textura bônus do macarrão yakisoba. Como exige mais habilidade para fazer, os restaurantes geralmente preparam o *okonomiyaki* de Hiroshima na sua frente, adicionando um toque de teatralidade ao processo. Talvez seja por isso que eu prefira, ou talvez seja apenas preguiçoso demais para prepará-lo eu mesmo.

Isso não quer dizer que o estilo Osaka não tenha seu charme. É bem menos trabalhoso de fazer e, sem camadas, *muito mais* fácil de comer. De qualquer forma, não havia dúvida: estar em Osaka e comer *okonomiyaki* no estilo Hiroshima seria considerado traição.

Mei e eu encontramos um restaurante com vista para o rio, que agora, à noite, estava totalmente banhado pela luz de centenas de painéis publicitários iluminados. Era um cenário espetacular para nos entupirmos de panquecas.

SAIAM. AGORA.

Minutos depois, Mei estava moldando a massa borbulhante do nosso *okonomiyaki* de vários tipos de frutos do mar. Felizmente, ela levou a sério minhas palavras de que minhas tentativas de cozinhar nos fariam sair para o cemitério.

Quando terminamos nossa refeição, já eram dez da noite. Apesar do barulho ensurdecedor das grelhas e do zumbido do ventilador de exaustão, conseguimos conversar por quase três horas seguidas. Estávamos ambos ansiosos para nos ver novamente e combinamos de nos encontrar no dia seguinte.

De manhã, saí logo para explorar a cidade vizinha de Nara, famosa pelo gigantesco Buda de bronze e pelos cervos muito bem comportados. Se Osaka era uma cacofonia de barulho, Nara era mais como uma biblioteca. Caminhei pelas tranquilas ruas arborizadas, com o silêncio sendo interrompido apenas pelos gritos de dois jovens socando arroz no pilão energicamente para fazer bolinhos de mochi. Depois, fui ao parque principal, onde os cervos, os heróis da cidade, curvavam seus pescoços em troca de biscoitos. Supostamente, eles aprenderam esse hábito com os moradores, e era realmente uma visão emocionante, até que um cervo particularmente faminto me mordeu no traseiro.

Após escapar da luta com o cervo com um buraco na calça para provar, voltei a Osaka para me encontrar com Mei em um pub britânico chamado Hub.

O Hub responde àquela pergunta importante: o que acontece quando alguém que nunca esteve no Reino Unido decide abrir um pub britânico?

Com paredes cobertas por cartazes de aviões de caça Spitfires e navios de guerra ao lado de anúncios retrô de cervejas britânicas, e bancos ao redor de barris de madeira, evocando a atmosfera de um navio pirata, era como estar em casa.

O que mais me encantou foram os folhetos colocados em cada mesa explicando o conceito de um pub britânico.

"Todo domingo, o povo da Inglaterra vai à igreja. Após o culto, eles visitam o pub, que muitas vezes fica dentro da própria igreja."

Ah, sim. Igreja-pub. Como senti falta disso.

Felizmente, acertaram uma coisa que importava — a bebida. Sidra era quase impossível de encontrar no Japão, e o Hub era um dos poucos lugares onde eu poderia beber uma garrafa do meu Aspall favorito. Servi nossas bebidas enquanto Mei analisava o buraco na minha calça, quase se mijando de tanto rir.

"Parece que você precisava de mim lá para te proteger, sr. Broad!"

"Foi terrível. Eram centenas deles." Exagerei o que aconteceu, tentando não parecer totalmente patético. "Mas mandei bem na luta contra os malditos. Eles não vão mexer comigo tão cedo." Tomei o primeiro gole da sidra e, de repente, me senti com saudade de casa.

Três garrafas depois, comecei a reclamar do terrível hostel onde estava hospedado.

"É horrível, Mei, tem melancia em todo canto."

Longe de ficar enojada, ela achou engraçado.

"Você precisa me mostrar esse albergue. Parece cenário de filme."

"Pelo contrário, estou quase tentado a evitar voltar lá hoje à noite."

Nosso flerte tinha atingido um nível alto e ambos tentávamos, sem muita sutileza, descobrir se havia uma maneira de passar a noite juntos. Me perguntei se poderia roubar o enredo de um dos meus filmes favoritos dos anos 1990, *Antes do amanhecer*, no qual dois estranhos se conhecem em um trem e acabam vagando por Viena a noite toda até que um deles precisa embarcar.

Meu voo de volta a Osaka seria no dia seguinte às nove horas. Propus que passássemos a noite explorando a cidade, e às seis da manhã eu pegaria o trem para o aeroporto. Era perfeito. Mei aceitou, especialmente por ter visto o filme.

Eu devia ter perdido a cena onde há uma experiência embaraçosa em um *love hotel*.

À meia-noite, Mei e eu já tínhamos passado várias horas pulando

SAIAM. AGORA.

de bar em bar. Depois de tanto tempo bebendo e flertando, acabamos compartilhando um beijo sob o olhar atento do enorme letreiro do Glico Man.

"Você já foi a um *love hotel*?", ela perguntou, olhando para mim com expectativa.

Achei que estivesse brincando no início, mas ela insistiu para arranjarmos um. Eu não ia discutir. Embora a ideia de passar a noite toda acordado fosse excitante, com seis horas ainda pela frente, pensar em descansar por algumas horas parecia atraente.

Por sorte, um dos maiores distritos de *love hotels* de Osaka ficava na beira do canal Dōtonbori, a apenas cinco minutos da ponte, que agora estava menos movimentada, habitada principalmente por festeiros de clubes.

Rabu hoteru (ラブホテル) são grandes negócios no Japão. Com 37 mil unidades em todo o país, gerando cerca de 40 bilhões de dólares por ano, o serviço desempenha um papel importante ao oferecer aos casais japoneses um lugar de refúgio. Tradicionalmente, as famílias japonesas vivem em lares multigeracionais, com avós, pais e filhos sob o mesmo teto. Adicione paredes feitas de papel e fica fácil entender o problema.

Além dos casais casados, os *love hotels* oferecem discrição e privacidade para trabalhadores do sexo, solteiros se encontrando ou, inevitavelmente, pessoas envolvidas em um caso. Muitas vezes, no interior do Japão, passei por eles, onde os hotéis pareciam mais com parques temáticos de mau gosto. Um em particular, nos arredores de Sakata, foi projetado como um castelo, enquanto outro na cidade de Yamagata tinha o exterior pintado para parecer uma nave espacial.

Apesar da excentricidade, eles levam a discrição a sério, com estacionamentos e entradas escondidos, e capas para placas de veículos para mascarar a identidade dos clientes.

Em Osaka, uma de nossas opções era o Hotel Mickey Cookies, que, de maneira confusa, parecia uma creche para crianças, com paredes coloridas e um enorme urso de pelúcia pairando sobre a entrada.

Também havia o Hotel Chapel Christmas, que tinha nada menos que três figuras do Papai Noel montadas ao redor da porta da frente com o slogan festivo "Obrigado por vir. Alegria para o mundo!".

A única coisa mais proeminente do que a decoração chamativa eram as placas anunciando preços imbatíveis. Por apenas 2.990 ienes você poderia desfrutar de uma estadia de duas horas no Chapel Christmas, onde o Natal era todos os dias. Uma estadia completa de doze horas custava razoáveis 6.990 ienes.

Após caminhar em círculos, sem saber qual escolher, Mei apontou para um estabelecimento mais sofisticado, que, felizmente, não tinha o exterior exagerado de seus concorrentes.

"Este parece legal?"

O Nest parecia quase um hotel de executivos comum, exceto pela cachoeira jorrando na entrada principal. Sem saber o que esperar, me senti ansioso enquanto entrávamos no lobby. Jazz suave tocava ao fundo e uma grande parede coberta por pequenas telas mostrava imagens dos quartos disponíveis. Apesar do grande número de quartos, a maioria já estava ocupada, com apenas quatro ainda iluminados e disponíveis.

Era uma sensação estranha, especialmente porque não havia nenhum funcionário à vista. Nos *love hotels*, não se espera que os clientes interajam com um único ser humano do começo ao fim.

Pelo menos, essa era a expectativa.

Mei e eu mal havíamos decidido qual quarto pegar quando um homem irritado saiu correndo de uma porta lateral.

"Com licença. Não estrangeiros", ele declarou, cruzando os braços para fazer o símbolo de "X". O sinal universal de "vai embora".

Me senti levando um tapa na cara.

Isso me deixou completamente paralisado. Foi uma sensação bastante desconfortável.

"*Hontou ni dame?* Não é realmente possível?", retruquei, fazendo uma expressão irritada.

"Não é possível", ele respondeu firmemente em japonês, estendendo a mão para tomar a chave que havíamos pegado.

"Merda." Empurrei a chave para a mão dele e saí, constrangido.

Foi a primeira vez que experimentei discriminação como estrangeiro no Japão. Já tinha ouvido falar disso acontecendo ao tentar alugar apartamentos, mas nunca em uma situação tão mundana como entrar em um *love hotel*.

Desde então, visitei muitos *love hotels* para produzir vídeos para o YouTube, e nunca mais fui rejeitado por ser estrangeiro. Desde que cheguei ao Japão, em 2012, o turismo disparou e o mercado de estrangeiros procurando um lugar rápido e diferente para descansar se mostrou muito lucrativo para ser ignorado. Infelizmente, casais LGBTQIAPN+ não têm a mesma sorte. Experimentei isso pessoalmente ao gravar vídeos com meu amigo Connor. Contudo, encontramos um truque simples para casais gays. Coloque uma peruca e óculos de sol, e o pessoal que monitora as câmeras de segurança não sabe de nada. Nunca fomos parados desde então, e acabei formando uma coleção fantástica de perucas.

Por mais que me doa admitir, na nossa tentativa seguinte de entrar em um *love hotel*, eu estava prestes a viver o estereótipo do estrangeiro problemático. O Michael Douglas dos tempos modernos.

"Não se preocupe. Tenho certeza de que eles não são todos iguais!", Mei me tranquilizou, apontando para outro hotel do outro lado da rua, com o nome encorajador de Hotel Lovers.

Desta vez fomos bem-sucedidos.

Armados com uma chave de quarto e um crescente sentimento de ansiedade, subimos até o quinto andar e abrimos a porta para revelar um quarto espaçoso, com a cor roxo dominante e uma cama king size, uma TV de cinquenta polegadas com caraoquê e até uma jacuzzi. Em uma pequena sacola embrulhada estavam um vibrador e alguns preservativos. Muito mais emocionante do que balas de menta. A discrição em um *love hotel* continua no quarto também.

Toda a experiência é cuidadosamente planejada para ser completamente discreta. Até o sabonete e o xampu são sem cheiro, para que, se você estiver tendo um caso extraconjugal, não levante suspeitas ao voltar para casa com cheiro de aloe vera e morango.

Foi impressionante e um pouco deprimente. Você certamente sai com a sensação de dinheiro bem gasto em um *love hotel*.

Batemos a porta com força, mas, assim que começamos a nos acomodar, nosso momento romântico foi interrompido por um som estridente de bipe.

"Que diabos é isso? Espero que não seja um alarme de incêndio."

Mei viu uma tela branca piscando perto da porta da frente, com algumas entradas para cartões de crédito e dinheiro.

Embora ela não soubesse ler japonês, seu conhecimento de caracteres chineses, predecessores dos kanjis, permitiu que ela entendesse as palavras "Pagamento" e "Agora".

"Merda. Talvez a gente precise pagar adiantado?"

Parece que, no momento em que a porta se fechou, o relógio começou a contar. Enquanto a maioria dos *love hotels* pede pagamento na saída, escolhemos um que exigia pagamento antecipado.

"Não se preocupe, deixa comigo!", declarei, pegando minha carteira enquanto Mei saía para ligar a jacuzzi.

Escolhi a opção de três horas, que nos levaria até meu trem cedo de manhã. O valor de 6.500 ienes apareceu na tela, então tirei meu cartão de crédito britânico e coloquei na máquina.

Houve um barulho preocupante, e, momentos depois, meu cartão saiu. Um ponto de exclamação vermelho apareceu na tela.

Ah, não.

Tirei minha carteira para ver se ainda tinha dinheiro. Nada. Já havia acabado. Claro que sim. Tínhamos passado as últimas nove horas bebendo pela cidade.

Merda.

Tentei o cartão novamente. Foi prontamente rejeitado.

SAIAM. AGORA.

Que desgraça de merda.

Agora eu podia ouvir o som da água caindo na jacuzzi. O chuveiro também estava ligado.

Dei uma olhada na direção do banheiro para ver Mei completamente nua e coberta de sabonete. Qualquer possível excitação que eu pudesse ter sentido foi extinguida pela iminente sensação de pavor.

"Mei. Por acaso você teria algum dinheiro?", gritei, envergonhado.

"Não, gastei tudo no Hub. Deixei o resto no hotel", ela gritou de volta calmamente.

Passei de novo pelo caminho da jacuzzi que nunca iríamos usar e fui até a máquina de pagamento.

O que acontece agora?

Em um turbilhão de pânico, estava quase pronto para começar a enfiar qualquer objeto físico que pudesse encontrar no leitor de cartões, seja minha carteira de motorista ou o pacote complementar de preservativos.

Foi então que vi o botão vermelho de chamada do interfone. Talvez pudéssemos negociar com a equipe? Talvez eles tivessem uma máquina que aceitasse meu cartão?

Pressionei o botão e uma mulher respondeu, soando pouco impressionada.

"*Hai. Dozo.* Pode falar."

Percebi pelo tom de voz que, de alguma forma, eu já tinha a irritado. Agora eu precisava explicar, com meu péssimo japonês, que não tinha dinheiro.

"Desculpe, meu cartão de crédito não passou."

"Você tem dinheiro?", ela perguntou, com a voz ríspida.

"Só um cartão de crédito. Mas não passou", reiterei.

Houve uma pausa, seguida por um suspiro irritado, e a mulher desligou abruptamente.

Por fim, a máquina de pagamento parou de apitar. Será que eles nos deixaram passar? Talvez, por bondade, a mulher tivesse nos dado o quarto de graça.

"A banheira está pronta!", gritou Mei, ainda completamente alheia à nossa situação.

Nesse momento, ouvi uma batida. Percebi que a porta, que tinha se fechado automaticamente quando entramos, foi destrancada remotamente.

Eu a abri para revelar uma mulher de meia-idade com uma expressão impassível. Ela parecia ser alguém que já tinha passado por essa situação antes.

Sem dizer uma palavra de cortesia, ela estendeu a mão.

"Me mostre o cartão."

Fiquei tentando encontrar o cartão na carteira e o entreguei apressadamente. Sem expressão, ela examinou o cartão, frente e verso, antes de devolvê-lo.

"*Dame!* Não serve. Tem dinheiro?"

Ela estava ficando cada vez mais irritada.

"Não tenho dinheiro. Mas posso conseguir agora."

Ela balançou a cabeça e retrucou: "*Dete kudasai.* Saiam."

Merda e mais merda.

Olhei para a mulher e depois para a porta do banheiro atrás de mim, de onde o som de Mei se divertindo na água era claramente audível.

"Mas ela está no banho", expliquei, tentando despertar alguma simpatia.

"Saiam. Agora." A mulher me fulminou com o olhar. Suspeitei que, se não nos apressássemos, ela chamaria as figuras de autoridade das vielas da vida noturna do Japão para nos colocar para fora.

Enfiei a cabeça no banheiro e vi Mei com bolhas de sabão até o pescoço. Era como uma cena de filme, mas menos *Diário de uma paixão* e mais *Psicopata americano*.

"Mei, desculpa mesmo, mas temos um pequeno problema. Não conseguimos pagar o quarto."

Ela achou que eu estivesse brincando, até perceber a expressão horrorizada no meu rosto.

Mei saltou da banheira e se enrolou em uma toalha. Enquanto pulava e vestia a roupa, fiquei parado na porta, parecendo um idiota, tentando mais uma vez conquistar alguma simpatia da mulher que estava prestes a nos colocar para fora.

"É a minha primeira vez em um *love hotel*", falei, tentando descontrair. Será que ela não conseguia ver o humor na situação?

Nada. A mulher cruzou os braços e me fulminou com o olhar, encarando a porta do banheiro, enquanto aguardávamos, desconfortáveis, Mei se vestir. Nunca me senti tão envergonhado na vida.

Surpreendentemente, apesar das duas tentativas frustradas, não desistimos. Depois de entrar em uma 7-Eleven e sacar metade do conteúdo da minha conta bancária, escolhemos outro *love hotel*. Finalmente, nossa terceira e última tentativa foi bem-sucedida. Mas estávamos tão cansados após a longa noite de rejeições que caímos na cama quase imediatamente, acordando grogues três horas depois, bem na hora do meu trem.

"Três *love hotels* em uma noite. Nossa, que noitada", Mei riu.

Tentei não morrer de vergonha enquanto me dirigia para a estação.

Para mim, a viagem ensinou uma valiosa lição de vida. Embora a memória daquela noite ainda me fizesse corar durante meses, no final acabou sendo uma lembrança que eu guardaria com carinho. A chave para transformar uma boa viagem em uma história inesquecível são os encontros que você tem pelo caminho. É fácil andar pela cidade e se manter na sua, mas são esses encontros com desconhecidos, embaraçosos ou não, que ficam com você para sempre. Me dar conta dessa experiência deixou uma marca duradoura em mim e me tornou mais aberto para minhas futuras aventuras pelo Japão.

Mei e eu mantivemos contato, como amigos, e dois anos depois nos encontramos para beber em Taipei, relembrando o fim de semana nem um pouco romântico.

Enquanto isso, meu caso de amor com Osaka permanece vivo até hoje. Sempre que sou escalado como guia turístico para amigos que visitam o Japão, a parte que mais espero são os dias em Osaka. Pela comida, pelas pessoas, pela vida noturna e pela simplicidade, Osaka sempre terá um lugar especial no meu coração. Pelo amor de Deus, inclua-a no seu itinerário.

E, se estiver procurando um ótimo albergue com uma melancia de cortesia, fale comigo.

14.

O HOMEM MAIS EXCÊNTRICO DO JAPÃO

JULHO DE 2013

De alguma forma, meu primeiro ano no Japão havia terminado — um ano que parecia, ao mesmo tempo, o mais longo e o mais curto da minha vida.

Foram doze meses intensos, desafiadores, mas extremamente gratificantes. No entanto, apesar de tudo o que eu tinha visto e feito, ainda me sentia um turista fantasiado. Por boa parte desse ano, eu sentia que estava falhando no trabalho. Muitos professores esqueciam de me levar para as aulas ou, propositalmente, me evitavam ao sair da sala dos professores. Alguns achavam que contratar um professor estrangeiro era um gasto desnecessário; outros simplesmente não sabiam como me utilizar de maneira eficiente.

Enquanto isso, minhas habilidades no idioma japonês ainda eram praticamente inexistentes, e, para piorar, a maioria dos amigos que fiz estava prestes a deixar Yamagata. Entre eles estava Roy, cujo contrato de cinco anos no programa JET finalmente chegava ao fim.

O colega japonês com quem eu mais tinha me conectado, Kengo sensei, também estava se aposentando e partindo para dedicar mais tempo a projetos pacifistas em Tóquio. Como meu amigo e mentor japonês mais próximo, sua partida foi um golpe difícil de aceitar.

Para complicar ainda mais, outros professores que eu conhecia bastante também estavam sendo espalhados por aí. Enquanto o ano letivo termina em agosto para boa parte do mundo, no Japão ele se encerra em março. Durante o recesso de primavera, os professores japoneses são redistribuídos por toda a província — uma peculiaridade do sistema educacional do país.

Os professores são constantemente transferidos entre escolas, cidades e, às vezes, até mesmo regiões. O destino deles pode ser completamente aleatório, e alguns dos professores de inglês com quem eu trabalhava pareciam ressentidos com a iminente transferência da Sakata Senior High.

A Naoko sensei, minha colega amante dos Beatles, tinha sido designada para uma escola rural em Atsumi, uma cidade com fontes termais uma hora ao sul de Sakata.

"Não sei por que me colocaram lá, mas vou ficar bem." Ela não parecia muito convencida.

Eu suspeitava de que um dos motivos era o fato de ela ser uma escolha fácil. Sendo solteira e de meia-idade, sem família para priorizar, ela podia ser colocada onde quer que fosse necessária. Professores com parceiros e filhos tinham muito menos chance de serem transferidos para um canto remoto do Japão.

Outro afetado pela reorganização foi Saitou sensei. Embora tivéssemos dificuldade em criar um relacionamento real devido à barreira do idioma, era triste perder outro rosto familiar.

Ver colegas e amigos partirem, e os estudantes que eu ensinei se formarem, foi um lembrete marcante da transitoriedade que permeia o mundo do ensino e as portas giratórias da educação.

No último dia de Kengo, ele me chamou até sua mesa, escondida em uma sala lateral compartilhada com outros professores que já haviam saído para almoçar. Durante nossas aulas juntos, ele adorava cantar para os alunos enquanto tocava violão, geralmente músicas dos anos 1960, embora, infelizmente, "I Am the Walrus" nunca fizesse parte do repertório.

"Chris sensei, quero tocar uma última música para você antes de ir embora."

Sentei em uma cadeira enquanto ele se acomodava na beira da mesa, segurando seu violão acústico.

Fui presenteado com a lendária "Blowin' in the Wind", de Bob

Dylan, uma excelente escolha, considerando a ligação de Kengo com a comunidade pacifista do Japão. Enquanto ele tocava, outros funcionários passavam pela sala, agindo como se nada estivesse acontecendo. Era de partir o coração saber que a escola estava prestes a perder um professor tão brilhante e insubstituível. E, ainda assim, seus talentos pareciam ter passado despercebidos.

Apertamos as mãos, e ele me entregou o seu cartão pessoal de negócios.

"Vamos beber juntos novamente, Chris san."

Pouco depois, o Kengo sensei partiu. De vez em quando eu recebia um e-mail perguntando como estavam as coisas e pedindo notícias sobre Sakata Senior High. A cada seis meses mais ou menos ele reaparecia em Sakata e íamos jantar juntos. Na maior parte do tempo, porém, ele seguiu sua nova vida em Tóquio, e eu lhe desejava o melhor.

Com a chegada das férias de verão, me senti desanimado pela ausência dos meus dois mentores e amigos mais próximos. Mal sabia eu que minha sorte estava prestes a mudar. Em um único agosto, eu faria mais amigos japoneses do que nos doze meses anteriores. Em uma noite fresca de verão, durante uma saída noturna, eu esbarraria em um desconhecido excêntrico que marcaria minha experiência no Japão mais do que qualquer outra pessoa que conheci lá.

As decadentes ruas de Sakata sempre pareciam melhores à noite. As lojas fechadas durante o dia desapareciam na escuridão. A névoa de luzes de neon dos letreiros e placas de bares ofuscava o brilho desbotado das lojas: uma butique pertencente a uma família que se tornara obsoleta graças à imponente loja de departamentos próxima à rodovia; um restaurante de yakisoba cujo dono idoso falecera sem deixar herdeiros; uma loja de souvenirs sem turistas para atender. Sakata não era exatamente um destino turístico em alta.

Era uma quinta-feira no início de agosto, e eu tinha me juntado a Roy para um último drinque no centro da cidade. Como era um dia útil para mim, saí por volta das onze e meia e caminhei pelo ar úmido da noite, tropeçando meio embriagado no caminho para meu apartamento do outro lado da cidade.

O trajeto me levava por prédios desgastados cheios de hostess clubs, que permaneciam abertos até as primeiras horas da manhã, com portas firmemente fechadas e janelas cobertas. O som de risadas femininas ecoava lá dentro, enquanto algum assalariado fazia um papel ridículo no caraoquê.

Quando me aproximei do agora familiar outdoor *hentai* que tinha me chocado um ano antes, notei um japonês caminhando na minha direção, do outro lado da rua.

Fumando um cigarro e olhando para o chão, ele parecia mergulhado em pensamentos. Vestia uma camiseta cinza escura e jeans, e eu calculava que tivesse entre vinte e trinta e poucos anos.

Quando passamos um pelo outro, seus olhos se voltaram para mim, e ele fez uma pausa repentina, parando no meio do caminho.

Ah, droga, lá vamos nós.

Eu ainda achava estressante conversar com estranhos em japonês. Exausto depois de um longo dia, não estava disposto a encarar mais uma rodada de conversa-fiada.

"Nossa! Oi?" Para minha surpresa, ele falou em inglês.

"Olá." Fiz um aceno de cabeça e continuei apressado pela rua.

"De onde você é?" Ele exibia um sorrisão. Tive a impressão de que ele não conversava com muitos estrangeiros por ali. "Você é dos Estados Unidos?", perguntou antes que eu tivesse a chance de responder.

Nesse ponto, parei, percebendo que não tinha escapatória.

"Não, não, sou britânico. Prazer."

Assim que mencionei a palavra "britânico" os olhos do homem se iluminaram.

"Não acredito! Meu Deus! Eu adoro a cultura da Inglaterra." Ele caminhou em minha direção e apertou minha mão freneticamente. Esse tipo de encontro não era exatamente raro no interior do Japão. De vez em quando eu encontrava um anglófilo, mas esse cara atingia outro patamar. Fiquei boquiaberto enquanto ele começava a listar quase todos os músicos britânicos que já existiram.

"Meu Deus, eu amo David Bowie, Pink Floyd, Queen, Billy Idol..."

"Bandas muito boas", tentei interrompê-lo, mas ele continuou. "Led Zeppelin, Beatles, Sex Pistols. Muito bom!"

"Bom, legal te conhecer", respondi, dando um passo para trás e tentando encerrar rapidamente a interação.

"Você curte caraoquê?", ele gesticulou como se estivesse bebendo uma cerveja imaginária, o sinal universal para "Vamos tomar uma!".

Ainda estava tentando descobrir se eu acabara de encontrar o homem mais gentil de Yamagata ou o mais maluco, mas pensei: *Que se dane, não tenho nada a perder.* Minha viagem a Osaka tinha me ensinado a aceitar convites para sair com estranhos com mais frequência — desde que nenhum *love hotel* estivesse envolvido.

"Tudo bem, talvez um drinque."

Ele juntou as mãos em sinal de vitória, gritando "Sim, bora lá!" e me conduziu de volta pela rua de onde eu acabara de vir.

Com certa preocupação, fui levado por ele até uma esquina, onde sempre supus haver um grande prédio abandonado. Ele apontou para o terceiro andar, onde eu mal podia distinguir uma janela fracamente iluminada.

Ele então abriu uma porta lateral no prédio, que levava a uma escada de concreto escura, e comecei a me perguntar se algum dia encontrariam meus restos mortais. Comecei a pensar que talvez esse estranho fosse algum tipo de captador de clientes para bares locais.

Subimos três lances de escada e chegamos a uma porta mantida aberta por uma pilha de computadores quebrados. Luzes piscavam sob uma placa com uma cobra e um kanji indecifrável. Tive a impressão de que seria um bar bem especial.

Não é incomum que bares e restaurantes de famílias no Japão pareçam um cômodo adaptado de uma casa ou apartamento. Vindo do Reino Unido, onde licenças para bares são essenciais e a ideia de entrar na casa de alguém para tomar uma bebida soa como o começo de um episódio de *Crimewatch*, tive dificuldade em me ajustar a esse estilo de bar japonês, por mais deliciosamente característicos que fossem. Só em Tóquio acredita-se haver 29 mil bares, e não é difícil entender por quê, dadas as exigências aparentemente muito frouxas para abrir um.

O Snake Bar não era nada mais que um balcão imundo coberto de cinzeiros, quinquilharias e, inexplicavelmente, eletrônicos quebrados. Havia quatro bancos, um dos quais ocupado por um homem segurando um copo de uísque, e um pequeno sofá ao lado de uma mesinha de centro em um canto. Acima do balcão, o único dispositivo eletrônico visivelmente funcionando era uma TV que exibia *Ghost in the Shell*, embora fosse difícil enxergar por causa da densa nuvem de fumaça de cigarro emanando do barman.

Um homem carrancudo de uns cinquenta anos, usando um gorro, chamou meu novo conhecido — ou potencial assassino — com uma voz rouca.

"Natsuki, *hisashiburi!*" (Quanto tempo!)

"Master san, *hisashiburi!*" Ele gesticulou em minha direção enquanto eu tentava assimilar aquele cenário absurdo. "Este é meu amigo. Ele é da Inglaterra!" Apesar do entusiasmo na voz de Natsuki, o barman não pareceu muito impressionado e apontou para o sofá no canto.

O sofá e a mesa de centro estavam cobertos de placas-mãe de computadores quebradas. O lugar parecia um antro de acumuladores. Eu me sentia no cenário de um filme pós-apocalíptico, mas, justamente quando comecei a entrar no clima distópico, percebi que logo teria que beber alguma coisa no que talvez fosse o bar mais sujo do Japão.

Pelo menos agora eu sabia o nome do cara responsável por me trazer ali: Natsuki. Fiz uma anotação mental, para o caso de precisar usá-lo em um boletim de ocorrência mais tarde.

Dei um gole na minha cerveja morna, o que me convenceu do motivo de o bar permanecer assustadoramente vazio.

"Por que você veio para Sakata?", Natsuki me perguntou, colocando outro cigarro na boca e me oferecendo um. Eu aceitei.

Achei que, como Natsuki estava se esforçando para falar inglês, mesmo claramente não sendo fluente, eu deveria fazer o mesmo e mudar para o japonês. Supus que ele ficaria aliviado, mas ele não quis saber disso.

"Quero aprender inglês britânico. Inglês britânico é tão legal."

Depois de passar o último ano com Roy, que estava prestes a ser rebaixado ao posto de segundo maior fumante do mundo, eu tinha adquirido alguns hábitos ruins. Noites em *izakayas* regadas a cigarros e bebida tinham se tornado uma ocorrência muito regular. Felizmente, uma tragada no Marlboro Red de Natsuki foi quase suficiente para me afastar do vício para sempre. Com seus 12 miligramas de tabaco, parecia que eu levara uma pancada na garganta com um martelo. Enquanto eu lutava para manter a compostura, Natsuki fazia pouco-caso do hábito de fumar de Roy, acendendo seu quarto cigarro nos cerca de dez minutos em que nos conhecíamos.

"Eu gosto da rainha Elizabeth. Tão boa vovó da Inglaterra", comentou ele através de uma nuvem de fumaça.

Comecei a me arrepender de não ter levado minha câmera, pois essa estava se tornando uma das interações mais bizarras que eu tivera no Japão. Parecia o tipo de experiência que turistas estrangeiros esperam ter ao visitar o país, mas raramente têm, especialmente no norte, onde os estranhos eram mais propensos a fugir da minha presença do que a puxar conversa.

Natsuki era uma das poucas pessoas que conheci que pareciam uma absoluta anomalia. A pressão para se encaixar é muito forte no

Japão, e, apesar do que os documentários de viagem possam sugerir, não era comum encontrar uma personalidade tão grande e singular.

Natsuki me contou que na adolescência ele vivia tendo problemas com a polícia por faltar à escola. Começou a fumar com treze anos — sete anos antes de atingir a idade legal. Entrou na crescente cena punk rock de Sakata e, influenciado por Sex Pistols, The Damned e The Clash, tornou-se a personificação viva do punk rock. Como sua carreira como guitarrista e vocalista não deu certo, ele se mudou para Tóquio para estudar moda e beleza, retornando, por fim, a Sakata, onde conheceu sua namorada, Asami. Hoje eles administravam juntos um salão de beleza.

Nossa conversa começou a tomar um rumo mais sério, e perguntei se ele tinha conseguido se afastar de seu estilo de vida punk rock. Inspiradoramente, ele acreditava ter feito o oposto. Ele disse que, se a essência do espírito punk rock é celebrar a individualidade, o salão de beleza era o lugar onde ele ajudava as pessoas a se tornarem quem elas queriam ser.

Ouvir sobre a paixão de Natsuki por seu trabalho me fez perceber que ele tinha muito mais coisas do que o caos etílico que exibia quando nos conhecemos. Ali estava um cara que amava sua vida e se importava de verdade com o que fazia.

Fazia tempo que havíamos abandonado o "inglês britânico" e passado para o japonês. Isso aconteceu de forma tão natural que, no meio da nossa conversa, precisei me beliscar ao perceber que estávamos conversando no idioma que tanto me atormentara. As rodinhas de apoio finalmente tinham sido retiradas.

Fiz mais progresso linguístico em uma noite, conversando com meu novo e descontraído amigo, do que nos últimos três meses estudando sozinho no meu apartamento. Me senti à vontade no papo com Natsuki, assim como ele parecia estar à vontade falando comigo em inglês. Para ambos, a possibilidade de voltar ao idioma materno tirava completamente a pressão da interação.

Depois de uma hora bebendo, Natsuki se levantou de repente, foi até o balcão e empurrou uma pilha de discos rígidos quebrados, revelando dois microfones e uma tela sensível ao toque que ainda funcionava. Quem sabe o que mais poderia estar escondido naquele monte de tralha.

"Vamos cantar juntos! Música britânica! Gosta de The Clash?" Ele me entregou um dos microfones enquanto eu apagava meu cigarro horrível.

"Claro. 'Rock the Casbah' é minha favorita."

"Ah, ótima escolha!" Ele riu e digitou a música na tela.

Caixas de som escondidas pelo bar começaram a tocar uma versão terrível de caraoquê da música, abafando *Ghost in the Shell*, que ainda passava na TV.

Nunca fui fã de cantar na frente de outras pessoas, mas felizmente o cara sentado no balcão parecia morto e o barman estava grudado na TV, alheio ao nosso dueto frenético.

É preciso dar crédito a Natsuki: embora o inglês não fosse dos melhores, seu conhecimento da letra das músicas era impressionante, e ele tinha uma voz fantástica.

Meia dúzia de canções britânicas, mais duas cervejas mornas e um maço de Marlboro Red depois, percebi, para meu horror, que precisava estar no trabalho dali a seis horas. A cortina caiu sobre minha sessão de caraoquê etílica.

Natsuki insistiu em pagar a conta e em marcarmos outro encontro na semana seguinte.

"Por favor, vamos nos rever. Quero aprender inglês britânico."

No início achei que ele estivesse sendo educado apenas. Praticamente todo japonês com quem eu tinha falado havia me pedido para ensinar inglês. Era um comentário educado, muitas vezes usado para preencher silêncios constrangedores, mas que raramente levava a algo concreto. Apesar da diversão que tivemos, eu tinha quase certeza de que seria a mesma coisa com ele.

Mas Natsuki pegou meu celular, digitou seu número e me fez prometer que nos encontraríamos na quinta-feira seguinte.

"Desculpe, Natsuki. Na semana que vem vou escalar o monte Fuji." Parecia uma desculpa esfarrapada, mas eu ia mesmo.

"Eee! Cuidado. Não morra, por favor."

Aceitei seu sábio conselho e assegurei que, caso eu sobrevivesse, nos encontraríamos dali a duas semanas. Quando saímos do bar, ele gentilmente chamou um táxi para mim e se despediu com cordialidade.

Apertamos as mãos, e eu me joguei no banco de trás do táxi, me perguntando se voltaria a ver Natsuki.

Pensei que pelo menos tinha sido uma noite divertida, e eu finalmente havia colocado minhas habilidades de conversação em japonês à prova. Era como andar de bicicleta sem rodinhas: eu finalmente estava em movimento. O fato de ter feito um novo amigo no processo foi a cereja do bolo. Ainda bem que não continuei andando para casa depois de esbarrar no homem mais excêntrico do Japão.

15.

OS SÁBIOS DO MONTE FUJI

JULHO DE 2013

"O AR LIMPO DO TOPO DO MONTE FUJI: nesta lata está embalado o ar puro e natural que você só pode respirar no topo da montanha número um do Japão, o monte Fuji."

— 850 ienes (cerca de 7 dólares).

Uau! Por que me dar ao trabalho de subir 3.776 metros até o cume do monte Fuji se posso simplesmente comprar uma lata com o ar do topo?

Segurando a lata azul, com a imagem do Fuji estampada na frente, fiquei seriamente tentado. Em poucos segundos eu poderia abri-la, inalar o ar encantador e em seguida voltar para o ônibus rumo a Tóquio.

Mas, pensando bem, como garantir que a lata realmente continha o autêntico ar do cume?

Parecia absurdo imaginar uma equipe escalando quase 4 quilômetros até o topo da montanha mais alta do Japão com mochilas cheias de latas vazias apenas para "capturar" o ar.

Ainda assim, se fosse qualquer outra montanha, eu não acreditaria. Mas o monte Fuji não é uma montanha comum. Seus flancos são tão sagrados que até 1868 as mulheres eram proibidas de escalá-lo, temendo-se que distraíssem os homens de seus deveres religiosos. Símbolo do Japão, o estratovulcão, com sua forma cônica quase perfeita, inspirou incontáveis artistas, escritores e poetas e, naquele mesmo ano, foi declarado patrimônio cultural pela Unesco.

Na parada de descanso ao pé do Fuji, uma hora antes de iniciar minha escalada, nada expressava melhor a apreciação cultural do que devorar um delicioso prato de *katsu curry* com o arroz moldado na forma da montanha.

    Coloquei a lata de volta na prateleira e saí da loja de souvenires na quinta estação do monte Fuji, o principal ponto de partida. Olhei para cima, ao longo de uma encosta suave que se tornava cada vez mais íngreme, praticamente vertical, até o cume distante. O pico escuro e negro do vulcão não parecia exatamente convidativo. Ainda assim, isso não desanimava as 300 mil pessoas que faziam a escalada todos os anos.

    Eu estava prestes a encarar o maior desafio físico da minha vida e não me sentia nem um pouco preparado. A voz do Nishiyama sensei ecoava na minha cabeça:

    "Lembre-se, Chris san. Um homem sábio escala o monte Fuji uma vez. Apenas um tolo escala duas vezes."

    Eu começava a achar que um homem sábio evitaria escalar o maldito monte Fuji de qualquer forma.

    Eram cinco da tarde. Alimentado pela montanha de *katsu curry* em forma de Fuji, ajeitei a mochila e comecei a extenuante jornada de catorze horas até o céu, ida e volta. Uma viagem que nos levaria pela noite e, com sorte, nos recompensaria com um nascer do sol inesquecível.

    Eu só queria ter dormido na noite anterior.

A forma mais barata de viajar no Japão é de ônibus noturno. Custava apenas 3.500 ienes para fazer a viagem de oito horas de Sakata, na distante costa oeste, até a estação de ônibus de Shinjuku, chegando ao coração de Tóquio às seis da manhã.

    Mas isso tinha um preço. Dormir não era garantido.

    O Japão tem alguns ônibus noturnos fabulosos, com poltronas que reclinam completamente e cabines fechadas como casulos para privacidade. O meu não tinha nada disso.

Entrei no ônibus e me acomodei na minha poltrona estreita, descobrindo um pequeno apoio para os pés que surgia debaixo do banco e uma cortina que me oferecia algum grau de privacidade. Nada demais, mas também nada horrível.

O que eu não esperava era o barulho que emanava dos meus companheiros de viagem.

Os japoneses têm um superpoder que eu invejo profundamente. Em um piscar de olhos, conseguem adormecer e permanecer dormindo até exatamente 45 segundos antes de chegar ao destino. Juro para você. Observe um japonês em um avião, trem, ônibus ou até uma carroça puxada por cavalos. Eles se sentam, dormem e, como se houvesse um despertador embutido no cérebro, acordam e descem no ponto certo. Talvez não seja tanto um dom, mas um sintoma de excesso de trabalho e estresse constante. Ou talvez sejam os carboidratos pesados do arroz. É um dos grandes mistérios da vida.

Só sei que, no momento em que nos sentamos no ônibus, como se um hipnotizador tivesse estalado os dedos, todos adormeceram prontamente e começaram um coro de roncos. Passei a me odiar por não ter trazido fones de ouvido, mas não teria feito diferença. Espremido na poltrona estreita, incapaz de reclinar ou de usar o apoio para os pés, cheguei em Shinjuku depois de ter dormido três horas.

Tentei enganar meu subconsciente, fazendo-o acreditar que tinha dormido mais.

"Puxa, cérebro, que maravilhosas seis horas de sono!"

Ao que meu cérebro respondeu: "Ah, vai se ferrar!".

Meu companheiro de subida era meu bom amigo da universidade, George. Um londrino carismático, dois anos mais jovem e duas vezes mais em forma do que eu. Ele tinha completado um triatlo Ironman algumas semanas antes e estava pronto para mergulhar em seu próximo desafio físico.

Eu tinha ido buscá-lo no aeroporto de Narita e, na viagem de trem para Tóquio, ele já estava encantado com o Japão.

"Cara, temos que ficar em um hotel cápsula. Quero a verdadeira experiência japonesa", insistiu.

"Bem, o melhor seria a gente dormir decentemente em um business hotel, cara. Temos uma escalada forte pela frente."

"Eu posso dormir decentemente a qualquer hora. Vamos ficar no hotel cápsula."

Como ele era meu convidado, cedi, reservando um hotel cápsula assustadoramente barato ao sul da estação de Shinjuku.

Os hotéis cápsula são sinônimos do Japão de hoje, mas só existem desde 1979, quando o arquiteto Kisho Kurokawa projetou o Capsule Inn Osaka.

Nos anos prósperos do pós-guerra, o crescimento do Japão era imparável, e os preços dos terrenos tornaram-se absurdamente altos, levando os designers a pensar em opções com tamanho cada vez menor.

Por cerca de 2 mil ienes (cerca de 18 dólares) por noite, os hóspedes têm acesso a sua própria cápsula, geralmente com 2 metros de comprimento, 1,5 metro de largura e 1 metro de altura, permitindo movimento limitado e, muitas vezes, incluindo até uma TV. Com dormitórios que podem acomodar até cinquenta cápsulas, chuveiros compartilhados e um vestiário, os hóspedes podem desfrutar das comodidades de um hotel real por um terço do preço.

O que começou como uma hospedagem barata, no entanto, logo se tornou a salvação de homens de negócios bêbados que se hospedavam de última hora após uma longa noite de farra, em vez de ir para casa e encarar as consequências.

Para satisfazer George, reservei às pressas o primeiro hotel cápsula que encontrei na internet, mas logo percebi que tinha escolhido o que poderia ser a acomodação mais decadente de Tóquio, bem no coração do distrito da luz vermelha de Kabukicho. Um hotel cápsula exclusivo para homens. Eu soube que estávamos encrencados quando chegamos a um prédio sujo, espremido entre unidades de ar-condicionado e canos. Um letreiro verde manchado dizia "Hotel Star Capsule", e a entrada levava a um saguão com um carpete gasto que não era substituído desde os anos 1980.

Tiramos nossos sapatos e os colocamos nos armários, enquanto um homem na recepção nos entregava uma sacola contendo uma toalha de banho, uma toalha menor para usar nas áreas compartilhadas e uma escova de dentes. Pegamos um elevador lotado até o terceiro andar, onde as portas se abriram com dificuldade para revelar 24 cápsulas, empilhadas em duas fileiras ao longo do corredor, parecendo um necrotério futurista.

Algumas pessoas subiam as escadinhas para entrar nas cápsulas ou trocavam de roupa. O corredor estava estranhamente silencioso, exceto pelo som de bolsas sendo mexidas e roupas sendo dobradas.

Logo percebi o motivo: várias cápsulas estavam fechadas. Provavelmente algumas pessoas já estavam dormindo.

"Que lugar é este?", perguntou George, surpreso.

"Shiu... Tem gente dormindo." Apontei para as cápsulas fechadas.

Minha cápsula ficava na fileira de cima, e subi até ela pela escada de metal. Por dentro, tudo era arredondado e em um tom creme, exceto por um painel com uma tomada e controles de luz. Os lençóis brancos ajudavam a iluminar o interior, mas ainda assim parecia que eu estava prestes a dormir dentro de um caixão.

No entanto, era surpreendentemente confortável. Da mesma forma que aprendi a apreciar dormir no meu futon todas as noites, transformando o chão do meu apartamento em uma grande cama, senti uma satisfação parecida ao saber que não havia risco de cair da cápsula.

Será que é assim que a gente se sente quando morre?, pensei, olhando para o teto a poucos centímetros do meu rosto.

Infelizmente, à medida que a noite avançava e eu tentava dormir o tão necessário sono reparador, dois problemas ficaram evidentes. O primeiro era o ronco.

Por volta das onze horas, o ambiente foi tomado por uma sinfonia de roncos, cortesia dos muitos bêbados que tropeçaram para dentro de suas cápsulas após uma noite de farra e apagaram completamente.

O segundo problema era a falta de ventilação. O dormitório em si tinha ar-condicionado, mas, assim que deslizava a porta para me isolar, a ausência de fluxo de ar se tornava sufocante.

Enquanto me revirava na cápsula, tentando transformar meu travesseiro em um isolamento acústico improvisado, prometi a mim mesmo que nunca mais colocaria os pés em um hotel cápsula.

Dezoito horas depois, privado de sono e movido a *katsu* e adrenalina, começamos nossa subida ao monte Fuji, partindo de Fujinomiya, a quinta estação, já a 2.400 metros de altitude.

Se alguém afirma ter escalado o monte Fuji, provavelmente está se referindo à subida final de 1.600 metros até o cume, embora os alpinistas mais resistentes possam iniciar sua jornada bem ao nível do mar.

Eu não era corajoso.

E, definitivamente, não estava preparado.

Subi a montanha vestindo short ajustável, uma camiseta, e levava uma jaqueta. George vestia short e um moletom com capuz. Eu o avisei de que talvez precisasse de algo mais apropriado, mas, ainda embalado pelo sucesso recente em um Ironman, ele estava confiante de que poderia enfrentar o que quer que a Mãe Natureza jogasse contra ele.

"Vou ficar bem. Vamos subir logo esta montanha."

"Eee! Vocês devem estar com muito frio!", declarou um veterano alpinista japonês que passou por nós, envolto em um casaco de esqui e segurando um bastão de caminhada.

"Não se preocupe! Vamos ficar bem!", brinquei, plenamente consciente de que a temperatura já tinha caído de 34 graus ao nível do mar para 14. Provavelmente enfrentaríamos um choque desagradável lá em cima.

"*Ganbatte ne!* Façam o seu melhor!", ele nos incentivou, liderando um grupo de alpinistas com mochilas gigantescas.

No início da trilha, uma placa alertava contra o *bullet climbing* — subir correndo até o topo e descer rapidamente em poucas horas. Com 3.776 metros de altitude, não era incomum que alpinistas sofressem de mal de altitude e fadiga, devido à menor concentração de oxigênio nas alturas.

A maioria dos visitantes começa a caminhada no início da noite, sobe até um dos alojamentos na oitava estação, por volta de 3.400 metros, e descansa por algumas horas antes de retomar a subida às três para alcançar o cume a tempo de ver o nascer do sol deslumbrante.

George e eu não reservamos um alojamento.

Tentamos, mas estavam todos lotados.

Sem um plano definido, seguimos pela trilha, acompanhados por uma multidão de outros alpinistas. Quanto mais subíamos, mais caros ficavam os produtos das máquinas automáticas. Uma lata de café que normalmente custava 120 ienes subia para 400. Mas não tínhamos muitas opções.

Minha principal impressão era a de que a subida parecia uma atração de parque temático. Não era uma escalada fácil, mas, com banheiros, restaurantes de noodles e máquinas de venda automática espalhados pelos pontos de descanso, além da quantidade absurda de pessoas, a experiência estava longe de ser um momento de comunhão com a natureza.

"Espero que essa montanha maldita não entre em erupção hoje", comentou George enquanto nos deliciávamos com uma tigela de udon no caldo de shoyu. Eu já tinha suado tanto que a sopa salgada foi bem-vinda.

"Bom, tecnicamente é um vulcão ativo, cara. A última erupção foi em 1707."

"O quê?!" Ele quase cuspiu os noodles. "Espero que você esteja brincando."

Deus nos livre de o Fuji entrar em erupção. Calcula-se que o vulcão tenha capacidade de causar um nível de destruição não visto no Japão desde o terremoto e tsunami de 2011. Se isso acontecesse, espalhando cinzas sobre Tóquio, a maior metrópole do mundo, a apenas 100 quilômetros dali, o prejuízo econômico seria estimado em 25 bilhões de dólares.

Naquele momento, porém, minha maior preocupação era morrer de hipotermia.

O sol desapareceu, e o Fuji mergulhou na escuridão. George, sendo o maratonista maluco que é, já estava bem à frente e tinha levado nossa única lanterna. Fiquei com a luz do celular para me guiar. Minhas pernas começavam a latejar e meu peito a queimar à medida que avançava cada vez mais.

Na última etapa do monte Fuji, o piso se transforma em uma densa terra vulcânica preta, que absorve toda a luz ao redor. Olhei para trás e vi centenas de pequenas luzes bem abaixo, formando uma trilha sinuosa de alpinistas subindo em direção ao cume na escuridão, enquanto as luzes de Tóquio iluminavam o horizonte. Parei por um momento para apreciar a vista e absorver tudo aquilo.

"Vamos! Estamos quase lá!", gritou George, à frente.

Droga!

Era meia-noite quando chegamos aos alojamentos de madeira da nona estação. Espiamos pela janela com olhos invejosos: dezenas de pessoas dormiam no chão ou riam e conversavam ao redor de bules de chá quente. Observei com desejo o aquecedor a querosene, que mantinha os ocupantes bem aquecidos, enquanto estávamos do lado de fora, exaustos da subida, enfrentando ventos gelados.

Não havia sequer um banco livre do lado de fora. Todos estavam ocupados por alpinistas enrolados em cobertores e casacos, tentando dormir.

No fim, me encostei contra uma grande pedra e, por algum milagre, consegui dormir por uma hora. Até que um casal japonês, munido de uma lanterna tão potente que parecia perfurar o chão, iluminou meu rosto diretamente. Talvez achassem que eu estivesse morto.

De manhã, partimos em direção ao cume e chegamos uma hora antes do nascer do sol, apenas para depararmos com uma fila. Um gargalo havia se formado no caminho, que ficava cada vez mais estreito. Parecia mais uma espera para entrar em uma loja de lámen badalada do que a chegada ao topo da montanha mais alta do Japão.

"Cerveja! Saquê! Hora do saquê!" Um vendedor entusiasmado, segurando copinhos de saquê, tentou me empurrar uma bebida. Na teoria, para celebrar a conquista de ter chegado ao cume, eu deveria tê-lo agarrado e brindado à nossa realização. No entanto, completamente exausto após ter subido 1.300 metros alimentado apenas por *katsu*, *udon* e Pocari Sweat, a ideia de beber parecia um erro fatal.

O cume estava ainda mais lotado. Havia apenas um banheiro público em um prédio de pedra malcheiroso, com uma longa fila do lado de fora. Finalmente consegui chegar lá e entrei, descobrindo meia dúzia de alpinistas estrangeiros dormindo lado a lado, espremidos entre os canos quentes sob a pia. Eles estavam tão exaustos que os respingos d'água da pia acima não eram suficientes para despertá-los. Além disso, apesar das condições horríveis, o banheiro oferecia o único abrigo contra o frio. Não os culpei por aproveitarem o espaço.

Estávamos sentados no cume, cercados por centenas de alpinistas, e comecei a me preocupar com George. Suas pernas tinham ficado expostas durante toda a subida. O vento gelado tinha derrubado a temperatura para abaixo de zero, e ele tremia descontroladamente. O cara era resistente como aço, mas o risco de congelamento era real. George abraçou as pernas para tentar aquecê-las. Achei que deveríamos começar a nos mexer.

"Vamos ficar para o nascer do sol. Viemos até aqui", ele insistiu.

Por fim, por volta das cinco horas, o céu começou a mudar de preto para azul e depois para laranja, enquanto o sol se erguia lentamente no horizonte do Pacífico. Os alpinistas estoicos gritaram de empolgação.

"*Dekita!* Conseguimos!", uma mulher exclamou.

O espetáculo de ver os alpinistas, geralmente reservados e contidos, explodindo em gritos e lágrimas quase superou o nascer do sol.

Tínhamos conseguido.

Antes de começarmos a longa descida, espiamos a sinistra e escura cratera no cume do monte Fuji, silenciosa havia mais de trezentos anos.

Quando estávamos saindo, o animado alpinista da quinta estação nos avistou.

"*Sugoi!* Vocês estão vivos!", ele comemorou. "Da próxima vez, por favor, tragam mais roupas."

"Não vai ter próxima vez", disse George com um sorriso, já correndo em direção ao caminho que descia a montanha e levava ao calor.

Agora éramos oficialmente homens sábios.

E nunca mais precisaríamos escalar o monte Fuji outra vez.

16.

DOCTOR WHO

AGOSTO DE 2013

Com as pernas em frangalhos, mas triunfantes, George e eu nos despedimos, e eu voltei para Yamagata com o melhor souvenir possível.

A pior infecção de garganta da história da humanidade.

O que começou como um leve incômodo evoluiu para uma dor tão intensa que eu mal conseguia engolir a comida. Minhas amígdalas tinham inchado a ponto de parecerem duas maçãs, e a saliva escorria da minha boca. Se eu conseguisse dormir, apesar da dor latejante, acordava com a cabeça em uma poça de baba.

A primeira coisa que fiz quando cheguei ao trabalho foi pedir ao Nishiyama sensei que me indicasse um médico. Ele recomendou uma clínica a algumas quadras do meu apartamento, mas nenhum dos meus colegas estava disponível para me acompanhar. Eu estava sozinho, apreensivo por ter que explicar os sintomas com meu vocabulário extremamente limitado.

A Clínica de Ouvido, Nariz e Garganta Yoshiharu estava localizada em um prédio térreo, cor-de-rosa e de aparência desanimadora. Quase não havia janelas, e um elefante de desenho animado tinha sido pintado na parede em uma tentativa pouco convincente de alegrar o lugar.

Quando entrei na clínica, ansioso e torcendo para conseguir me comunicar com os funcionários, enfrentei o inevitável bombardeio de olhares. A essa altura já estava acostumado, mas preferia que não acontecesse enquanto eu babava.

Caminhei até a recepção para ser atendido sem aviso prévio, e, sem dizer uma palavra, a recepcionista me entregou uma prancheta.

Nela, havia um papel com o desenho de um corpo humano no formato de palito.

Senti um alívio imediato. Eu só precisava circular a área afetada no desenho — sem necessidade de explicações. Rabisquei círculos ao redor do pescoço do boneco com vigor e, encorajado pelas minhas habilidades artísticas, completei com uma frase simples em japonês: *Nodo ga itai* ("Minha garganta dói"). Finalmente, após quase um ano de estudo, eu conseguia escrever três palavras inteiras.

Uma pequena TV na parede transmitia um programa de culinária. Um jovem irritantemente entusiasmado exaltava uma tigela de lámen.

"Incrível! Meu Deus! É tão delicioso!", ele exclamava, enquanto seus barulhos chupando o macarrão preenchiam o ambiente.

Meia dúzia de pacientes estava esparramada na sala de espera. A maioria parecia ter pelo menos duzentos anos. Eu era o único no prédio que estava sem máscara. No Japão, é considerado um gesto de boa educação usar máscara em público quando se está doente, para não espalhar a doença.

Esse hábito era comum muito antes da pandemia. Em Tóquio, onde 3,6 milhões de passageiros passam pela estação de Shinjuku em um único dia, não era incomum ver metade deles usando máscara no inverno, como medida preventiva. Curiosamente, a geração mais jovem via as máscaras quase como acessórios, comunicando a mesma mensagem dos fones de ouvido: *Não chegue perto.* Eu ficava irritado com certos alunos que usavam máscara o tempo todo, incluindo uma das minhas melhores alunas de inglês, que se escondia atrás da máscara por pura timidez. No espaço de um ano inteiro, vi o rosto dela três vezes.

"BOOOROORDO SAN... BOOOROOOORDO SAN."

Demorei alguns segundos para perceber que *Broad san* era eu. Uma jovem enfermeira veio me chamar para ver o médico. Vestida com uma camisa branca impecável, com o rosto escondido por um gorro e máscara igualmente brancos, ela parecia iluminar a sala de espera meio escura.

No Reino Unido, quando você vai a uma clínica, entra em uma sala pequena e discute o problema atrás de portas fechadas. Normalmente uma grande mesa separa você do médico, que muitas vezes tenta tornar o ambiente um pouco mais acolhedor com fotos dos filhos ou plantas. A discussão sobre o problema é seguida por um exame rápido, o som de um teclado de computador e a entrega de uma receita alguns minutos depois. Eu esperava uma experiência semelhante no Japão. Como estava enganado!

A enfermeira me conduziu para uma sala que parecia um centro cirúrgico, onde nada menos que três enfermeiras, todas vestidas de branco resplandecente, se curvaram para me receber.

Com as enfermeiras radiantes e a iluminação brilhante, a cena parecia uma imagem do paraíso — exceto pelo médico idoso, um pouco rechonchudo, sentado em uma cadeira no centro da sala, analisando o boneco que eu tinha rabiscado. Ele parecia um pai desapontado examinando o desenho bagunçado do filho.

Sem levantar os olhos, ele me chamou para a cadeira oposta.

Eu não estava confortável com a ideia de ser examinado por quatro profissionais — por causa de uma dor de garganta. O cenário parecia mais o de uma cirurgia iminente, e por um momento imaginei as enfermeiras me segurando na cadeira.

Sem uma mesa entre nós, sentei de frente para o médico, tentando não esbarrar os joelhos nos dele. Dado o tamanho da sala, o espaço desconfortavelmente pequeno entre nós parecia cômico.

O médico, que aparentava ter cerca de sessenta anos, usava roupas cirúrgicas brancas, uma máscara e, na cabeça, preso por uma faixa de couro, um refletor tão grande que poderia iluminar uma mina de carvão.

Ele olhou para o formulário sem dizer nada. Depois de uma eternidade, finalmente quebrou o silêncio constrangedor.

"Meu inglês, muito ruim!", ele exclamou, batendo com força nos documentos e ligando o refletor, que me cegou. Eu me senti como um cervo paralisado pelos faróis de um carro.

"Abra a boca!", ele ordenou, inclinando-se para examinar melhor.

Abri a boca o máximo que pude, o que não era muito, devido ao inchaço doloroso.

O médico olhou por cinco segundos e, então recuou. Isso não me inspirou confiança.

"É? É!? Éeee! *Sugoi!*", ele exclamou.

No Reino Unido, um médico diria algo como "Deve estar doendo muito". Ver um médico reagir dessa forma foi preocupante.

"Incrível! Garganta muito grande!" Ele pegou um papel e murmurou algo para uma das enfermeiras, que saiu da sala e voltou com uma caixa de giz de cera e um lápis.

Ele começou a rabiscar com o lápis e depois pegou um giz de cera vermelho, preenchendo o desenho com entusiasmo.

Enquanto ele murmurava consigo mesmo e trabalhava em sua obra-prima, eu me preocupava cada vez mais — talvez fosse algo mais sério que uma infecção de garganta.

Quando terminou, ele soprou algumas migalhas de giz do papel e me mostrou sua criação.

"ESTA SUA GARGANTA!", ele gritou. "GARGANTA MUITO GRANDE!"

Olhando para o desenho, não dava para negar que parecia uma garganta enorme.

Examinei a figura aterrorizante em vermelho e assenti, ainda me perguntando se toda essa sessão artística era mesmo necessária.

Ele se voltou para sua equipe de enfermeiras e ordenou algumas instruções que não consegui entender. Elas assentiram em uníssono.

Sem explicar seu diagnóstico, ele fez um gesto para que eu seguisse a enfermeira mais próxima. Fui escoltado por um corredor até um pequeno cômodo estreito com uma cama e cortinas.

A enfermeira sinalizou que eu deveria arregaçar a manga, e eu obedeci. Ela saiu por um momento e, quando voltou, estava empurrando um suporte com um soro intravenoso. Meu nível de ansiedade atingiu o pico.

O que diabos estava acontecendo? Minutos antes eu tinha observado um médico desenhar como se estivesse em uma aula de arte do ensino fundamental, e agora estavam conectando um soro na parte de trás da minha mão.

A enfermeira verificou o soro, jogou um cobertor de lã grosso sobre mim, apagou as luzes e saiu, fechando a porta atrás de si. Tudo aconteceu tão rápido que nem tive tempo de questionar o que estava acontecendo. Simplesmente deixei que uma mulher me conectasse a uma bolsa de sei-lá-o-quê.

Sozinho naquele quarto escuro, longe de casa, comecei a me preocupar cada vez mais com a possibilidade de algo realmente grave estar acontecendo. Talvez naquele momento eles estivessem discutindo minhas chances de sobreviver.

Depois de vinte minutos, acabei pegando no sono sob o cobertor quentinho, mas acordei quando a porta se abriu e a enfermeira voltou. Ela retirou o soro e, sem demora, fomos novamente pelo corredor para mais uma audiência com o maior artista vivo do Japão.

Assim que me sentei, o médico me mostrou seu desenho.

"GARGANTA MUITO, MUITO GRANDE."

Concordei novamente que, de fato, era uma garganta muito grande.

Ele começou a me explicar o diagnóstico em japonês, jogando algumas palavras em inglês no meio que só serviram para me deixar mais ansioso:

"*Alguma coisa alguma coisa* infecção! *Alguma coisa alguma coisa* perigoso! *Alguma coisa alguma coisa* muita dor."

Fiquei furioso com o fracasso dos meus estudos de japonês. Apesar de todo o progresso que achava ter feito, estava completamente perdido. O que ficou ecoando na minha cabeça foram as palavras "muita dor".

Ele rabiscou uma receita e a entregou para mim, encerrando a consulta com uma batida de palmas.

"MELHORAS, BURODO SAN!", gritou, como se o problema fosse nos meus ouvidos.

No Japão, o seguro de saúde nacional é descontado do seu salário mensal e cobre 70% dos custos. Os 30% restantes são por sua conta. No total, aquilo tudo me custou cerca de 1.000 ienes. Que barganha.

As enfermeiras se despediram com um *odaijini* — a expressão japonesa para "melhoras" —, e eu saí da clínica confuso, desorientado, mas estranhamente cheio de energia. O que será que *tinham me dado*?

O soro parecia ter feito mágica. Pela primeira vez em uma semana, eu não me sentia à beira da morte. Soros intravenosos são um tratamento muito popular no Japão. Quase toda visita ao médico inclui um soro de cortesia, como receber um aromatizador grátis na lavagem do carro.

Embora eu preferisse o tipo de consulta médica a que estava acostumado no Reino Unido, o serviço de saúde japonês era, sem dúvida, eficiente. E nunca nenhum médico do Serviço Nacional de Saúde do Reino Unido tinha feito um desenho com giz de cera para mim.

17.

O URSO VICIADO EM FRANGO FRITO

AGOSTO—OUTUBRO DE 2013

Enquanto as ruas desertas de Sakata ficavam praticamente vazias durante o dia, não era difícil descobrir onde os moradores passavam todo o seu tempo livre.

Restaurantes familiares como Gasuto, Saizeriya e Cocosu frequentemente eram os points da cidade, cheios de estudantes fazendo a lição de casa depois da escola, aposentados lendo o jornal com um café ou casais em encontros desajeitados no cantinho.

No fim de semana seguinte eu estava no Gasuto, e me encaixava na última categoria. Sem perceber, estava no meu primeiro encontro com uma japonesa.

Com bebidas à vontade e comida ocidental a preços razoáveis, era fácil entender o apelo dos restaurantes familiares como o Gasuto. Você podia sentar por horas devorando batata frita e hambúrguer coberto com molho de carne. O "Cheese Hamburg" custa menos de mil ienes (cerca de 10 dólares) e é totalmente delicioso. Cutuquei o pedaço de carne e observei o queijo derretido escorrer de dentro. Meu colesterol estava prestes a sofrer.

Vale dizer que o Gasuto não era exatamente um local romântico. Em minha defesa, eu achava que estava dando uma aula particular de inglês.

No início de agosto, fui a uma festa em uma casa na cidade vizinha de Tsuruoka para dar as boas-vindas aos novos participantes do JET. Lá, conheci uma garota chamada Aika.

Enquanto a maioria das garotas japonesas que eu havia conhecido no interior era comedida, tímida e muitas vezes difícil de entender, Aika era extremamente animada, com um sorriso largo e uma personalidade calorosa e extrovertida. Ela era divertida, apesar do meu japonês terrível e do inglês rudimentar dela.

Ela me fez várias perguntas, encantada por descobrir que eu, assim como ela, morava em Sakata.

"Incrível! Você pode me ensinar inglês?", ela brincou.

"Claro. Vamos sair em Sakata!", respondi. Era uma promessa vazia, mas trocamos números de telefones, e, no fim da festa, dei um abraço de despedida nela, pensando que provavelmente nunca mais nos veríamos.

Agora estávamos aqui, vendo o queijo derretido escorrer do meu gorduroso *Cheese Hamburg*. Hora de desperdiçar meses de corridas matinais com uma mordida.

"Quando estava na escola, eu gostava de inglês. Mas sou muito ruim." Ela falava devagar, mas sua pronúncia era impressionante.

"Eu gosto de estudar japonês. Mas é muito difícil!", respondi.

No fim da refeição, eu quase não tinha falado inglês, que dirá ensinar, mas, à medida que suas perguntas foram se concentrando cada vez mais na minha vida privada, minhas impressionantes habilidades de detetive deduziram que, na verdade, estávamos em um encontro.

Seguimos nosso encontro nada romântico no Gasuto com um jantar alguns dias depois, terminando nossa noite com um beijo na frente do meu apartamento.

"Hoje foi muito divertido! Obrigada", Aika disse enquanto pulava em seu Nissan rosa e seguia noite adentro.

Era apenas o nosso segundo encontro, então senti que ainda estávamos decidindo o que pensar um do outro. Aika parecia descontraída e divertida, com uma abertura que eu não tinha visto em muitas japonesas. Passamos quase seis horas em dois *izakayas*, comendo de tudo, conversando sobre idiomas e a vida em uma escola japonesa e comida britânica.

"A TV japonesa sempre diz que a comida inglesa é muito ruim!", Aika insistiu.

Fingi irritação.

"Mentira!", retruquei. "Comida britânica é muito melhor. Nós temos tortas."

Quem saberia aonde as coisas iriam dar? Mas eu não estava com pressa para descobrir se isso poderia ser sério ou não.

No entanto, menos de uma hora depois, Aika me deu um ultimato. Enquanto eu me acomodava na cama, meu celular vibrou com uma mensagem escrita em inglês direto.

"Hoje foi muito divertido! Obrigada! Nós somos amantes? Bj"

Que rápida.

Eu não sabia bem como responder. No Reino Unido, se alguém te mandasse isso depois de um segundo encontro, você provavelmente correria para longe. Eu não sabia se era fofo ou desesperado.

Aconteceu que não era nenhum dos dois. Roy tinha mencionado que os casais no Japão tendem a formalizar a situação logo no início, para tirar o problema do caminho. Não tinha o tradicional "é complicado" na situação.

Eu não queria jogar fora essa conexão, a primeira que fizera com uma pessoa do sexo oposto.

"Claro! Vamos nos encontrar novamente essa semana!"

Recebi uma enxurrada de estranhos adesivos de corações japoneses em resposta. Estávamos avançando.

Eu tinha feito um novo amigo japonês e encontrado uma namorada no espaço de quinze dias, e a única coisa que me faltava agora, para completar o conjunto, era um professor de japonês e mentor. Felizmente, a última peça do quebra-cabeça se encaixou uma semana antes do fim das férias de verão.

Sakata realizava um evento anual chamado "Dia da Cultura" no

Centro Internacional, no centro da cidade. Residentes estrangeiros montavam estandes para exibir e celebrar a comida e a cultura de seus países.

Enquanto a cidade tinha uma população considerável de residentes chineses, coreanos e filipinos, eu era praticamente o único britânico ali e tinha sido convidado para participar. Inicialmente fiquei relutante, até descobrir que haveria comida grátis. E não demorou muito para que, ao chegar, eu já tivesse percorrido as várias barracas de comida, roubando pratos de *kimchi* e *gyoza*. Foi uma excelente demonstração de ganância britânica. Uma grande contribuição cultural.

Enquanto eu devorava um monte de yakisoba, um rosto familiar apareceu pela multidão. A Naoko sensei veio correndo em minha direção com uma blusa roxa vibrante.

"Chris sensei, *hisashiburi!* Como vão as coisas?"

Houve uma pausa constrangedora enquanto eu tentava engolir um monte de macarrão gorduroso.

"Aproveitando a comida, como sempre, Chris sensei!"

Indelicada. Mas era verdade, justiça seja feita.

Não nos víamos desde abril, já que a reordenação anual dos professores a tinha mandado para a remota cidade termal de Atsumi. Aquilo era o equivalente educacional ao Triângulo das Bermudas e os professores enviados para essa cidade geralmente nunca mais eram vistos, então sua aparição foi uma agradável surpresa.

Eu sentia falta de dar aulas com a Naoko sensei. Ela tinha uma atitude positiva e uma verdadeira paixão pelo ensino de línguas — algo raro no departamento de inglês.

"Na verdade, Chris sensei, eu queria mesmo encontrá-lo. Como vão seus estudos de japonês?", ela perguntou.

"*Ma-ma*", brinquei. Essa é uma expressão comum em japonês que significa nem ruim nem bom.

Ela sorriu, mas depois seu tom ficou mais sério.

"Estava me perguntando: você gostaria de participar do concurso local de discursos em japonês?"

"Haha... desculpe, Naoko sensei. Acho que não é uma boa ideia. Não estou pronto." Eu ri, descartando a ideia e enfiando mais uma porção de macarrão na boca.

"Não, não, não, Chris sensei! Você consegue." Não soou como um elogio encorajador, e sim como um pedido desesperado. Descobri que ela estava me recrutando para o concurso.

"Estou ajudando a organizar o concurso de discursos este ano e adoraríamos que você participasse."

"Quando é o concurso, Naoko sensei? Se for no ano que vem, quem sabe eu possa participar."

"Bem, na verdade é em novembro."

Ri alto e descartei a ideia. Três meses não seriam tempo suficiente para aprimorar minhas habilidades. Eu mal conseguia manter uma conversa básica por alguns minutos, quanto mais ficar em frente a uma plateia fazendo um discurso de quinze minutos em japonês sem colar.

Mas Naoko insistiu e apontou para um anúncio na parede do Centro Internacional promovendo aulas gratuitas de japonês.

"Eu conheço os professores. Podemos arranjar alguém para te ajudar nos estudos!"

Pensei no meu progresso medíocre. Eu podia ler alguns centenas de kanjis e conhecia mais de 2 mil palavras, mas minhas habilidades de escuta e fala ainda eram péssimas. Então me dei conta de que essa era uma oportunidade de ouro para intensificar meus esforços no início do meu segundo ano no Japão.

"Se conseguirmos um professor, Naoko sensei, eu participo."

Ela me arrastou para isso.

"Não se preocupe, Chris sensei, eu consigo um professor para você."

Uma semana depois eu estava de volta ao Centro Internacional, sentado em uma mesa com estudantes fazendo suas lições de casa em silêncio. Um homem idoso entrou carregando um punhado de livros didáticos.

Eu o reconheci imediatamente, e não apenas porque ele se parecia muito com o ator David Carradine, mais conhecido por interpretar o personagem principal em *Kill Bill*. Eu já tinha visto esse homem algumas vezes na minha aula de *eikaiwa* nas noites de segunda-feira, sentado no fundo e não voltando depois dessas duas aulas. Provavelmente porque ele não conseguia dizer uma palavra, enquanto Noriko e seu grupo dominavam o palco.

"Olá, Chris san. Eu sou Fumio Itou", ele disse, estendendo a mão.

"Boa noite, Itou sensei." Levantei e apertei sua mão. "Acho que já nos conhecemos! Você veio para a minha aula de inglês uma vez."

"Ah, sim! Bom te ver de novo." Ele definitivamente não se lembrava. Itou sensei estava na casa dos setenta anos, mas era bem afiado e tinha um conhecimento impressionante de inglês, apesar de nunca ter morado no exterior e de não ter razão específica para aprender a língua.

"Você deu aulas de inglês?", perguntei, supondo que sua excelente pronúncia, melhor do que a de muitos dos professores com quem eu trabalhava na escola, deveria ser o resultado de anos de experiência na área.

"Na verdade eu era condutor de trem!" Ele riu ao ver a minha surpresa. "Sempre gostei de inglês desde que fiz uma viagem à Europa quando tinha vinte e poucos anos."

Quando jovem, Itou tinha economizado para casar com a garota dos seus sonhos. Com 27 anos, ele a pediu em casamento, mas os pais dela acharam que ele não era bom o suficiente. Com o coração partido e rejeitado, ele pegou o dinheiro do casamento que tinha economizado e fez uma viagem de seis meses pela Europa, o que o inspirou a aprender inglês.

"Viajar pela Europa foi divertido. Mas muito difícil só com

japonês. Então, quando voltei, comecei a estudar inglês com um dicionário." Ele riu.

"Meu deus. Você literalmente leu um dicionário?" A ideia parecia um verdadeiro inferno.

"Sim, foi muito difícil." Ele ficou sério por um momento. "Acho que cheguei até a letra G."

A partir daí, toda quarta-feira, independentemente do tempo, Itou sensei e eu nos encontrávamos no Centro Internacional do centro da cidade para que eu pudesse praticar japonês, felizmente sem usar um dicionário sequer.

O objetivo era que eu avançasse nos livros da série *Genki* e falasse apenas em japonês durante os noventa minutos. Inevitavelmente, mais vezes do que gostaria, nossas sessões de tutoria descambavam para os dois falando em inglês, e conversávamos sobre as aventuras de Itou pela Europa ou sobre sua vida trabalhando como condutor de trem na linha costeira do oeste do Japão.

Minha agenda semanal estava começando a ficar cheia, com as aulas de *eikaiwa* e meu novo curso de japonês. Mas foi a quinta-feira que rapidamente se tornou minha noite favorita da semana.

O excêntrico roqueiro punk com quem eu tinha esbarrado na rua se tornou meu melhor amigo em Sakata.

Por volta das seis e meia da tarde, Natsuki e eu nos encontrávamos no centro da cidade em um restaurante de *yakitori* chamado Kichi Kichi (literalmente, Sortudo Sortudo). Era uma loja simples com vista para a prefeitura, e quando você entra, é recebido pelo cheiro celestial de uma dúzia de espetinhos de frango suculentos, cozinhando lentamente sobre a churrasqueira.

"Yaki" significa "grelhado" e "tori" significa "frango". De peito e coxa de frango até cortes menos atraentes como moela e rabo, o *yakitori* aproveita cada parte do frango. Nada se perde. Até a cartilagem era empanada e transformada em pedaços do tamanho de pipoca chamados *nankotsu*.

Enquanto o marido comandava a cozinha e preparava os espetinhos, a esposa corria incansavelmente pela loja, anotando pedidos e servindo comida e bebidas. Depois de um longo dia dando aulas, poucas coisas me animavam mais do que a primeira bandeja de espetinhos, em geral não menos que seis, uma mistura de peito e traseiro de frango. A beleza da churrasqueira de carvão era que a carne era cozida lentamente, deixando-a macia e suculenta. A única decisão que você precisa fazer é o sabor: ou mergulhado em molho tarê doce ou temperado com *shio* (sal). Natsuki e eu sempre escolhíamos o salgado para realçar o sabor de cada corte. Começávamos tudo com um alegre *Kanpai!*, batendo nossos copos gelados, cheios até a borda com o néctar dourado do Suntory Premium Malts.

"Meu Deus. Discurso de quinze minutos em japonês. Ideia muito louca!", Natsuki soltou quando revelei que tinha me inscrito no concurso de discursos.

"Eu tenho um mês, amigo. Por favor, me ajude", implorei, mastigando o último pedaço de coxa de frango do espetinho.

A repentina ausência da mentalidade "ah, dane-se, vai lá e faz" de Natsuki me preocupou. Não era comum ele fugir. Ele acendeu um cigarro e balançou a cabeça.

"Hum, acho que pode ser muito difícil!"

A amplitude da tarefa à minha frente era cômica, e parecia ainda mais agora.

Eu tinha um mês para escrever um discurso em inglês, traduzi-lo para o japonês e aprender o roteiro de cor. Ah, e depois proferi-lo em menos de quinze minutos, diante de três juízes e uma plateia de 150 pessoas.

Por que diabos eu tinha topado?

O primeiro passo foi escolher um tema sobre o qual eu pudesse falar com o coração.

Minha incontrolável dependência de frango frito do Family Mart parecia um bom ponto de partida.

Durante o fim de semana, escrevi um discurso sobre minhas dificuldades para aprender japonês no contexto do choque cultural e meu ganho de peso decepcionante. Pintei uma imagem de mim mesmo hibernando dentro de casa durante o inverno, estudando sem descanso e mastigando frango barato de loja de conveniência.

No final, eu tinha escrito um discurso de 1.500 palavras e dado a ele o título ridículo de "O urso viciado em frango do Family Mart".

Demorei uma semana para traduzi-lo para um japonês rudimentar, que foi revisado e melhorado por uma equipe de especialistas, incluindo Roy, Nishiyama e Itou sensei.

O irritante foi que cada um deles levou o discurso para uma direção diferente.

Como se a língua japonesa já não fosse um pesadelo, para piorar as coisas, existe o *keigo* — um sistema de fala honorífica.

No Japão, a pessoa com quem você está falando determina como você fala, e isso explica por que, na maioria das interações iniciais, a conversa raramente foge de um padrão fixo formal. É raro conversar com um japonês e não surgirem as mesmas três perguntas.

"De onde você é?"

"Quantos anos você tem?"

"O que você faz?"

No Japão, entender sua posição dentro de uma hierarquia em relação à pessoa com quem você está falando é de extrema importância.

É por isso que essas perguntas são feitas de imediato — para estabelecer como continuar a conversa.

No Ocidente, parece que damos importância às coisas erradas. Poder. Riqueza. Status de celebridade. No Japão, a idade é frequentemente o fator determinante.

Senpai significa "mais velho", ou o mais sênior do grupo. Um *senpai* exige respeito simplesmente por ser mais velho, de acordo com a forma tradicional estabelecida pelo filósofo chinês Confúcio há 2 mil anos. Um *kouhai*, ou júnior, deve falar com seu *senpai* usando *keigo*.

Lembro-me de estar conversando casualmente em uma festa com um japonês na casa dos vinte anos e, no momento em que ele descobriu que era mais velho que eu, começou a agir e falar de maneira diferente. O tom dele mudou e ele começou a me dar conselhos, como se fosse um mentor. Ele passou de brincalhão para tentar me orientar.

No começo isso me parecia estranho, mas logo comecei a respeitar essa forma de agir. Era adorável ver pessoas em posições de poder agindo com humildade na presença dos mais velhos. Parecia que a sociedade como um todo era muito mais respeitosa por causa disso.

Em relação ao *keigo*, existe uma regra de ouro simples: quanto mais longa a frase, mais educada ela é. Por exemplo: ao falar com um amigo, você pode dizer:

"Está quente hoje, né?"

"*Kyou wa atsui **desu** ne.*"

A variante em *keigo* que você provavelmente ouviria de um atendente falando educadamente com um cliente seria:

*Kyou wa atsui **de gozaimasu** ne.*

É a mesma frase. Mas o *desu*, que significa "é", foi alongado para sua forma educada.

Os próprios japoneses admitem ter dificuldade para acompanhar tudo isso ou saber sempre qual forma de fala usar e quando. Isso ficou evidente quando Roy, Nishiyama e Itou analisaram meu discurso: cada um fez algo diferente, um transformando em japonês cotidiano e outro convertendo para *keigo*. Estávamos pensando no público ou nos juízes? Ou deveria ser como se eu estivesse conversando com um amigo?

Acabamos escolhendo a última opção. Dado o tom informal e brincalhão do discurso, fazia sentido eu falar de forma casual. Quero dizer, era essencialmente um discurso de quinze minutos sobre frango frito.

Passei mais uma semana aprendendo a ler o discurso, incluindo algum vocabulário novo e gramática que eu nunca tinha entendido, e então me dei conta de que faltava uma semana para o grande dia. Foi quando percebi o quanto estava ferrado.

Naquela noite de quinta-feira, Itou sensei e eu estávamos sentados no canto de uma sala de aula, ao fundo, fugindo do vento cortante do inverno. Fiquei em pé para apresentar meu discurso para ele pela primeira vez, mas, em vez de tê-lo decorado, estava praticamente lendo direto da página.

"Sua pronúncia está bem boa, Chris san", comentou Itou sensei, encorajador. "Só precisa se concentrar em memorizar o texto. Já ouviu falar do método da Sala Romana?"

"Não, acho que nunca ouvi", respondi, deixando o discurso na mesa e caindo na cadeira, desanimado.

"Quando estava aprendendo inglês, tentei muitos métodos de memorização até perceber que ler um dicionário era perda de tempo. Descobri que o método da Sala Romana funcionava bem. Você imagina que está dentro de uma sala ou edifício que conhece bem, e em cada sala coloca um objeto. Usar sua memória visual pode ser muito eficaz."

Parecia interessante, embora mais um truque de festa para memorizar uma lista de objetos e repeti-los. Um ano antes, porém, eu tinha dado risada da ideia de usar associação de palavras e, como que por mágica, tinha conseguido decorar 120 nomes em apenas dois dias.

"Vai ser um milagre eu memorizar isso", respondi, balançando o papel em que o discurso estava escrito. "Mas vou tentar. Obrigado, Itou sensei."

Surpreendentemente, logo percebi que a Sala Romana era um método assustadoramente eficaz. Muito mais poderoso do que qualquer coisa que eu tivesse tentado antes.

Usando a parte do meu cérebro responsável pela percepção espacial, imaginei que estava andando pelo corredor da escola, olhando para as salas, com um item desencadeador dentro de cada uma. Podia ser uma pessoa, um lugar ou um objeto. Associei cada sala com a primeira frase de cada parágrafo do discurso, que dividi em quinze partes.

Um parágrafo continha uma piada sobre meu sonho de ter uma fábrica de chocolate, e eu me referia a mim mesmo como um urso em hibernação. Para esse parágrafo, imaginei o Urso Paddington, com seu chapéu vermelho, jogando pedaços de frango do Family Mart na lousa da sala de aula. Quanto mais vívida e ridícula a imagem, mais fácil era de lembrar.

Percebi que, depois de imaginar o corredor na minha mente e percorrer cada sala uma ou duas vezes, em questão de minutos eu conseguia lembrar o que tinha em cada uma delas. Eu podia andar pelo corredor da minha memória, olhar para a sala e ser lembrado de cada parágrafo.

Foi um momento de "iluminação" real. Mais uma vez, graças a uma técnica simples de memorização, o que antes parecia impossível passou a parecer possível.

A única questão era: com uma semana para o grande dia, será que eu tinha deixado tudo para a última hora?

O dia do discurso chegou, e 150 moradores da região, entre eles vários dos meus alunos e colegas de Sakata Senior High, apareceram para o concurso, que estava sendo realizado em um auditório grande e moderno na universidade local.

Enquanto estava sentado perto da frente da sala, ansioso e com o coração disparado, o pânico me dominou. Eu estava prestes a massacrar a língua japonesa diante de 150 nativos, alguns dos quais eram colegas e amigos que eu respeitava.

Itou sensei, Nishiyama e Aika estavam espalhados pela sala. Natsuki não podia sair do salão, mas tinha enviado uma mensagem encorajadora naquela manhã: "Boa sorte, porra!".

Aika estava segurando minha câmera, capturando o espetáculo, e Itou sensei estava sentado ao meu lado, na frente da multidão.

Seria preciso um milagre para aquilo dar certo. Até agora, a técnica da Sala Romana tinha funcionado, mas eu só tinha conseguido lembrar do discurso inteiro uma vez, quando praticara com Itou sensei no dia anterior.

Havia oito palestrantes estrangeiros, todos moradores de Sakata e de uma variedade de países, incluindo Reino Unido, Estados Unidos, Coreia do Sul e China. Sendo o penúltimo palestrante, fiquei mais de uma hora me mexendo na cadeira. Meu coração parecia que ia explodir.

Itou sensei deve ter percebido que eu estava nervoso e me deu um tapinha no ombro me incentivando. "Você vai se sair bem", disse ele. "Confie em mim."

Não era apenas o medo de esquecer o discurso e massacrar o idioma japonês que me deixava ansioso. Eu tinha começado a me perguntar se o conteúdo do meu discurso era realmente apropriado. A palestrante anterior, uma mulher sul-coreana de meia-idade que criara uma família aqui no Japão rural, fez um discurso poderoso e comovente sobre seu senso de identidade conflituoso na condição de coreana vivendo no Japão.

O meu discurso era literalmente sobre o meu lanche favorito.

Como eu poderia dar conta?

"*Broad san! Douzo.*" Um dos três juízes — um grupo de três homens idosos, dois diretores de escolas e um governador — me chamou para o palco. Achei eles intimidadores, o que só aumentava o horror da situação.

Fiquei em pé diante do púlpito e coloquei meu discurso à minha frente, para o caso de travar completamente, e então ergui os olhos e vi 150 rostos me observando atentamente, uma mistura de sorrisos e curiosidade. Aika direcionou a câmera para mim, Nishiyama fez um sinal de positivo e Itou sensei assentiu.

Meu nome foi anunciado e o título do meu discurso gerou uma onda de risadinhas abafadas na sala. Foi um começo encorajador.

Sempre achei paralisante a experiência de falar em público; a ideia de ter dezenas de olhos sobre mim me causava arrepios. Isso soa ridículo considerando meu trabalho como youtuber, mas há uma grande diferença entre estar em uma sala e engajar uma audiência ao vivo e produzir um vídeo sozinho no meu apartamento.

Tornar-me professor e dar aulas para turmas de quarenta alunos ao longo do ano ajudou, mas isso era outro nível. Fiz uma reverência, disse *Yoroshiku onegaishimasu* e comecei.

Nos últimos quinze meses, sinto que estive em uma longa jornada. É uma sensação estranha porque estive vivendo e trabalhando aqui em Yamagata o tempo todo.

Pauso brevemente para olhar ao redor da sala.

Mas não foi uma jornada física. Foi uma jornada mental. Quando me mudei para o Japão, em agosto de 2012, sabia que seria um desafio. Era minha primeira vez morando e trabalhando no exterior. Mais importante ainda, era minha primeira vez vivendo em um ambiente onde eu não conseguia entender o idioma.

A experiência me levou a sentir muitas emoções. Excitação, surpresa, medo e frustração, muitas vezes diariamente. Minha personalidade mudou. Mas, sem dúvida, foi o melhor ano da minha vida.

Meus olhos percorreram a sala, e fiquei aliviado ao ver acenos reconfortantes da audiência.

Foi no trabalho a primeira vez que achei que as coisas seriam difíceis. Trabalho em uma escola grande. Há mais de mil alunos e mais de cem professores. Tivemos uma reunião escolar e todos foram para o ginásio. Enquanto eu tentava ouvir durante a reunião, percebi que, das mil pessoas na sala, eu era o único que não entendia o que estava acontecendo. Foi uma sensação assustadora.

Fiz outra pausa breve, fingindo que estava falando tudo espontaneamente e do coração.

E então, antes de continuar, minha mente pulou uma parte.

Merda, qual era o próximo parágrafo?

Entrei em pânico. E a memória fugiu ainda mais da minha mente.

Ah, não.

Nesse ponto, já era tarde demais. Eu estava perdido.

A sala parecia ter ficado muito silenciosa. Olhei para o teto, desesperadamente tentando lembrar. Minha mente tentava se agarrar a qualquer coisa.

Mas já era tarde. A memória havia falhado. Eu estava acabado.

Olhei para baixo, para o discurso no púlpito, e, desconfortável, li o restante do discurso, me desqualificando instantaneamente e drenando minha apresentação de qualquer emoção real.

Recebi algumas risadas e uma salva de palmas no final, mas, no fim das contas, eu tinha falhado.

"Você foi bem!", Itou sensei me assegurou. "Todo mundo pareceu gostar."

Mas eu não conseguia afastar a sensação de falha. Senti que tinha decepcionado todo mundo.

"Você se saiu bem, Chris sensei", comentou Nishiyama, após o evento. "Para um ano de estudo de japonês, foi um grande progresso. Eu particularmente gostei da história sobre você ser um urso."

Olhando para trás, fui tolo em tentar o concurso de discursos tão cedo. Eu ainda estava decorando vocabulário básico de japonês na véspera.

Mas dessa falha surgiu uma determinação. Determinação para participar novamente no ano seguinte, com um discurso melhor e maior confiança nas minhas habilidades de falar japonês. Memorizei tudo muito antes, usando o método da Sala Romana.

Doze meses depois, encarei dez concorrentes armados com um novo discurso, "A vida no interior do Japão me transformou". O discurso se concentrou no fato de que viver no campo me ajudara a valorizar estar no momento e o ritmo lento da vida que vem de viver no Japão rural.

Para minha alegria, consegui não apenas recordar o discurso de quinze minutos inteiro como venci o concurso, algo que parecia impensável um ano antes. Em retrospectiva, se eu não tivesse tentado e falhado de maneira tão espetacular na primeira tentativa, minha vitória bem-sucedida um ano depois não teria sido possível. Isso me ensinou a valorizar o fracasso em cada passo do caminho.

O melhor de tudo, eu compartilhei a vitória com Itou sensei, que continuou a me orientar ao longo de todo o ano. No fim da competição, compartilhamos um abraço emocionado e eu sabia que ele estava orgulhoso. Isso significou mais do que qualquer coisa.

18.

O PIOR COMEÇO POSSÍVEL

SETEMBRO DE 2013

Era o primeiro dia do meu segundo ano na Sakata Senior High. Como membro do programa JET, o ano escolar começava em setembro — para se alinhar com o resto do mundo — enquanto, para os estudantes no Japão, o ano acadêmico começava em abril. Com as férias de verão terminadas, eu estava ansioso para voltar à sala de aula e mostrar minhas habilidades em japonês, que tinham avançado rapidamente. Ainda estava eufórico com minha bem-sucedida subida ao monte Fuji, e o todo-poderoso *Kouchou sensei* (diretor da escola) tinha aumentado minha euforia quando me entregou meu contrato para o próximo ano de emprego na semana anterior.

"Precisamos da sua ajuda novamente", declarou ele dramaticamente, estendendo o contrato para mim com os dois braços.

Ele fez isso com tanta cerimônia que parecia estar me entregando uma espada lendária e me incumbindo de derrotar uma criatura mítica em seu nome. Na realidade, isso significava mais um ano de trabalho, em uma sala de aula, cinco dias por semana, ensinando os alunos a pronunciar corretamente "penguin".

Recebi o contrato com uma profunda reverência. O comportamento alegre de Kouchou sensei logo seria uma lembrança distante, pois este era seu último ano antes da aposentadoria. Eu não conseguia imaginar a escola sem sua voz retumbante.

Estacionei meu Toyota Starlet novinho em folha, com vinte anos de uso, que Roy gentilmente me dera antes de sua partida, subi os vidros e saí para mais uma manhã escaldante de setembro. Demoraria um pouco até o clima esfriar, e eu esperava ansiosamente por isso, como uma criança esperando o Natal.

Cheguei mais cedo do que o habitual, às sete e meia, esperando dar um bom exemplo no primeiro dia do semestre de outono. Percebi que os funcionários japoneses sempre me elogiavam quando chegava cedo ou ficava até tarde em minha mesa. Trabalhar além do horário era a chave para conquistar pontos extras, mesmo que você não estivesse fazendo nada de útil. Estar presente era muito mais valorizado do que ser produtivo.

Enquanto trocava de sapatos e subia as escadas em direção à sala dos professores, um professor passou correndo por mim.

"*Ohayo gozaimasu!*", cumprimentei-o.

Ele continuou correndo, me ignorando de forma descarada, desaparecendo pelas escadas e indo para o pátio da escola.

Ótimo. Meu primeiro dia de volta e já estou sendo ignorado.

Continuei pelo corredor recém-encerado até a sala dos professores, me perguntando se este ano seria diferente do anterior. Não estava sendo o melhor começo.

Ao virar a esquina em direção à sala dos professores, as portas deslizantes de madeira se abriram, revelando Kouchou sensei, que saiu correndo com seu assistente. Ele estava suando profusamente, mesmo para um dia tão quente como aquele, e passou correndo por mim, mal me reconhecendo antes de desaparecer escada abaixo.

O clima na sala parecia tenso assim que entrei. Meia dúzia de professores estava aglomerada em um canto, murmurando coisas que eu mal conseguia ouvir em japonês. Uma das professoras tinha a mão sobre a boca. Percebi que algo estava acontecendo.

Quando cheguei à minha mesa, fiquei aliviado ao encontrar Nishiyama sensei, que me fez um aceno solene.

"Tudo bem, Nishiyama sensei? Parece que algo está errado hoje."

"Bom dia, Chris sensei. Receio que não esteja tudo bem", ele respondeu em um inglês lento e meticuloso, com um tom meio sinistro.

"Há alguns minutos, um estudante do primeiro ano se jogou de uma janela do quarto andar."

Fiquei completamente em choque. Não sei o que imaginei que estava acontecendo, mas certamente não era isso.

"Meu Deus. Como ele está?", perguntei, esperando o pior.

"Neste momento não tenho certeza, mas ele parece estar consciente." Com isso, Nishiyama se desculpou e saiu correndo para informar um colega que estava chegando.

No meio da confusão da manhã, me senti impotente. Observei enquanto novos professores entravam na sala, com expressões de choque ao descobrir que um estudante tinha tentado o suicídio no primeiro dia do semestre. Durante a reunião matinal dos professores, um Kouchou sensei ofegante ficou diante dos 120 professores e funcionários e declarou que o estudante estava, felizmente, estável, embora tivesse quebrado quase todos os ossos do corpo, incluindo ambos os braços e pernas. Dado que o estudante tinha caído de uma altura de cerca de 12 metros, o fato de ter sobrevivido foi nada menos que um milagre.

O incidente gerou um grande impacto. Todos os eventos escolares importantes foram cancelados imediatamente, incluindo a tão esperada feira anual da escola. Enquanto muitos dos estudantes pareciam alheios ao incidente, as ondas de choque que percorriam a sala dos professores eram palpáveis, mesmo semanas depois. Muitos funcionários pareciam constantemente angustiados enquanto todos começávamos a nos perguntar por que um estudante de dezesseis anos tinha tentado tirar a própria vida e se poderíamos ter feito algo para evitar isso. Começaram a circular rumores de que o garoto tinha sido vítima de bullying.

Ijime é um problema que, infelizmente, está enraizado nas escolas japonesas.

Um estudo de 2013 do Tokyo Metropolitan School of Personnel in Service Training Centre revelou que 66,2% das 9 mil crianças entrevistadas tinham sido vítimas de bullying. Quase metade dos que responderam — 46,9% — afirmou que tinha sofrido bullying e também praticado. Esses números são extremamente preocupantes, mas infelizmente não são difíceis de acreditar.

Testemunhei pessoalmente o nível de medo que os estudantes sentiam ao levantar a mão para responder a uma pergunta. Cada atitude na sala de aula corria o risco de ser ridicularizada pelos colegas por estar errada ou, pior, resultar em ser visto como um nerd que sabe tudo.

Embora isso pareça comum em qualquer escola ao redor do mundo, a pressão para evitar se destacar e ser rejeitado é muito maior na sociedade japonesa.

O provérbio japonês que você mais ouvirá é *Deru kui wa utareru* — prego que se destaca é martelado. Nenhum provérbio resume melhor a adesão do Japão à conformidade de grupo e ao coletivismo.

Ser excluído e evitado é impensável em uma cultura que prioriza as necessidades do grupo sobre as do indivíduo. Com a tradição tão enraizada na vida cotidiana, desviar do que é considerado normal é quase sempre desaprovado. Pode ser difícil compreender, especialmente em um país tão frequentemente elogiado como futurista e excêntrico, mas a realidade é que o *status quo* é o que comanda. O pior de tudo é que os colegas de classe muitas vezes são mais propensos a se juntar ao bullying para não ir contra a corrente. Seja qual for o caminho que o grupo seguir, todos devem acompanhar ou sofrer as consequências.

Em japonês, a palavra *haafu* (literalmente, "metade") é usada para descrever indivíduos com pai japonês e mãe estrangeira, e, embora não seja intencionalmente pejorativa, ser rotulado como *haafu* é mais uma forma de se sentir excluído do grupo. Fiquei chateado por saber que duas das minhas melhores alunas de inglês, uma garota mestiça chinesa (metade japonesa) e uma garota mestiça filipina (também metade japonesa), estavam ativamente suprimindo suas habilidades para não se tornarem alvos.

Em nossas interações fora da sala de aula ou nas sessões de tutoria privada, eu ficava maravilhado com a fluência delas. Mas na sala de aula elas escondiam suas habilidades e mantinham a cabeça baixa. Era de partir o coração vê-las conter seu potencial para continuar fazendo parte da dinâmica do grupo, e isso era algo que eu via repetidamente. Pelo que observei, não era a etnia delas, mas suas habilidades, a causa do possível bullying.

O bullying se manifestava de várias maneiras. No extremo mais cruel estavam os atos de violência, mas muitas vezes as táticas mais duras e impactantes eram aquelas que deixavam os estudantes se sentindo completamente isolados. Um relatório do MEXT (Ministério da Educação) de 2014 descobriu que 19,1% das vítimas relataram ser alvo de bullying por serem ignoradas ou excluídas pelo grupo de colegas. É difícil imaginar os efeitos prejudiciais de passar por isso cinco dias por semana, durante anos a fio.

As escolas japonesas enfrentaram uma pressão maior para lidar com o bullying depois que um incidente recebeu atenção nacional em 2011. Um estudante de treze anos da província de Shiga saltou para a morte após ser vítima de bullying intenso. Entrevistas com seus colegas de classe descobriram que o professor da turma estava ciente do bullying em andamento e chegara a testemunhar e a rir dos episódios. O incidente colocou em evidência a atitude alarmantemente indiferente dos professores japoneses em relação ao tema.

Presenciei inúmeras vezes um estudante sendo ridicularizado por colegas enquanto os professores ficavam ali sem intervir. Me perguntei, com um sentimento de culpa, se o estudante era de uma das minhas turmas.

Algumas semanas depois eu soube, pelo Nishiyama sensei, que o recém-matriculado estudante do primeiro ano tinha, de fato, se tornado alvo de bullying, com colegas constantemente assediando e roubando dele. Quando ninguém interveio, ele perdeu a esperança e tomou o que acreditava ser o único caminho para sair dessa situação. Os agressores responsáveis foram suspensos por várias semanas, e, após um período de licença, a vítima voltou à escola alguns meses depois, completamente recuperada. Felizmente ele parecia prosperar nos meses seguintes.

Não há dúvida de que os professores da Sakata Senior High levaram a questão do *ijime* mais a sério após o incidente, mas foi uma tragédia as coisas terem que piorar antes de chegar a esse ponto.

Naquele ano, devido à indignação pública com o estudante que se suicidara em Shiga, o governo japonês implementou a Lei de Prevenção de *Ijime*, exigindo que as escolas adotassem medidas para prevenir o bullying.

Infelizmente, parece que a lei não funcionou. Em 2022, 612 mil casos de bullying foram registrados no Japão. Um recorde histórico.

19.

UMA CARTA DO CORONEL

DEZEMBRO DE 2014

"Faça-me um favor e cale a porra da boca, pelo amor de Deus."
"Desculpa, Itou sensei..."
Era raro ouvir um japonês xingar em japonês, quanto mais em inglês. Isso soava errado.
"Desculpa, Itou sensei. É *sake*. Não *saké*."
"Ah, *sake*! Entendi!"
Itou sensei estava segurando um livro de japonês-inglês chamado *How to Use Fuck*. Provavelmente o livro mais ridículo que eu já comprei.
Ninguém estava mais ansioso para aprender do que Natsuki, que usava palavrões praticamente em todas as frases.
"Uau! Eu gosto de *fuck*. *Fuck* é importante!", ele observou enquanto folheava o livro, chegando a uma página com uma imagem desenhada à mão de Hitler com a frase *"Fucking bastard"*.
"O que é *'shit a brick'*?'", perguntou Aika, confusa com a inclusão de um material de construção.
"Estou confiando em você com as drogas. Não me foda", declarou Chounan sensei, e então deu sua típica risada estrondosa.
Era tão engraçado ouvir meus educados amigos japoneses usando vocabulário mais apropriado para um gângster, um criminoso — qualquer britânico, na verdade —, que filmei os quatro enquanto liam o livro, postei o vídeo no YouTube e tive a maior viralização até então, com meio milhão de visualizações em um dia.
O jornal *Metro* publicou um artigo sobre isso chamado *Professor boca-suja ensina japoneses a falar palavrões do jeito certo*, quase

com um senso de orgulho, como se eu estivesse fazendo o trabalho divino.

A verdade é que o livro era útil mesmo. Era a primeira vez que via japoneses empolgados com um livro de inglês. A leitura os ajudava a entender metade do diálogo em filmes e programas ocidentais de uma vez só.

O problema é que, por toda a fama que recebi no meu papel como professor de palavrões, o vídeo também inspirou mais comentários odiosos do que nunca.

> "Não estrague as bocas das pessoas estrangeiras com sua profanação desonrosa e desrespeitosa de caucasiano."
>
> "Desprezível, lixo!"
>
> "Cliquei em 'não gostei' por causa dos palavrões. NÃO é nada engraçado. NÃO é esperto e é completamente desrespeitoso com os japoneses."

Desrespeitoso com os japoneses? O dom do conhecimento.

Comecei a encontrar uma estranha comunidade online de estrangeiros obcecados pelo Japão, que gozavam de um grande senso de importância como os autoproclamados guardiões do Japão.

Em um vídeo, tentei consumir uma comida horrível que comprara em um pote na região montanhosa de Nagano.

Hachinkoko. Um pote de larvas de abelha fermentadas.

Isso mesmo. Servidas em um recipiente de vidro marrom, as larvas de abelha eram dolorosamente visíveis, contidas em uma pasta pegajosa e lamacenta.

Na câmera, eu tentei, e quase fiquei fisicamente doente.

Dei algumas para Natsuki, e ele *ficou* fisicamente doente.

Puxa vida, disse a mulher da loja de souvenires, sombria, enquanto nos vendia o item, "não é muito bom. Não sei quem come isso".

Mal o vídeo saiu, e os guardiões estrangeiros foram à guerra.

> "Desrespeitoso com o Japão. E as pessoas se perguntam por que a maioria dos japoneses não gosta de estrangeiros."
>
> "Por que viver no Japão se odeia o país? Vá para casa."

De alguma forma, os espectadores ignoraram o fato de que um japonês tinha tentado e falhado em engolir esse produto tipicamente japonês. Por muito tempo, achei essa atitude desconcertante e quase condescendente. Pessoas ao redor do mundo têm um senso de direito quando se trata de proteger a cultura do Japão, mesmo que nunca tenham posto os pés no país. Há uma percepção bizarra de que apenas o mundo exterior pode defender a Terra do Sol Nascente, um fenômeno que passei a chamar de "Síndrome do Último Samurai". Isso se refere ao filme em que Tom Cruise interpreta o herói branco salvador, que aprende a apreciar o caminho do samurai melhor do que os próprios personagens japoneses jamais poderiam, até mesmo o próprio imperador.

Com o passar dos anos, comecei a compreender por que minha presença no Japão às vezes provocava tanta ira nos espectadores estrangeiros. Fiquei constantemente impressionado com as diversas formas que os estrangeiros encontraram para se sentir atraídos pelo país. Naturalmente, há o apelo dos mangás, animes e artes marciais, mas conheci britânicos que vieram para cá a fim de aprender a fazer espadas, montar uma destilaria de gin artesanal ou se tornar um aclamado sommelier de saquê. É um testemunho da amplitude e profundidade da cultura, das artes, da história e do senso único de identidade do Japão que o país tenha se tornado a obsessão de tantas pessoas ao redor do mundo. Então, não surpreende que essas noções romantizadas da vida no Japão sejam arruinadas por vídeos no YouTube de um britânico sarcástico vagando pelo país, revoltado com as larvas de abelha. Não era esse o propósito.

Além disso, defender o Japão contra a cultura ocidental às vezes parece um esforço sem sentido, dado que o país está tão disposto a abraçá-la. Um exemplo disso é o Coronel Sanders.

O Natal sempre foi minha época favorita do ano, toda a família reunida, boa comida, música e jogos.

Meu primeiro Natal no Japão, um ano antes, não teve nada disso.

Para um país que tinha lutado tanto para repelir os ideais ocidentais e manter seu senso de identidade cultural, houve uma área gritante em que falharam.

Não só a nação de budistas e xintoístas abraçou o Natal como também o deturpou completamente, com uma ajudinha do bom e velho Coronel Sanders.

Em vez de passar o dia em meio a batata assada e chocolate quente, fui trabalhar e fiquei entediado na minha mesa, enquanto os alunos estavam de férias. Paradoxalmente, embora o dia 25 de dezembro não fosse feriado nacional, os professores eram incentivados a tirar o dia de folga e usar suas férias anuais. Eu estava determinado, porém, a economizar minhas férias para futuras escapadas para Tóquio e Osaka. Minha recompensa foi ficar na sala dos professores praticamente sozinho, comendo um bentô frio. Para piorar, depois do trabalho, atravessei uma nevasca feroz para cortar o cabelo, que ficou horrível devido à minha incapacidade de descrever o estilo desejado em japonês. Com quase todo o cabelo raspado, parecia que o barbeiro havia usado instrumentos de jardinagem em vez de uma tesoura. Terminei meu muito feliz Natal escorregando na calçada congelada e caindo em um monte de neve perto do meu apartamento. À noite, fervia de inveja enquanto assistia à minha família se divertindo em casa, estourando rojões de confete de Natal e brindando com muito vinho, enquanto me aquecia no meu minúsculo apartamento.

Safados.

Quando meu segundo Natal no Japão chegou, sabia que precisava fazer as coisas direito. Eu tinha uma chance de superar o ano anterior.

Estava prestes a me juntar aos estimados 3,6 milhões de famílias japonesas que se presenteiam com a tradição nacional de passar o Dia de Natal comendo KFC.

UMA CARTA DO CORONEL

É a época mais maravilhosa do ano.

Em 1974, o KFC no Japão teve a ideia genial de preencher o vazio que o Japão enfrentava no Dia de Natal. O país tinha abraçado a comercialização dessa data com todo o brilho e as luzes de fada que você possa imaginar, mas no próprio dia não havia perus para comer. O KFC lançou a campanha "Kentucky for Christmas" junto com um balde comemorativo recheado de frango e promoveu isso como a maneira de celebrar o Natal. Exatamente como Jesus teria desejado. O marketing deu certo, e hoje o menu premium de Natal do KFC pode custar até impressionantes 5.800 ienes (50 dólares), por um frango inteiro, filés com molho de vinho tinto, fritas e o indispensável bolo de Natal — neste caso, um bolo pão de ló sabor baunilha com morangos.

"A gente tem que encomendar o KFC logo", Aika já tinha avisado, lá em outubro.

"Com certeza não! KFC!?", respondi, fazendo uma careta de desgosto com a ideia de pedir fast food meses antes.

Idiota.

Quando finalmente fomos fazer o pedido, em novembro, já tínhamos perdido o item mais procurado, o glorioso frango assado inteiro. Estava esgotado.

Então, para nosso banquete frito de Kentucky, pagamos o impensável preço de 4.500 ienes (40 dólares) pelo segundo melhor item: filés de frango com molho de vinho tinto. Dado o preço e o quanto o KFC tinha permeado a cultura japonesa, devia ser bom, certo?

Carregando o balde de Natal impecavelmente embalado para dentro do apartamento, com o enorme rosto do Coronel Sanders[5] sorrindo debaixo de seu chapéu de Papai Noel, Aika me encarregou

---

5   Nascido em Indiana, nos Estados Unidos, em 1890, o Coronel Harland Sanders foi o fundador da cadeia de restaurantes KFC, que significa Kentucky Fried Chicken. Até hoje seu rosto é o símbolo da marca. (N. T.)

de preparar o frango. Rasguei a caixa e encontrei dois pedaços de peito de frango duro como pedra, semicozido, coberto com algo marrom e envolto em um plástico amarelo horrível, além de uma carta personalizada e emocionante do próprio coronel.

"Feliz Natal! Coloque no micro-ondas."

O que saiu do micro-ondas cinco minutos depois foi uma geringonça borrachuda e fumegante em um molho doce de vinho tinto que me fez desejar que a humanidade nunca tivesse desenvolvido papilas gustativas.

O bolo de Natal estava seco.

Não fiquei impressionado.

Aika adorou. Desconhecendo a realidade do peru recheado e assado com batata crocante, isso era tudo o que ela conhecia em sua vida. Enquanto mastigava uma coxa de frango e olhava nos olhos do Coronel Sanders, me perguntei o que aquele homem pensaria sobre conquistar a Terra do Sol Nascente com sua receita secreta.

"Esse bolo de Natal está igual a mim!", brincou Aika, pegando uma fatia e se servindo de uma boa dose de creme e morangos.

"Não, não, não!", eu ri, balançando a cabeça freneticamente. Tinha entendido a piada.

Há um dito cruel e misógino no Japão: "As mulheres são como o bolo de Natal. Porque depois do vigésimo quinto aniversário, ninguém as quer." Isso reflete a pressão que as mulheres no Japão enfrentam para se estabelecerem e se casarem antes dos 26 anos, ou então se tornarem indesejadas e solteiras para sempre. Incomodamente, Aika acabara de completar 25.

Já estávamos namorando fazia quase seis meses, e palavras assustadoras começaram a aparecer nas conversas: "casamento" e "filhos". Em casa, a ideia de trazer esses tópicos tão cedo seria impensável. Aika e eu mal nos conhecíamos.

Nós gostávamos da companhia um do outro, ficávamos juntos

comendo e bebendo por Sakata e explorando mais longe nos fins de semana. O humor autodepreciativo dela ressoava comigo e ela sempre se esforçava para me animar, chegando ao meu apartamento depois de um longo dia de trabalho com uma bandeja de sushi ou me levando a um *izakaya* escondido. Cada conversa entre nós era uma oportunidade de aprendizado. Aika me ajudava com minhas dificuldades no idioma japonês, e eu a ensinava sobre conceitos britânicos importantes, como sarcasmo e Greggs.[6]

No entanto, o tom começava a mudar e conversas sobre o futuro começaram a infiltrar e dominar nosso tempo juntos de uma maneira que eu não estava disposto a encarar.

Em nossas discussões ocasionais, eu me via na situação desconcertante de discutir sem saber sobre o que estávamos realmente falando. O inglês de Aika era ligeiramente melhor que o meu japonês, então frequentemente conversávamos em inglês, mas no calor de uma discussão ela costumava mudar para o japonês e eu não conseguia acompanhar.

Além das barreiras linguísticas, questões culturais estavam entre nós. Os pais dela pareciam aterrorizados com a ideia de me conhecer.

Eu tinha encontrado a mãe de Aika uma vez, por acidente, no supermercado. Estava fazendo compras depois do trabalho, entrei em um dos corredores e encontrei Aika examinando potes ao lado da mãe no corredor de alimentos em conserva.

"Olá!", falei, pegando-as de surpresa.

Aika ficou feliz em me ver, mas sua mãe se escondeu atrás dela como se eu fosse um cão raivoso em um ataque de fúria.

"Esta é a minha mãe", gesticulou Aika, desconfortável.

A mãe fez uma aceno tímido atrás dela.

---

6 **Greggs** é uma famosa rede britânica de padarias e lanchonetes que oferece produtos como tortas, sanduíches, pães e, especialmente, os populares **"sausage rolls"** (rolos de salsicha folheados). É um ícone da cultura popular no Reino Unido, conhecido por ser acessível, simples e muito querido por seus clientes.

Nada sobre a interação me convenceu que realmente nos demos bem.

Acontece que a mãe de Aika nunca tinha falado com um estrangeiro antes, algo que raras vezes acontecia em áreas rurais do Japão. Mas o encontro reforçou a realidade incômoda de que qualquer futuro juntos seria uma luta em vários aspectos.

O relacionamento continuou por mais alguns meses, mas no verão de 2014 tivemos que aceitar que, embora gostássemos da companhia um do outro, provavelmente era melhor seguirmos caminhos diferentes.

Aika tinha recebido uma oferta de emprego em Tóquio, e eu a incentivei a aceitá-la. Por mais que eu amasse Sakata, não podia negar que as oportunidades de trabalho bem remunerado eram raras e distantes. Havia uma razão para todos os meus melhores alunos fugirem para Sendai, Tóquio e Niigata depois de se formarem.

Quando Aika me deixou para trás em busca de sua nova vida em uma cidade distante e eu me preparei para renovar meu contrato para o quarto ano em Yamagata como professor, percebi que eu também tinha algumas decisões importantes a tomar.

20.

DESPEDIDA

JUNHO DE 2015

Uma das decisões mais difíceis que você tem que tomar no programa JET é se deve renovar por mais um ano, e essa pergunta é feita a você apenas três meses depois de começar o trabalho, por volta do final do outono. Sempre planejei ficar um segundo ano, já que um ano é nada mais que umas férias prolongadas. Quando chegou a hora de assinar para o terceiro ano, essa decisão também foi fácil. Eu estava mais feliz do que nunca. Dois anos de estudos intensivos de japonês significavam que eu finalmente estava fluente para conversar, capaz de bater papo com alunos e colegas em sua língua nativa. Como resultado, tinha me tornado mais confiante como professor e já não me sentia mais o estrangeiro desajeitado que as pessoas se esforçavam para evitar.

Graças à vitória no concurso de discursos, estava transbordando de confiança, e tinha uma rotina semanal cheia de atividades que me ajudaram a me integrar à comunidade local. Depois do trabalho, às segundas-feiras era voluntário no *eikaiwa*, às terças comandava o clube de inglês da escola, às quartas me encontrava com o Itou sensei para estudar japonês, às quintas me encontrava com Natsuki para comermos *yakitori*, e nos fins de semana gravava vídeos para o YouTube ao redor da planície de Shōnai. Eu tinha passado de estrangeiro conspícuo a residente de Sakata em apenas dois anos.

Lembro de abrir o jornal uma manhã e ver meu rosto em nada menos que três artigos: um com um sorriso vitorioso enquanto segurava o troféu do concurso de discursos, outro tirado no Centro Internacional, onde tinha organizado um evento de estilo *speed dating*, onde os moradores poderiam praticar seu inglês com os JETs da região, e o terceiro no voluntário do *eikaiwa*.

Foram dois anos para chegar até ali, mas eu sentia que tinha superado quase todos os obstáculos que surgiram no meu caminho. Finalmente tinha me estabelecido no Japão, e a vida estava boa.

Então, quando o Nishiyama sensei se aproximou de mim na sala dos professores em dezembro e se sentou em uma cadeira vazia ao meu lado, ele se surpreendeu com minha resposta à sua pergunta.

"Você não quer ficar mais um ano, Chris sensei?" Ele se inclinou para a frente para garantir que tinha me ouvido corretamente.

"Eu quero, mas sei que não devo."

Eu amava minha vida em Sakata e estava feliz por ainda ter nove meses pela frente, mas me preocupava que, se ficasse mais tempo, meu prazer começaria a desaparecer.

Nishiyama pareceu entender.

"Quando esse dia chegar, vou sentir muito a sua falta, Chris sensei. Foi um prazer trabalhar com você."

Mesmo que minha vida estivesse perfeita naquele momento, eu começava a ficar inquieto. Adorava conhecer meus alunos e poder entrar nas minhas aulas com uma confiança recém-adquirida, mas isso tudo acabava sempre que eu abria os mesmos livros didáticos velhos e duvidosos.

As falhas gritantes no sistema de ensino de inglês do Japão tinham se tornado mais claras a cada ano que passava. Os alunos eram testados até a exaustão em vocabulário e gramática, mas nunca incentivados a aprender a conversar em inglês — a parte realmente divertida. Qual era o sentido de escrever frases complexas em inglês como "O elefante tem uma prótese na perna" se você não sabia o básico da conversação? Eu sentia que, quanto melhor ficava no trabalho, mais percebia as limitações. Não conseguia causar um impacto real.

Além da minha satisfação no trabalho, ou da falta dela, já tinha visto quase todos os cantos de Yamagata, mas mal havia arranhado

DESPEDIDA

a superfície das outras 45 prefeituras do Japão. Com apenas os finais de semana e feriados limitados para explorar, parecia estar preso a Sakata, e eu queria sair e conhecer outros lugares.

Sobrepondo tudo isso estava meu hobby, que saíra do controle. Todos os dias, centenas de pessoas ao redor do mundo estavam se inscrevendo no canal *Abroad in Japan* no YouTube. De alguma forma eu estava prestes a alcançar 100 mil inscritos, e começava a sentir que estava limitando meu potencial. Enquanto outros youtubers estrangeiros no Japão pareciam produzir vídeos o tempo todo, eu só conseguia fazer um por mês, dado meu cronograma apertado.

O canal tinha se tornado tão popular que meus alunos o descobriram. Estava indo para a aula uma manhã com uma pilha de livros nas mãos quando dois alunos passaram por mim e gritaram: "Ei, youtuber!". Isso me pegou tão de surpresa que tropecei e caí no chão. Infelizmente, os livros didáticos sobreviveram.

No começo eu gostei da ideia de ter um status de minicelebridade na escola. Podia me iludir de que era uma espécie de Indiana Jones. Professor de dia, aventureiro com câmera à noite.

Em vez disso, era provocado diariamente pelos alunos gritando "youtuber!" para mim. Não era exatamente o tapete vermelho que eu esperava.

Tentar chamar a atenção de quarenta alunos, muitos dos quais não queriam estar lá, parecia quase trivial agora que o vídeo mais assistido — sobre como aprender *kanji* — no *Abroad in Japan* tinha alcançado mais de 700 mil visualizações.

Isso levantava a questão: por que me limitar a ensinar em uma sala de aula se eu tinha os meios para ensinar milhares de espectadores ao redor do mundo sobre o Japão? O YouTube era um divisor de águas, e se eu não aproveitasse logo corria o risco de perder a oportunidade.

Enquanto me perguntava qual deveria ser meu próximo passo, os meses voaram. Antes que percebesse, era a primavera de 2015 e eu tinha apenas quatro meses até o fim do meu contrato. Meu nível de ansiedade estava nas alturas. Eu me sentia preso a uma esteira que me levava a um abismo.

Nos momentos de luta, havia apenas um homem a quem eu poderia recorrer. Os questionáveis conselhos de Natsuki me ajudaram a superar muitos momentos difíceis quando não eram motivo de riso, como na vez em que ele passou quatro horas tentando me convencer a abrir uma loja britânica de *fish and chips* no meio de Sakata.

"Acho que todo mundo vai querer peixe com batata frita!", ele sugeriu, todo otimista.

"É... não tenho certeza, amigo", respondi, imaginando uma montanha de dívidas que, sem dúvida, refletiria essa ideia mal pensada.

Natsuki me chamou uma noite para o Kichi Kichi, onde devoramos nossa tradicional porção de espetos de frango com cerveja e cigarros. Foi lá que ele veio com um plano radical.

"Eu acho que... vamos trabalhar juntos no meu salão?"

"No salão de beleza?"

"Sim. Vamos ganhar dinheiro juntos."

No papel, era uma péssima ideia. Na realidade, era ainda pior.

"Natsuki, o que diabos eu faria no seu salão?"

"Não esquenta, você pode fazer a faxina."

É divertido pensar que, em uma realidade alternativa, eu poderia ter dito sim e voltado meus talentos para varrer cabelo no salão. Quem sabe juntos Natsuki e eu poderíamos ter construído uma rede de barbearias de sucesso que dominaria a costa oeste do Japão. Mas não foi o que aconteceu.

Na verdade, não tenho certeza de que ele queria que isso acontecesse mais do que eu. Mas eu sabia que ele não queria aceitar que não havia nada que ele pudesse fazer para me manter em Sakata. Enquanto ele tragava seu cigarro, sua próxima ideia surgiu.

"Você devia morar em Tóquio. De avião, fica a uma hora de viagem. Eu posso ir te visitar."

DESPEDIDA

A ideia de transitar do meu estilo de vida bucólico no campo para viver na maior cidade do mundo não me atraía muito. Era menos "sair da frigideira para cair no fogo" e mais "sair da frigideira para cair no sol". É verdade que em Tóquio estavam as oportunidades, especialmente para estrangeiros. Eu conhecia pelo menos quatro JETs que tinham terminado o contrato no ano anterior e agora trabalhavam como consultores de recrutamento na grande cidade. Isso não era exatamente o que eu tinha em mente.

Uma opção muito mais atraente era ter o melhor dos dois mundos e me mudar para a vizinha Sendai, a maior cidade de Tohoku. De acordo com o padrão das megalópoles do Japão, era pequena, com uma população modesta de 1,3 milhão. Para os padrões britânicos, porém, seria a quinta maior cidade do país. O único problema era que eu não conhecia ninguém lá. Natsuki estava furiosamente tentando me dissuadir.

"Não, não, não. Sendai é muito ruim. Lugar muito chato."

"Mas fica a três horas daqui, amigo."

"Não, não, não. Eu quero ir para Tóquio. Muito shopping." Enfim, chegamos à verdadeira razão: se eu tivesse que me mudar para algum lugar, Natsuki queria que eu fosse para Tóquio. Que amigo prestativo.

Eu tinha avisado ao meu grupo de amigos em Sakata que estava interessado em me mudar para Sendai. Um deles conhecia um cara que falava inglês e trabalhava com turismo receptivo (atraindo visitantes estrangeiros ou incentivando a circulação de japoneses dentro do país), e achou que seria interessante conversar, então ligou para ele em uma ocasião em que nos encontramos para jantar. Depois de algumas palavras com o amigo, ele me passou o telefone. O homem na linha tinha um sotaque londrino bem forte.

"É o Chris? Tudo bem, amigo, é o Ryotaro aqui. Ouvi dizer que você está interessado em se mudar para Sendai. Vi seu canal no YouTube e seria ótimo conversarmos pessoalmente."

Alguns dias depois, peguei o ônibus para o leste em direção a Sendai e me encontrei em um restaurante de sushi com Ryotaro. Pelo sotaque, eu tinha presumido que o cara não fosse japonês. Mas Ryotaro era bem japonês.

"Fiz faculdade em Richmond, em Londres, e o sotaque nunca sumiu!", ele explicou, rindo, enquanto nos deliciávamos com um prato de sashimi.

Quando a maioria dos japoneses era reservada e ambígua ao expressar suas opiniões, conversar com o direto e sem rodeios Ryotaro me lembrava falar com um compatriota britânico. Ele não dominava apenas a língua inglesa, mas também a maneira ocidental de pensar que a acompanha.

Tendo estudado em Seattle e Londres e trabalhado em Frankfurt e Sydney, tudo antes dos 27 anos, Ryotaro decidira voltar para o Japão. Ele percebeu que seu conhecimento do mundo e das formas de pensamento ocidentais lhe daria uma grande vantagem em um país onde apenas 23% da população tem passaporte e apenas 20% já viajou para o exterior.

Enquanto sua empresa se concentrava em ajudar companhias japonesas a aprender a lidar com clientes estrangeiros, sua verdadeira missão era incentivar o turismo receptivo em Tohoku após o terremoto e o tsunami de 2011.

Impressionado por eu querer ficar em Tohoku em vez de fugir para Tóquio, ele percebeu ali uma oportunidade.

"Olha, acho que talvez haja várias formas de trabalharmos juntos para promover Tohoku através do *Abroad in Japan*. Se você estiver pensando mesmo em se mudar para Sendai, definitivamente eu consigo ver alguma coisa acontecendo. Quando se mudar para cá, vamos nos encontrar de novo e ver o que podemos fazer."

Embora eu tenha deixado Sendai sem nenhuma oferta concreta,

DESPEDIDA

minha conversa com Ryotaro não apenas abriu a possibilidade de trabalharmos juntos como me deu um sentido maior de propósito ao tentar colocar Tohoku no mapa. Isso foi tudo o que eu precisava para me jogar de cabeça e apostar em Sendai.

Quando chegou a hora de me despedir da escola, os acontecimentos foram mais dramáticos do que eu imaginava.

Meu discurso final aconteceu em um dos dias mais quentes do ano. Lá fora, fazia 36 graus. Dentro, estava ainda mais quente, com o ginásio da escola onde estávamos amontoados sob impressionantes 40 graus.

Fiquei na frente de 1.200 alunos e 120 professores, com um único ventilador no palco para me manter fresco, e fiz minha despedida em japonês.

Eu estava um caco, nervoso, mas não precisava me preocupar.

Metade da plateia cochilava, de tão úmido que estava. Pelo menos eu espero que fosse o calor, e não o tédio de ouvir minha voz.

Enquanto a plateia ficava sentada quieta, suando, eu ao menos tinha o ventilador. Durante minhas palavras finais, testemunhei pelo menos dois alunos com insolação sendo carregados em macas. Se eu precisava de um incentivo para terminar um discurso rápido, esse foi o momento. Vidas estavam literalmente em jogo.

Recebi uma despedida de herói no meu último dia de escola. Era feriado de verão, então a escola estava vazia, mas todos os professores presentes pararam o que estavam fazendo e se juntaram à despedida, enquanto o lendário Chounan sensei me trouxe generosamente sacolas com presentes de despedida. Uma das sacolas estava cheia de cartas escritas pelos alunos, me desejando boa sorte e me alertando para não voltar aos meus péssimos hábitos alimentares.

"Por favor, não fique barrigudo, Chris sensei", advertiu Yuko, uma menina do clube de inglês.

Desajeitadamente, nas portas da escola, os professores pararam em seus lugares, relutantes em trocar de calçado para me ver sair para o estacionamento. Era como se houvesse uma barreira invisível enquanto meus colegas ficavam na porta acenando, e eu fazia reverências repetidas e andava em direção ao carro.

Chounan enfiou minhas sacolas no porta-malas e bateu a tampa dramaticamente.

"Estou confiando as drogas para você... não me traia."

Eu ri e apertei a mão dele.

"Obrigado, Chounan sensei, vou sentir sua falta acima de tudo!"

Ele acenou enquanto eu dirigia para fora do estacionamento, virando para olhar para a escola na qual provavelmente nunca mais colocaria os pés.

Dizer adeus ao meu apartamento foi especialmente difícil.

Por mais minúsculo e pouco impressionante que fosse, nunca tinha sido tão feliz como fui ali morando sozinho, estudando japonês, roteirizando vídeos e adormecendo no meu esplêndido futon, dia após dia, durante três anos. Estranhamente, o apartamento tinha ganhado vida própria, como um amigo em quem eu sempre podia confiar. Não importava quão ruim tivesse sido meu dia, no momento em que chegava em casa e me jogava no carpete, estava em minha própria bolha, escondido atrás das portas de *shoji* deslizantes.

Fechar a porta de metal pesada pela última vez, com aquele som característico, parecia o fim de uma era.

Uma das despedidas mais difíceis foi com Natsuki.

Fomos para um último jantar em um *izakaya* perto da estação de Sakata e, enquanto nos despedíamos no estacionamento mal iluminado sob o suave zumbido da placa da estação, Natsuki desabou, acreditando que nunca mais nos encontraríamos. Ele segurou minha mão entre as suas e não parava de agitá-la, como se não quisesse me deixar ir, com as lágrimas escorrendo pelo rosto.

"*Hontou ni arigatou*, Chris. Muito obrigado por tudo."

DESPEDIDA

"Não se preocupe, amigo, eu volto", garanti a ele enquanto nos dávamos um último abraço de despedida.

Para qualquer pessoa que passasse, poderia parecer que eu estava indo para a batalha e, pelas muitas despedidas dramáticas que enfrentei durante minha última semana, comecei a sentir que era isso que estava acontecendo.

No aeroporto de Shōnai, fiquei surpreso ao ver que uma dúzia de professores e alunos tinha vindo se despedir de mim na sala de embarque, entre eles o Nishiyama sensei, que me recebera ali no meu primeiro dia.

Quando estiquei a mão para me despedir, ele me surpreendeu mergulhando para me dar um abraço.

Isso era altamente incomum, considerando quão reservado ele tinha sido durante nossos três anos juntos.

"Obrigado, Chris sensei, por tornar meu trabalho divertido. Vou sentir falta das nossas aulas juntos."

Para minha surpresa, o Suzuki sensei apareceu.

Embora tivéssemos tido um primeiro ano difícil, mal dando aula juntos, no segundo ano ele começara a me convidar para participar de suas aulas, e nosso relacionamento tinha melhorado muito.

"Eu gostaria que tivéssemos mais chances de trabalhar juntos, Chris sensei. Quero te desejar boa sorte no futuro."

Enquanto apertava as mãos dos colegas e alunos que tornaram meus três anos em Sakata um verdadeiro prazer, agradeci e me despedi, sentindo uma tempestade perfeita de profunda tristeza, empolgação para o futuro, alívio e arrependimento girando dentro de mim.

Quando o avião começou a taxiar pela pista, olhei para o terminal, e que bom que fiz isso. Vi os professores e alunos que se despediram acenando, especialmente Nishiyama e Suzuki sensei, que praticamente seguiram o avião pelo terraço do terminal, acenando freneticamente com as duas mãos o tempo todo. Pela primeira vez, realmente percebi a vida incrível que estava deixando para trás.

Completamente emocionado, senti meus olhos se encherem de lágrimas. Que diabos eu estava fazendo? Eu tinha a vida perfeita, e estava jogando tudo para o alto. Talvez eu pudesse ter ficado mais um ano? Talvez pudesse ter acabado trabalhando no salão do Natsuki ou, diabos, até aberto a primeira loja de *fish and chips* de Sakata?

O imponente vulcão monte Chōkai apareceu na paisagem quando o avião decolou da pista, como se ele também estivesse me despedindo. Quando o avião fez a curva e seguiu seu caminho pela planície de Shōnai, experimentei um forte *déjà vu*. Os campos de arroz verdejantes e as montanhas azuis embaçadas pareciam exatamente como quando eu cheguei, três anos antes. Mas eu me sentia uma pessoa completamente diferente.

Após três anos enfrentando dificuldades com o idioma japonês, eu conversava fluentemente, mas esses três anos também me ensinaram outras coisas. O processo de aprender japonês — a falta de compreensão, a luta para tentar falar com gestos e o embaraço quase constante — me ensinou a resolver problemas e me tornou um comunicador melhor. Duas mil horas de experiência em sala de aula, gerenciando quarenta adolescentes quatro vezes por dia, me tornaram mais confiante em falar em público, e construir um canal no YouTube do zero me deu inúmeras oportunidades de exercitar minha criatividade. Minha maior conquista, porém, foram as amizades duradouras que fiz por toda Yamagata e o sentimento de que realmente me integrei à comunidade. Uma façanha que eu jamais teria imaginado quando estava tomando meu primeiro café desajeitado no aeroporto.

Yamagata me tratou incrivelmente bem. Pelas amizades que fiz e pelo sentimento de pertencimento que passei a sentir, será para sempre minha casa espiritual no Japão.

À medida que a paisagem e a vida que aprendi a conhecer tão bem ao longo dos últimos três anos desapareciam da vista, enxuguei minhas lágrimas. Eu não estava a fim de ser o britânico esquisito soluçando aleatoriamente perto da janela.

21.

RECOMEÇANDO

FEVEREIRO DE 2016

Sempre gostei da ideia de morar em um hotel. Quem não adoraria a emoção de viver com os pertences dentro de uma mala, ocupando quartos sempre limpos e arrumados, com o frigobar abastecido, sem saber quem você encontraria no saguão ou para onde cada dia te levaria?

Que bobagem.

Minha nova vida em Sendai começou da pior maneira possível. Sem emprego nem visto de trabalho, alugar um apartamento foi impossível. Ao contrário de Tóquio, onde é relativamente fácil conseguir uma casa compartilhada, em Sendai elas pareciam escassas e distantes entre si. Em um primeiro momento, minha única opção era um hotel para viajantes a trabalho. Reservei o mais barato que consegui encontrar, o Sendai Beverly Hotel. Apesar do preço baixo, o nome me fez esperar algum nível de glamour hollywoodiano, mesmo que eles tivessem esquecido a palavra tão importante "hills". Esse glamour estava completamente ausente.

O quarto que me deram estava impregnado de cheiro de cigarro, e as paredes tinham manchas marrons causadas por anos de fumaça. A cama de solteiro tinha um colchão decente, mas um travesseiro horrível de trigo-sarraceno — um saco cheio das cascas duras das sementes desse trigo —, o que tornava o sono difícil.

Os travesseiros de trigo-sarraceno são uma das piores invenções do Japão. São tão horríveis quanto parecem, e eu tenho um ódio infinito de quem diz o contrário. Se quiser testar, pegue uma fronha, coloque mil cascas de pistache dentro e tente descansar a cabeça nisso. Uma noite dessa tortura e você vai gritar por penas de qualquer ave.

Infelizmente, com base na minha experiência, cerca de 50% das pousadas japonesas usam esse recurso, e cerca de 30% dos hotéis de negócios. No Sendai Beverly Hotel, coloquei toalhas de banho dobradas por cima, em uma tentativa desesperada de dormir.

Após minha primeira semana sem rumo, a empolgação de me mudar para Sendai tinha desaparecido. Deitado de costas no meu travesseiro crocante, inalando o cheiro de nicotina já dissipado, minha dívida no cartão de crédito estava mais alta que o monte Chōkai. Por que eu tinha deixado para trás Natsuki, Sakata e minha vida confortável por esse pesadelo?

A única pessoa que eu conhecia nessa cidade de mais de 1 milhão de habitantes era Ryotaro, e ele estava passando o mês fora, a trabalho. Por que eu não tinha me mudado para Osaka? Pelo menos lá as pessoas falariam comigo. Aqui, não tive uma única conversa em uma semana.

Pela primeira vez na vida, me senti verdadeiramente sozinho. Sem amigos, colegas, ou até mesmo alunos mal-humorados para interagir, me senti completamente perdido. Só quando recebi uma mensagem de um amigo em Sakata percebi que já tinha passado por isso antes. Eu tinha sido o solitário da cidade e conseguira superar isso. Essa cidade era dez vezes maior do que eu estava acostumado, e a decisão de me mudar para cá tinha sido minha. Caberia a mim sair desse buraco. E, de qualquer forma, afundar na autopiedade era quase impossível sem um travesseiro decente.

Desesperado para escapar das paredes do meu quarto, peguei meu casaco e saí. Era janeiro de 2016 e eu estava esperando um inverno um pouco mais ameno do que os enfrentados em Yamagata. Sendai fica na costa leste do Japão e raramente tem neve, o que era uma boa notícia. No entanto, naquele ano, a Mãe Natureza, em um ataque quase pessoal, decidiu despejar uma camada de neve sobre a cidade despreparada, paralisando a vida. Muitas lojas estavam fechadas, o transporte público era limitado e as ruas estavam incomumente vazias. Essa era a resposta à neve que eu lembrava de ter experimentado no Reino Unido.

As luzes de neon das lojas e bares iluminavam o pó branco em um arco-íris de cores pelas ruas. Gostei de apreciar a cidade enquanto ela estava assim, vagando pelas ruas sem rumo. Eu era um navio sem leme mesmo.

Embora não tenha parques, Sendai é uma cidade para andar, cheia de maravilhosas cafeterias e ruas arborizadas — seu apelido é "Cidade das Árvores". Bonita como é, um nome mais preciso para Sendai seria "Cidade da Língua".

Andando pelo centro da cidade, percebi que mal se passavam dez segundos antes de eu esbarrar em um restaurante servindo algo chamado *gyutan*. Cada região e cidade do Japão tem um *meibutsu*, um prato pelo qual é famosa. Kobe tem carne de wagyu, Hokkaido tem caranguejo da neve e churrasco de carneiro suculento. Sendai tem *gyutan* — literalmente, língua de vaca. Que maravilha.

Após passar minha primeira semana em Sendai vivendo à base de *onigiri* e meu frango favorito da Family Mart, achei que estava na hora de uma aventura culinária.

Avistei um restaurante com uma cortina *noren* estilosa na frente, chamada Date no Gyutan. Inicialmente pensei que *gyutan* significasse uma noite romântica de encontros, o que parecia bem legal, até ver a figura samurai de *Date* (pronuncia-se *Da-tei*, não *date*) *Masamune* na frente. O senhor feudal do século XVI cujo nome inspirou esse restaurante fundou a cidade de Sendai.

Fugindo da neve, deslizei a porta e, imediatamente, o som de carne estalando e o aroma tentador de algo que cheirava a bife me atingiram. No interior iluminado em madeira, com o balcão clássico de frente para a cozinha, vários clientes estavam mordiscando enquanto o chef calmamente assava dezenas de línguas em uma churrasqueira.

Muitos dos pratos *meibutsu* do Japão foram estabelecidos na era pós-guerra, quando o país estava em processo de reconstrução de suas cidades e de sua identidade. Em 1948, contra um pano de fundo de racionamento de alimentos e fome, um restaurante de *yakitori* em Sendai, comandado pelo chef Sano Keishiro, pegou a língua de vaca, normalmente descartada, e desenvolveu uma técnica culinária que a tornou não apenas palatável, mas deliciosa. A receita se espalhou rapidamente e o corte de carne antes desperdiçado se tornou uma iguaria local.

Agora, vivendo no Japão havia três anos, eu já tinha comido todo tipo de prato questionável. No Reino Unido nos ensinam que a pior coisa a colocar na boca é frango cru. No Japão, isso é uma iguaria. O sashimi de frango é servido com molho de soja e gengibre, e, se você fechar os olhos e ignorar as papilas gustativas enquanto mastiga a carne escorregadia, às vezes é possível não ficar fisicamente enjoado.

Desde *natto* (soja fermentada) e tripas de lula até o *basashi* (cavalo cru) e o perigoso *fugu* (baiacu), a culinária japonesa pode às vezes parecer um desafio alimentar se você escolher o restaurante errado. A questão era: onde ficaria o prato típico de Sendai nisso tudo?

Por 1.500 ienes, cerca de 12 dólares, pedi uma opção com seis fatias de *gyutan* premium. Elas eram temperadas com missô ou sal. Em três minutos, o prato chegou, as fatias de língua meticulosamente grelhadas, com cerca de 2 milímetros de espessura, servidas com arroz de cevada e uma tigela fumegante de sopa de rabo de boi.

Levantei a primeira fatia com os hashis e inspecionei-a por um momento, notando que tanto o chef quanto a garçonete me observavam atentamente, esperando para ver se eu ia fazer bagunça no restaurante deles.

Os japoneses adoram ver estrangeiros experimentando sua comida. A curiosidade é quase infantil. Por um momento, o palhaço dentro de mim pensou se eu deveria fingir minha reação, gritar de desgosto e fazer uma cena mostrando estar fisicamente enjoado diante do que estava sobre a mesa.

Mas me contive, já que era novo na cidade e não queria fazer inimigos na minha primeira semana.

Coloquei uma fatia de língua de vaca salgada na boca e imediatamente salivei pela suculência da carne. Mais mastigável que a carne de vaca comum, mas tão carnuda e saborosa quanto, parecia toda a alegria de comer um minibife, mas sem a culpa que frequentemente a acompanha. Olhei para a garçonete e o chef, fiz um sinal com a cabeça e um joinha, e eles riram e voltaram ao trabalho.

Combinei a fatia seguinte com uma porção de arroz de cevada morno e um gole da sopa de rabo de boi. Estava bem salgado, mas fiquei surpreso com o sabor. Tinha a sensação de que comeria muito mais *gyutan*. Talvez Sendai me conviesse, afinal.

Aconteceu um milagre. Eu tinha encontrado o lugar perfeito para morar. A vinte minutos do centro de Sendai e custando 60 mil ienes por mês, o apartamento se estendia por dois andares. A cozinha e a área de jantar ficavam no primeiro andar, e uma pequena escada levava a uma cama de casal em um espaço estreito no sótão. Era basicamente um grande cômodo, e, embora estivesse longe de ser espaçoso, era moderno e bem iluminado, com janelas de altura dupla do chão ao teto.

Era tudo o que eu sempre quis. E não havia a menor chance de eu conseguir.

Eu estava sentado dentro de uma imobiliária chamada Happy Home Services — outro nome em inglês ridículo escolhido para fins de marketing.

Eu estava longe de me sentir feliz.

O gerente da imobiliária, um homem simpático e educado de trinta e poucos anos, estava segurando o celular e conversando com o responsável pelo imóvel no qual eu esperava morar. O processo de aluguel estava indo bem até ali, e parecia que em breve eu estaria vivendo no meu apartamento dos sonhos. Eu já estava escolhendo as cortinas quando Hiroshi me deu a má notícia. Ele tinha falado com o proprietário, que ficara horrorizado com a perspectiva de ter um inquilino não japonês no imóvel. A decisão estava tomada. A resposta era não.

"*Wakarimashita...* entendi."

Hiroshi olhou para mim e balançou a cabeça, solidário, enquanto colocava o telefone na mesa. Eu estava ferrado.

Encontrar um apartamento como residente estrangeiro é talvez o aspecto mais estressante e desagradável da vida no Japão. Não só o processo é extremamente caro, com custos iniciais absurdamente altos que simplesmente não existem na maioria dos outros países, como também é uma das poucas áreas da vida no Japão onde a discriminação é abertamente permitida. A política de "não aceitar estrangeiros" é onipresente e frequentemente o ponto de ruptura que leva muitos cidadãos estrangeiros a deixar o país. Conheci pessoas que dominaram o idioma, trabalharam aqui por uma década e, em alguns casos, formaram famílias, apenas para desistir do país diante da xenofobia. O Japão não é único quanto a isso, mas, em um país onde todos são incrivelmente educados e cordiais e a sociedade tem uma atmosfera quase utópica, quando uma situação como essa surge, ela pega os residentes estrangeiros de surpresa e desfaz a ilusão perfeita.

Durante 265 anos, na era Edo, a política de isolamento estrangeiro, *Sakoku*, fechou o país para o resto do mundo. Embora tenha se reaberto em 1868, a sensação de o Japão estar em uma bolha isolada persistia. Enquanto o isolamento os levou a um senso único de identidade, toda vez que eu ouvia a palavra *gaijin* (estrangeiro) sendo usada para se referir a não japoneses me conscientizava de que uma mentalidade de "nós e eles" ainda estava muito presente.

Tentei não levar isso para o lado pessoal: eu estava longe de ser um caso isolado. Em 2016, um estudo da agência imobiliária Ichhi

Group mostrou que 40% dos estrangeiros que responderam a uma pesquisa tinham sido rejeitados para aluguel de imóveis por não serem japoneses. Afinal, por que arriscar alugar para um inquilino estrangeiro, que pode fugir do país sem pagar o aluguel, ou alguém que não está acostumado com os costumes japoneses, quando se pode esperar um pouco mais por um inquilino conterrâneo mais seguro?

Navegar no mercado de aluguel japonês era um campo minado. Mesmo se tivesse conseguido o apartamento dos meus sonhos, praticamente teria ido à falência antes de atravessar a porta. Embora o preço fosse razoável, 60 mil ienes por mês — pago adiantado —, havia os custos adicionais, como o depósito (dois meses de aluguel) e o "dinheiro da chave", um pagamento absurdo para o proprietário como uma forma de agradecimento por aceitá-lo como inquilino. O dinheiro da chave equivalia a um mês de aluguel. Somando o seguro e as taxas da agência, eu teria que desembolsar impressionantes 280 mil ienes só para pegar a maldita chave.

Eu estava completamente ignorante até esse ponto sobre todas essas despesas irritantes e caras. No programa JET, é responsabilidade da escola organizar a acomodação, e tive a sorte de viver em um apartamento subsidiado pelo governo, maravilhosamente barato.

Infelizmente, ser um youtuber não trazia esse tipo de benefício. Eu tinha que me virar.

"Desculpe, Chris san. Pode ser muito difícil conseguir uma acomodação regular. Mas eu conheço uma empresa que pode ajudar." Hiroshi me entregou um cartão de visita da Sendai Rentals, uma empresa especializada em apartamentos de curto prazo. Agradeci por essa luz no fim do túnel, mas a situação ainda parecia bem difícil.

Todo o dinheiro que economizara com meu trabalho de professor já tinha acabado, e eu havia contraído um empréstimo de 5 mil libras de um banco do Reino Unido, que deveria me sustentar nos meus primeiros três meses em Sendai, mas já estava acabando.

Apesar do canal *Abroad in Japan* ter 100 mil inscritos, eu estava ganhando apenas cerca de 500 libras por mês com o YouTube e, com a moral lá embaixo tentando encontrar um apartamento, perdi toda a motivação para gravar vídeos.

Eu me sentia preso no primeiro nível de um game ruim, com a única coisa no meu inventário sendo o frango do Family Mart e o cartão de visita da Sendai Rentals. Bem, era alguma coisa.

Minha estadia prolongada no Sendai Beverly Hotel não passou despercebida. Entrando e saindo da recepção sem rumo várias vezes ao dia, comecei a conversar com a equipe do hotel. Acabei me aproximando de uma das recepcionistas mais falantes, que compartilhava meu amor por fast food. Ela me contou sobre um item inusitado do McDonald's Japão: batata frita servida com molho de chocolate. O Japão era famoso por lançar itens exclusivos e limitados no menu que não podiam ser encontrados em nenhum outro lugar do planeta. Era um alvo fácil para um youtuber desesperado como eu.

Um dos meus primeiros vídeos foi sobre os *jewellery burgers* do McDonald's Japão, um combo premium com três hambúrgueres com queijo diferenciado e trufas, servido em uma caixa exagerada em formato de coroa. Não chegava a ser maravilhoso, mas o vídeo foi bem recebido pelo público ocidental.

Carreguei mais uma sacola de papel do McDonald's para meu quarto de hotel e dentro dela encontrei uma caixa branca metade impressa em marrom com as palavras "Original Golden Crispy: McFry Potato Sauce". Um nome chamativo, sem dúvida.

Soava promissor, mas a realidade era decepcionante. Abri a caixa e encontrei... batata frita comum. Procurando mais fundo, encontrei um garfo de plástico e um sachê de molho de chocolate branco e preto perdido no fundo. Era isso.

Abri o sachê, derramei o chocolate sobre a batata e fiquei pensando como diabos eu poderia transformar isso em um vídeo para o YouTube. Até aquele ponto, meus vídeos eram meticulosamente roteirizados e filmados, planejados quadro por quadro. Sentado no meu quarto, prestes a filmar a mim mesmo comendo uma caixa de batata frita, parecia que o canal *Abroad in Japan*, no qual eu apostava meu futuro, tinha chegado ao fim.

Editei o desastre e fiz um vídeo de dois minutos e 38 segundos, subi para o canal e então desabei no meu travesseiro de trigo-sarraceno.

Quando olhei meu celular na manhã seguinte, encontrei uma enxurrada de mensagens. O vídeo da batata frita com chocolate do McDonald's tinha feito um sucesso estrondoso do nada, acumulando 250 mil visualizações.

Destacado no trending do YouTube, no hall da fama da internet, que é o Reddit, e em várias publicações online, parecia que muitas pessoas estavam fascinadas por uma porção de batata frita coberta com chocolate barato. Eu via, surpreso, nada menos que quatro apresentadores de TV americanos reagindo ao meu vídeo ao vivo e debatendo os prós e contras do prato.

Amigos com quem eu não falava havia anos surgiram dizendo que tinham visto o vídeo no Facebook. Foi uma loucura.

Eu me sentia no centro do mundo. A maré estava virando. E mais tarde naquele dia Ryotaro entrou em contato de novo, evidentemente impressionado com meu sucesso viral.

"Oi, amigo. Parabéns pelo vídeo do McDonald's! Isso é muito louco. Boa notícia... talvez eu tenha alguns vídeos para você gravar ainda este mês."

Meu estúpido vídeo do McDonald's tinha conquistado Ryotaro. Eu tinha provado meu valor e desbloqueado o próximo nível no game. Com a ajuda do Ryotaro, o canal *Abroad in Japan* estava prestes a mudar minha sorte.

Mas não antes de um projeto ridículo envolvendo uma quantidade impressionante de gatos.

22.

NAÇÃO DOS GATOS

MAIO DE 2016

"Ok, Chris, quero que você olhe para o gato e depois vire para a câmera com uma expressão meio perplexa."

Eu estava em pé, desconfortável, de frente para a equipe de filmagem, observando cerca de uma dúzia de pessoas fazendo fila ansiosamente para comprar bilhetes de loteria enquanto um gato era a atração principal.

Não se pode inventar isso.

Existe uma expressão idiomática japonesa, *Neko ni koban* (assim como moedas para um gato), que alerta contra oferecer coisas para quem não pode apreciá-las. Era uma das minhas expressões favoritas, mas eu achava que essas pessoas estavam levando a sério demais.

No entanto, Hachi não era uma gata comum. Ela era uma gata mágica. Supostamente.

Apesar de nossa celebridade felina ser uma gata toda branca da raça American Shorthair, ela tinha sobrancelhas grandes e negras, com o formato do *kanji* para o número oito, *hachi* (八). Era quase como se tivessem sido desenhadas com uma caneta marcadora.

O oito é considerado um número de sorte no Japão, e a barraca de loteria de Hachi tinha visto um número incomumente alto de bilhetes premiados. Hachi era um *maneki neko*, um gato da sorte.

À primeira vista parecia um local improvável para um milagre divino — uma barraca simples em um canto de rua na cidade de Mito, 70 quilômetros ao norte de Tóquio. Um cartaz ousado estava preso acima da barraca, vangloriando a boa sorte oferecida: "Sorteio de 1 milhão de ienes, três prêmios ganhos este ano!".

Infelizmente, Hachi não estava ajudando ninguém a manter a saúde, já que metade das pessoas na fila comprava um maço de cigarros junto com seus bilhetes de loteria.

Trabalhando de uma às seis da tarde, Hachi era tratada como uma funcionária. A dona da barraca, Kaori Hasegawa, pegava a gata emprestada de um amigo durante a semana, e esperava que ela trouxesse sorte para ele.

Olhando para o público que se aglomerava em torno de Hachi e tirava fotos, eu me pegava lutando para não rir. Hachi estava sentada ereta no balcão, entediada e impassível, como uma rainha que não se impressiona com a presença de súditos bajuladores.

Com o cinegrafista pronto para começar a filmar, me aproximei do balcão ao lado de Hachi e me virei para a câmera, falando com a voz meio séria de um apresentador.

"Vem gente do país inteiro para conhecer Hachi, a gata da sorte..." Gesticulei para a frente da loja, deserta naquele momento. Hachi se entediou e foi embora, desaparecendo para tirar um cochilo e ferrando com a gravação. Típico dos gatos.

"Podemos trazer Hachi de volta por um momento?", perguntou o produtor a Kaori san.

Ele balançou a cabeça solenemente.

"Hachi precisa do seu sono da beleza."

Desgraçada.

No fim de abril, minha carreira estava novamente nas mãos de nossos amigos felinos. Eu tinha passado a última semana perambulando por um cemitério em busca de gatos selvagens, tomando uma bebida abominável chamada "vinho de gato" e explorando uma ilha semiabandonada na costa do Pacífico do Japão, habitada quase exclusivamente por duzentos felinos.

Dois meses antes, tinha recebido um e-mail de um cineasta

australiano esperto chamado Tim Demalstro. Ele acabara de lucrar com um documentário sobre Bitcoin e queria investir seus ganhos em um projeto sobre o culto insano e obsessivo aos gatos no Japão. Tendo visto alguns vídeos do *Abroad in Japan*, ele achava que eu era perfeito para o trabalho, com meu conhecimento do Japão e, presumo, minha aparência impecável.

Meus 100 mil inscritos provavelmente ajudaram também.

Eu tinha sentimentos conflitantes sobre apresentar o documentário. Não só me faltava experiência profissional como eu não estava convencido de que os espectadores que desejavam aprender sobre gatos no Japão iriam querer fazer isso pela lente de um idiota britânico sarcástico. Parecia uma combinação estranha.

Para piorar as coisas, eu nem gostava de gatos.

Claro, isso não significa que eu os deteste, mas, padecendo de uma leve alergia, mantenho os gatos a distância. No passado, no salão de Natsuki, no momento em que o gato persa dele, Rocker, entrava na sala, eu fugia, para evitar ficar com os olhos irritados e o nariz escorrendo.

Em nossa primeira chamada de vídeo, contudo, Tim teve certeza de que eu era o cara certo para o trabalho.

"Basta agir exatamente como faria nos seus vídeos normais, amigo. Vai funcionar muito bem!"

Se eu tivesse alguma visão de futuro, teria contratado um gerente para negociar o contrato e garantir uma boa remuneração e uma parte dos lucros, especialmente se fosse promover o documentário quando ele fosse lançado.

Mas eu não tinha nem gerente nem visão de futuro. Na minha desesperada tentativa de conseguir o trabalho — *qualquer trabalho* — para ajudar a pagar minha dívida que só aumentava, sugeri um valor ridiculamente baixo, que Tim prontamente aceitou.

Hoje eu sei que praticamente apresentei *Cat Nation* de graça, e não tenho ninguém para culpar a não ser eu mesmo. Naquele momento, se alguém tivesse jogado moedas aos meus pés e pedido para eu dançar na rua, eu teria feito isso. O YouTube não estava pagando as contas, e meu futuro no Japão ainda estava por um fio. Talvez Hachi me trouxesse sorte.

Não há dúvida de que Tim, apesar das minhas reservas, tinha um vencedor desde o começo.

A população de gatos no Japão, que era de 8,9 milhões, estava prestes a superar a dos cães como o pet mais popular do país. Personagens adorados como a Hello Kitty e o gato azul de rosto redondo Doraemon eram uma clara demonstração de como os felinos estavam presentes na cultura japonesa. Mas foi pelas muitas maneiras bizarras que a obsessão do Japão por gatos se manifestou que o tema se tornou tão maravilhosamente intrigante.

Embora nossa jornada nos levasse por todo o país, a primeira parada foi em um *cat café* em Shinjuku, Tóquio, onde, por apenas mil ienes, os clientes podiam acessar uma sala habitada por nada menos que 25 gatos e tomar chá ou café ali por uma hora. Era mais popular entre as mulheres jovens, que iam brincar com os animais depois da escola ou do trabalho.

Os proprietários de imóveis no Japão frequentemente proíbem inquilinos de manterem animais de estimação, já que os apartamentos são pequenos e as garras podem fazer estragos nas portas de papel deslizantes e no piso de tatame. Os *cat cafés* eram, assim, uma solução engenhosa para atender as pobres almas que desejavam ter um gato mas eram cruelmente proibidas de possuir um.

Embora eu tenha me divertido brincando com os gatos, depois de meia hora minha alergia começou a aparecer. Com o nariz escorrendo e os olhos lacrimejando incontrolavelmente, me afastei para o canto da sala, pedindo um prato de macarrão para devorar o mais longe possível dos gatos. Quando me sentei para comer, percebi que o macarrão tinha um ingrediente bônus, além do tomate e da linguiça: uma pequena pilha de pelos.

Saímos rapidamente para o restaurante de *sukiya* mais perto que servia bowls de carne e fiz a promessa de nunca mais pedir comida em um cat café.

Foi prazeroso trabalhar com Tim e o cinegrafista Cody. Parecia mais que eu estava conversando com amigos do que atuando em um ambiente profissional de TV, e isso me ajudou a descontrair durante as filmagens. E, embora Tim tivesse feito uma boa pesquisa e contratado um intermediário local para agendar as entrevistas, ficou claro que estávamos à mercê de pessoas excêntricas cujas histórias estávamos tentando capturar.

Uma dessas pessoas era conhecida simplesmente como *Cat-man*.

Durante muitos dias úteis, no eclético distrito comercial de Tóquio, Harajuku, podia-se ver um japonês de meia-idade empurrando um carrinho de bebê cheio de gatos persas. Exatamente nove gatos. Em um único carrinho.

Nosso intermediário recebeu uma dica de que o Cat-man estaria por ali por volta das onze e meia, então nossa equipe se dirigiu para o cruzamento onde ele deveria aparecer. E, como esperado, às onze e meia, vimos uma figura de semblante sério, cabeça raspada e camisa xadrez azul sair de um beco empurrando um carrinho.

O carrinho era tão pequeno que pelo menos quatro dos gatos adormecidos estavam submersos sob o pelo de seus companheiros. Era difícil ver onde um gato terminava e o outro começava. Apesar da agitação da multidão de espectadores empolgados, quase todos os gatos dormiam profundamente.

Pelo que sabíamos, logo depois de adotar os gatos, Masahiko Suga, o Cat-man, teve que lidar com o caos que eles causavam em sua casa. Levá-los para passear de carrinho ajudava a acalmá-los.

Era, sem dúvida, uma cena desconcertante: como os gatos permaneciam ali, tão comportados, era um mistério. Havia rumores circulando pela internet, atiçados por amantes de gatos indignados, segundo os quais os peludos eram dopados para ficar em estado de torpor, e que o Cat-man os explorava para obter atenção e publicidade.

Eu não tinha certeza do que pensar enquanto observava a pequena multidão cercando o carrinho, mas a equipe de produção já tinha suas primeiras filmagens: uma pilha de gatos sentados pacificamente no carrinho em Harajuku.

Nossa próxima parada foi uma empresa de e-commerce chamada Foray, que tomara a ousada decisão de permitir que os funcionários trouxessem seus gatos para o trabalho. A teoria era de que a presença felina ajudaria a reduzir o estresse dos trabalhadores, uma iniciativa que imaginei ser bem mais barata do que pagar horas extras aos empregados.

A imagem de gatinhos circulando em um escritório parecia bastante adorável, mas na realidade era nada menos que o caos.

Escondido no segundo andar de um prédio pequeno e sem graça em Shibuya, o escritório apertado tinha duas filas de mesas uma de frente para a outra. Quando chegamos, havia cerca de oito funcionários trabalhando silenciosamente em suas mesas, e meia dúzia de gatos vagando por lá como se fossem os donos do lugar.

Fomos recebidos por Ken san, o gerente da empresa, amante de gatos e responsável por instituir a política, que gentilmente fez um tour conosco.

A primeira coisa que chamou minha atenção foi um teclado de computador com um cabo meio mastigado saindo da parte de trás.

"Nossos pets podem ser muito brincalhões", ele riu, enquanto eu observava, sem saber se ria ou me preocupava, um gato siamês subindo até a parte de trás de um computador à procura de um brinquedo de roer.

Ele não vai rir quando o Floquinho tomar um choque de 50 mil volts.

"Os funcionários que não trazem gatos se importam com isso?", perguntei.

"Nossos funcionários são quase todos mulheres, e quase todo mundo traz o seu gato", o gerente me garantiu. Olhando em volta para os trabalhadores, parecia que, de fato, 90% da equipe era feminina.

Fiquei curioso para saber se havia alguém que não gostava dessa política. A lógica diz que, entre todos na sala, *alguém* estava assistindo ao Chaninho destruir o trabalho de um mês e tentando não perder a paciência.

Com certeza não fazia meu estilo. O escritório cheirava como a maior caixa de areia do mundo.

A seguir, eu tinha que experimentar uma série de produtos "inspirados em gatos", incluindo um spray de ambiente que supostamente tinha o cheiro da cabeça de um gato — seja lá o que isso significasse. Filmando em um Airbnb com vista para o majestoso templo Sensoji, em Asakusa, me degradei ao pulverizar o cheiro de um gato no meu rosto. O conceito do spray era invocar esse aroma nos momentos de solidão. Talvez você esteja em uma viagem a trabalho e com saudade do seu querido pet. Com esse spray, parecerá que ele está bem ali com você.

O spray cheirava a amianto. Um cheiro mofado e horrível que me fez lembrar de um horroroso cômodo em um vilarejo na zona rural da Inglaterra. Amaldiçoei o inventor do spray de gato e esperei, com todas as forças, que aquele cheiro saísse de mim.

Ainda assim, as coisas estavam prestes a piorar.

Diga-me, leitor, você já se sentou à noite com uma taça de vinho tinto, olhou para sua gata sóbria e pensou: "Ah, meu Deus, a Princesa parece um pouco excluída"?

É claro que já aconteceu com você. Bem, meus amigos, é aí que entra o vinho para gatos. Você nunca mais precisará beber sozinho. Com essa iniciativa revolucionária, você e seu bichano podem encher a cara juntos.

Apresentado em uma garrafa de vinho verde brilhante de 375 mililitros coberta com pegadas de gato, o comprador médio não japonês poderia facilmente confundir o *Nyan Nyan Nubou* com um vinho normal. No entanto, os falantes da língua perceberão que *Nyan Nyan* é a onomatopeia japonesa para o miado de um gato.

No entanto, quando dei um gole na péssima substância laranja, o único som que pude ouvir foi o de engasgos, enquanto imediatamente cuspi o suposto vinho na pia. Era como se alguém tivesse misturado suco de cranberry com água sanitária. Enchi a boca com um tubo inteiro de pasta de dente para mascarar o sabor infernal e comecei a me arrepender de ter dito sim àquele projeto amaldiçoado.

Para o que seria o segmento mais impressionante do documentário, pegamos um avião para Osaka e tomamos um trem para rodar 100 quilômetros ao Sul até a remota cidade de Kinokawa, na província de Wakayama, em busca de uma autêntica história de superação.

Era uma vez um gato de rua chamado Tama, que cresceu à sombra da estação Kishi, uma parada sem graça no fim da linha rural Kishigawa. Enfrentando perdas anuais superiores a 4 milhões de dólares, a linha ferroviária e suas catorze paradas estavam prestes a serem fechadas. Após um protesto público contra a iminente suspensão do serviço ferroviário em 2004, as autoridades mantiveram a linha Kishigawa aberta, mas desativaram todas as estações. Cada cidade nomeou um "mestre de estação" informal para supervisionar a administração diária.

O empresário local e recém-nomeado mestre Toshiko Koyama fez amizade com Tama em suas viagens regulares à estação de trem. Tama era uma linda gata tricolor, com uma pelagem chamativa mesclando marrom, preto e branco, e Toshiko logo fez dela a mascote da estação. Em 2007, ela foi oficialmente nomeada mestre de estação e recebeu a incumbência de saudar os passageiros que entravam ali para embarcar no trem.

Em vez de um salário anual, Tama recebeu um ano de ração para gatos, uma plaquinha dourada com seu nome e um quepe personalizado de mestre de estação. O quepe foi especialmente encomendado e ajustado perfeitamente, tornando Tama um ícone local.

Neste ponto, você pode estar pensando que essa história caminha na linha tênue entre genialidade e loucura, mas aqui vai o golpe final: Tama ficou tão popular que as pessoas começaram a desviar do caminho para visitar a estação Kishi. Houve um aumento de 10% no número de visitantes de 2006 para 2007: um impressionante acréscimo de 55 mil passageiros. A mídia do Japão e do mundo inteiro se interessou pelo assunto e correu para a estação para ouvir a história. Um estudo da Universidade de Kansai estimou que a presença de Tama tinha contribuído com impressionantes 1,1 bilhão de ienes para a economia local.

Adentramos Wakayama após uma longa e complicada viagem. Chegar à estação Kishi não era exatamente fácil, e isso tornava a peregrinação de turistas, muitos deles estrangeiros, ainda mais impressionante.

Mas nada tão impressionante quanto o *Tama Densha*, um trem construído e decorado em homenagem a Tama pela Wakayama Electric Railway. A ferrovia contratou Eiji Mitooka, um premiado designer de trens-bala, para criar um trem com temática de gato. Ele tinha o exterior branco perolado adornado com pegadas, bigodes pretos e enormes orelhas felinas no teto. O interior tinha bancos com curvas divertidas ao longo do vagão, uma pequena biblioteca repleta de livros sobre gatos e um armário de madeira cheio de figuras do Doraemon. Espalhadas pelo vagão estavam 101 imagens estilizadas de Tama, com ela lambendo as patas e balançando a cauda de maneira travessa. Andar no *Tama Densha* era como uma alucinação induzida por catnip.

Quando nosso trem chegou ao trono de Tama, também conhecido como estação Kishi, vi que o prédio inteiro tinha sido projetado para se parecer com a amada gata mestre de estação. A estrutura original, sem graça e deteriorada, fora reformada em 2010 e transformada de maneira engenhosa na face de um gato, com duas janelas redondas como olhos, uma porta arqueada como um nariz e orelhas de gato aninhadas nas beiradas do telhado. Nenhum gasto foi poupado.

Um economista japonês descreveu a influência de Tama como *Nekonomics*, uma referência satírica à política econômica do primeiro-ministro Shinzo Abe, conhecida como *Abenomics*. No entanto, enquanto Abenomics obteve resultados mistos em suas tentativas de impulsionar a economia japonesa, ironicamente, o impacto de Tama, a gata, trouxe benefícios econômicos substanciais para a região local. Outras estações em Okayama e Fukushima começaram a eleger seus próprios mestres de estação gatos para aproveitar a onda. Parece que Tama também se tornou uma influenciadora.

No entanto, apesar de nossa longa peregrinação para conhecer a gata do momento, chegamos um ano atrasados. Tama falecera de insuficiência cardíaca um ano antes, aos dezesseis anos.

Por seus bons serviços, ela foi eternizada em um santuário xintoísta construído na plataforma da estação Kishi. Passei pelo *torii* e atravessei as pedras até o luxuoso santuário de madeira erguido em sua memória, onde um incenso queimava suavemente, e me senti inspirado, emocionado e um pouco perplexo com os acontecimentos.

Como uma gata pôde ter um impacto tão profundo na economia local? Dr. Seuss estava certo o tempo todo? Era tão simples quanto colocar um gato em um chapéu?[7] O que se passava pela mente de Tama enquanto ela ficava ali sentada, dia após dia, observando centenas de curiosos embarcarem nos trens?

Me sentindo triste e um pouco irritado por termos viajado tanto tempo para ver o túmulo de uma gata, imagine minha surpresa ao

---

[7] Dr. Seuss era o pseudônimo de Theodor Seuss Geisel, escritor norte-americano de livros infantis que morreu em 1991. O Dr. Seuss admirava os gatos por sua personalidade divertida e enigmática, e, além de trabalhar na companhia de seus animais preferidos, gostava de criar histórias e desenhar caricaturas de gatos. Um de seus livros mais conhecidos é *The Cat in the Hat*, de 1957, publicado no Brasil como *O gatola da cartola*. (N. E.)

entrar na estação e ver Tama sentada pacientemente em um pedestal! O elegante quepe azul estava em sua cabeça e uma enorme plaquinha de ouro pendia de seu colar. Mais de uma dúzia de fãs extasiados imploravam para tirar selfies com ela. Admito, era uma cena bem fofa.

Uma inspeção mais detida da plaquinha de ouro revelou que, na verdade, essa era Nitama — Tama II, herdeira do império da linha Kishigawa. Isso respondeu à pergunta final: o que acontece quando sua mascote lendária morre depois que você gastou milhões para construir uma linha de trem à sua imagem?

Resposta: Você corre para preparar uma sucessora parecida.

Os gênios do marketing na estação Kishi tinham antecipado a morte de Tama, e Nitama estava esperando nos bastidores fazia quase três anos. O rei Charles III do mundo dos gatos.

Enquanto a gata atordoada olhava ao redor sem dar atenção ao público bajulador, seus olhos de repente se fixaram na mancha de luz solar que permanecia além da saída da estação. Eu me perguntei se nossa mestra da estação peluda desejava escapar do circo lucrativo em que, sem querer, tinha se tornado a estrela.

Vários meses depois de terminarmos as filmagens, justamente quando eu estava superando o trauma de ter bebido vinho de gato, Tim me enviou uma cópia do documentário finalizado. Chamava-se *Cat Nation: A Film About Japan's Crazy Cat Culture*. A qualidade das filmagens era excepcional, e as histórias que cobrimos eram, sem dúvida, fascinantes, mas fiquei mortificado com minha performance.

Inseguro sobre como me comportar diante da câmera, contive muito do meu humor sarcástico, receoso de ofender o público obcecado por gatos. Nas poucas ocasiões em que fui eu mesmo, acabei parecendo rude e condescendente. Não tinha a menor chance de isso agradar aos espectadores que esperavam um documentário sobre animais fofos e carinhosos.

"Tim, tem certeza de que não pareço um idiota?", perguntei nervosamente em uma videochamada.

"Nem um pouco, cara! Acho que temos um sucesso nas mãos. Os distribuidores demonstraram bastante interesse", ele respondeu, animado, sem dúvida aliviado que o projeto já estivesse dando frutos.

Minha sensação de alívio não foi maior que a frustração por não ter negociado um bom contrato.

Distribuidores. Interesse. Caramba. Por que não negociei uma parte das vendas?

Cat Nation foi lançado em 2017 e logo se espalhou por lugares do mundo todo, em locais bem inusitados. Uma tarde, recebi uma enxurrada de mensagens de espectadores na Suécia.

> "Caramba, Chris. Eu te vi em um documentário sobre gatos na TV! Foi tão aleatório, mas eu adorei."
>
> "Cara, estava assistindo a um programa sobre um gato no Japão com minha esposa, e seu rosto apareceu! Surreal."

Parece que o programa tinha sido transmitido na televisão sueca. Não muito depois, recebi uma mensagem de um velho amigo de escola, que tinha viajado pela Emirates e me achara em um estranho documentário sobre gatos passando na TV durante o voo.

> "Estava sobrevoando o Himalaia hoje e sua cara arrogante apareceu. Você estava andando dentro de um trem de gatos. Fiquei meio confuso, cara!"

No começo, fiquei grato por receber as mensagens de espectadores e amigos surpresos, mas, quando o documentário apareceu no Amazon Prime, meus piores medos foram confirmados.

UMA ESTRELA
"Tive que parar na metade", começou Jonathan. "Um desrespeito pela cultura japonesa e pelos gatos. Esse cara não entendeu nada."

UMA ESTRELA
"Intolerável!", declarou Steven. "Não gostei desse imbecil descrevendo as coisas como loucas, esquisitas ou estranhas."

UMA ESTRELA
"Absolutamente horrível esse cara! Se você não gosta dos costumes japoneses, saia do país!", descascou Natalia, como se um monte de gatos enfiados em um carrinho fosse uma tradição japonesa que remontava à era Meiji.

UMA ESTRELA
"Perdi o interesse em 5 minutos", comentou Anônimo. "Embora eu tenha rido muito do visual brega do cara. Dá uma olhada nos looks dele."

Era verdade. Eu estava usando uma camisa roxa cafona durante toda a filmagem e uma calça ridiculamente desleixada, que não me favorecia em nada. Não havia desculpas.

No entanto, apesar do despejo justificado de ódio no Amazon e da minha própria decepção com a minha performance, não me arrependi de ter participado de *Cat Nation*. Descobri cantos obscuros do país, e fazer parte da produção me deu confiança para começar a planejar meus próprios projetos de documentário. Além disso, ouso dizer que aprendi a gostar um pouco mais de gatos ao longo do caminho.

23.

UMA CASA PARA CHAMAR DE MINHA

OUTUBRO DE 2016

Não é todo dia que você é rotulado como um "teórico alternativo".

Minha cara estúpida estava estampada em um artigo australiano na internet com o título absurdo: "Como o irmão de Jesus fez o favor final e tomou o lugar dele na crucificação, diz teórico alternativo".

O que soava como um enredo de *O código da Vinci* começou como uma viagem com Ryotaro até a região mais ao norte de Aomori, uma província famosa pelo atum bluefin, maçãs e neve densa.

No entanto, acabamos indo até a cidade impossivelmente remota de Shingo para observar uma impressionante cruz de madeira que se projetava de um monte de terra ridiculamente grande, alegando ser o verdadeiro local de descanso de Jesus Cristo. Uma lata contendo moedas e um cartão postal com arte feita por uma fã de mangá e de Jesus estavam sobre o monte, enquanto uma impressionante placa em hebraico, doada pelo embaixador israelense, ficava próxima. Ela fora dada como um símbolo de amizade pela região, embora se pudesse perguntar se estavam apenas fazendo média com os moradores da cidade e suas alegações ousadas.

Aparentemente, em vez de morrer na cruz, Jesus teria fugido para Aomori e deixado o irmão em seu lugar. Por que seu irmão teria se sacrificado tão prontamente, nunca saberemos. Mas Jesus supostamente teria passado seus últimos dias no norte do Japão, a apenas 24 quilômetros dos túmulos de Adão e Eva, que também estariam enterrados por ali, segundo a alegação.

Enquanto eu olhava para os tranquilos campos de arroz que balançavam com o vento na sombra da enorme cruz de madeira, me perguntei se Ryotaro e eu tínhamos tropeçado em uma teoria da conspiração que estava sendo construída havia 2 mil anos.

Ou seria mais uma tentativa desesperada de atrair turistas para uma vila moribunda?

Nunca saberemos. Deixo para você decidir.

Quando apresentei Shingo em um vídeo e contei a história, ganhei o título de "teórico alternativo". Sentia que era um sucessor adequado ao meu título anterior de *professor de palavrões*, em Sakata.

Gravar vídeos Japão afora com o sempre astuto Ryotaro certamente era imprevisível. Desde quase morrer em uma tempestade de neve enquanto filmávamos um vídeo de esqui no topo de um dos picos mais altos de Tohoku até escalar um penhasco usando jeans e sem cinto de segurança para capturar uma imagem de um antigo santuário montanhoso, as coisas quase deram espetacularmente errado mais de uma vez.

Nós dois não concordávamos em nada, então nossa parceria mais parecia uma rivalidade de irmãos do que uma amizade. Mas as piadas e o jogo de risco tornavam cada vídeo mais divertido, e não havia dúvida de que formávamos uma ótima equipe.

No nosso primeiro ano, produzimos nove vídeos em Tohoku e cobrimos de tudo, desde o incomparável wagyu até a temporada das cerejeiras, fazendo nossa parte para colocar o norte do Japão no mapa.

Sempre me espantou que, nos guias de viagem japoneses, Tóquio e Quioto têm mais de cem páginas dedicadas a elas, enquanto as seis enormes províncias do norte do Japão recebem pouco mais que quatro ou cinco. Os turistas estavam perdendo maravilhas genuínas — o maior mercado matinal do Japão na cidade portuária de Hachinohe, em Aomori; uma deliciosa tigela de lámen em Kitakata, uma cidade em Fukushima com mais lojas de lámen per capita do que qualquer outro lugar do país; a cidade mágica de fontes termais de Ginzan, em Yamagata.

Com uma série de sucessos virais, estávamos nos divertindo imensamente enquanto explorávamos locais espetaculares, incentivando os espectadores a quebrar a tradicional "Rota dourada do Japão", que leva os turistas por Tóquio, Hakone e Quioto, e a embarcar na jornada mais aventureira e inexplorada pelo norte. No entanto, considerando os míseros 1% de turistas estrangeiros que visitavam Tohoku, apesar dos milhões de visualizações conquistados, estávamos enfrentando uma batalha difícil.

Ainda assim, no meu novo papel de teórico alternativo, eu estava pronto para o desafio de reverter a situação. Especialmente agora, quando a vida em Sendai estava começando a melhorar.

Uma manhã, a campainha no meu novo apartamento tocou.

Olhei a tela do monitor de vídeo e fiquei ansioso ao ver um policial em frente à minha porta.

Eu estava morando nesse bairro fazia três semanas. Como é que já tinha me metido com a polícia? Respirei fundo e corri até a porta, imaginando o que teria feito de errado. Talvez fosse uma reclamação de barulho devido ao vídeo para o YouTube que gravara com Natsuki na noite anterior? Ou talvez uma loja de departamentos onde eu filmara sem permissão estivesse se vingando?

Quando abri a porta, o policial — um homem na faixa dos cinquenta anos com muito cabelo grisalho, usando o uniforme característico de terno azul-marinho com camisa azul-claro por baixo — fez uma reverência longa e deu um sorriso caloroso. Em inglês claro e bem pronunciado, disse:

"Eu sou um policial japonês."

"*Ah, konnichiwa!*" Eu sorri de forma constrangida e fiz um leve aceno.

"Gostaria de dar boas-vindas ao senhor no bairro!", disse, voltando para o japonês. "Se tiver algum problema, por favor, venha até o *kōban!*"

Kōban são pequenas delegacias de bairro encontradas nas esquinas das ruas em todas as cidades e vilarejos do Japão. Com mais de 6 mil unidades, esses postos de polícia geralmente são ocupados por dois ou três oficiais a postos a qualquer momento. Muitas vezes, com um interior acolhedor, composto por mesas e instalações rudimentares para fazer chá, são uma forma eficaz de tornar a polícia mais acessível. Eu só tinha entrado em um uma vez antes, quando me perdi em Tóquio, e os oficiais ficaram mais do que felizes em me orientar.

Aliviado por não estar sendo deportado por crimes desconhecidos, agradeci ao policial, e ele desapareceu pelo corredor. Que boa, embora ligeiramente assustadora, recepção ao bairro.

Era agosto, e, depois do começo turbulento da minha vida em Sendai e de várias semanas na estrada filmando gatos com chapéus, finalmente eu tinha um lugar para chamar de meu; uma "mansão" de dois dormitórios com sala de jantar e cozinha, a vinte minutos do centro de Sendai e com vista para o rio Natori, que atravessa a cidade. Era um bairro tranquilo, salvo pelos alarmes ocasionais de alerta de inundação sendo testados. Tirando o medo paralelo de que a represa mais acima no rio fosse se romper e arrastar metade da cidade, a vida estava ótima.

Curiosamente, apartamentos maiores no Japão são chamados de mansões (マンション), mas não têm nenhuma das características de uma mansão verdadeira. O nome foi criado na década de 1950 por construtores que queriam promover a ideia de moradia multifamiliar, e, hoje, tipicamente, qualquer prédio de apartamentos com mais de dois ou três andares é chamado de mansão.

Como orgulhoso proprietário de uma mansão, eu reinava em um apartamento de dois cômodos, com sala de estar, área de jantar e cozinha combinadas em um único cômodo e o quarto como o outro. Por 80 mil ienes por mês, era 10 mil ienes a mais do que o apartamento médio em Sendai, mas, como eu precisava de um cômodo separado do meu quarto para filmar, vi o segundo cômodo como um estúdio e esperava que o dinheiro valesse a pena a longo prazo.

Era um grande avanço em relação ao inferno onde eu havia morado nos meses que antecederam o verão. Tendo sido recusado no apartamento dos meus sonhos, eu entregara quantias pecaminosas de dinheiro para a Sendai Rentals para ter um teto sobre a cabeça nos últimos seis meses entre a nova acomodação e minha vida vivendo em hotéis.

Eles encontraram um apartamento moderno para eu viver temporariamente. O contrato de curto prazo significava que eu evitava pagar a taxa de chave e um depósito e me cobravam 120 mil ienes por mês, uma quantia exorbitante considerando o tamanho minúsculo.

O corretor de imóveis, um jovem e alegre japonês que falava inglês fluentemente, me mostrou impressos exibindo duas opções de apartamentos pela cidade.

A opção A era um imóvel situado bem no centro que parecia não ter luz nenhuma. Lembrava uma cela de prisão alongada, com barras de metal nas janelas de vidro e uma entrada apertada. A cozinha era nada mais que um fogão a gás e uma chaleira, e uma porta oposta levava a um banheiro tão pequeno que eu não tinha certeza se conseguiria sentar no vaso sem que meus joelhos batessem na parede.

Parecia uma captura de tela de uma cela em Guantánamo.

"As barras de metal são para sua tranquilidade, já que o quarto fica no térreo", explicou o corretor de imóveis, quando balancei a cabeça em um firme "não".

A opção B parecia o Jardim do Éden em comparação: um apartamento tipo estúdio iluminado com piso marrom-claro e paredes brancas frescas. Havia um cômodo principal com cama, cozinha e escrivaninha, e um chuveiro e banheiro em um cômodo separado ao lado. Era pequeno, um dormitório, mas parecia uma solução razoável para o curto prazo.

A vida no minúsculo apartamento correu bem no começo.

Embora os pagamentos mensais fossem extorsivos, ainda era melhor do que as estadias que induziam à falência em hotéis e o constante movimento da minha bagagem e vida de um quarto para outro. O melhor de tudo é que eu tinha um travesseiro de verdade.

Depois de um mês, no entanto, eu estava começando a pirar. Embora os apartamentos "mansão" geralmente tenham paredes feitas de concreto ou metal, o prédio de dois andares era feito de madeira balsa. E não era qualquer madeira balsa, não...

Era do tipo ruim.

Entre três apartamentos abaixo e dos dois lados, eu conseguia ouvir praticamente cada tosse, ronco ou palavra dita. Era como se meus vizinhos estivessem no mesmo cômodo que eu. Na primeira vez que tentei prender alguma coisa na parede, ouvi um barulho oco e tive a preocupante constatação de que meu espaço privado não era tão privado assim.

Eu acordava por volta das duas da manhã com um ronco ensurdecedor, achando que alguém estava no meu quarto, quando na verdade era um homem que morava ao lado. Nossas camas ficavam encostadas na mesma parede, com não mais que dois centímetros de madeira balsa entre nós. Estávamos praticamente na mesma cama.

Eu tinha planejado gravar vídeos para o YouTube no apartamento, mas logo me dei conta de que falar alto iria incomodar os vizinhos. Isso significava que não fazia vídeos e não estava ganhando a renda vital de que precisava para viver.

Os apartamentos minúsculos do Japão são adorados e frequentemente glorificados na internet, acumulando milhões de visualizações, com os espectadores elogiando a engenhosidade do design de interiores japonês e o minimalismo. Você não viveu em um microapartamento japonês de verdade até ter postado um vídeo com uma miniatura sua, de braços abertos, chocado com *quão pequeno ele realmente é*. Embora esses vídeos frequentemente sejam divertidos de ver, a realidade é bem diferente. As empresas do ramo imobiliário praticamente saem impunes, construindo quartos cada vez menores que são praticamente caixões. Não há como viver em um espaço tão apertado por longos períodos de tempo sem afetar sua saúde mental. Estar em estado constante de autoconsciência e andar em cima de cascas de ovo no meu próprio espaço, ao mesmo tempo que lidava com as rotinas diárias barulhentas do meu vizinho, certamente não ajudou no meu estado mental.

Quando Natsuki veio me visitar pela primeira vez, ele ficou chocado com a falta de espaço.

"A cozinha é muito estreita!", ele declarou, zombando do fato de que a pia ficava a um metro da minha cama.

Sendo um youtuber, eu naturalmente fiz o vídeo obrigatório sobre o minúsculo apartamento japonês também, e ele agradou muito no canal. Por mais que eu me esforçasse para criar conteúdo único e pensado, a verdade é que são os vídeos populares que te mantêm em alta. Afinal, meu império midiático foi construído com um vídeo sobre as fritas com molho de chocolate do McDonald's. Meus espectadores adoraram particularmente quando Natsuki estava praticando suas habilidades de compreensão auditiva em inglês e entendeu errado as palavras "vacuum cleaner", que significam aspirador de pó.

"O quê? *FUCKING? Cleaner?!*", ele reagiu chocado.

"*Vacuum*, Natsuki! *Vacuum!*"

Passei três longos meses criando maneiras cada vez mais elaboradas de bloquear o som dos meus vizinhos, desde o uso de fones de ouvido até enrolar uma toalha ao redor das orelhas e tomar remédio para dormir. Finalmente, porém, com Ryotaro atuando como fiador, consegui encontrar um apartamento de longo prazo. Tanto minha sanidade quanto meu futuro em Sendai estavam garantidos.

24.

MÍSSEIS A CAMINHO

SETEMBRO DE 2017

Recebi a oportunidade de escrever um artigo para uma revista japonesa sobre uma deslumbrante floresta protegida pela Unesco chamada Shirakami Sanchi, localizada nas montanhas de Aomori. Sendo a província mais ao norte da ilha principal do Japão, Honshu, e uma das regiões mais isoladas do país, eu poderia relaxar e descontrair enquanto escrevia um artigo medíocre sobre algumas árvores. Absolutamente nada poderia dar errado.

Na paz remota do norte, a única coisa com que os locais de Aomori tinham que se preocupar eram os ursos-negros. Ou talvez fossem os ursos que precisavam se preocupar. Nos dias que antecederam minha viagem, um urso travesso entrou em um pomar precioso e se aproximou com ousadia de um agricultor idoso que estava colhendo frutas. Enquanto no Reino Unido o pior que você poderia encontrar era um coelho ou talvez uma raposa, no Japão a vida selvagem é bem mais ameaçadora. Os ursos são apenas a ponta do iceberg em uma terra habitada por javalis selvagens, vespas gigantes e macacos arteiros rolando na neve. Em vez de fugir em pânico, o agricultor encarou o urso e lhe deu um soco na cara. O urso recuou surpreso e fugiu rapidamente, correndo de volta para as montanhas de Shirakami Sanchi. Quase fiquei com pena do urso. No entanto, os ataques de ursos estavam em alta nos últimos anos. Eles se sentiram encorajados com a diminuição das populações das vilas rurais do Japão, portanto talvez fosse certo enviar uma mensagem a todo o povo dos ursos.

Minha jornada nas montanhas exigiria que eu seguisse rio acima por várias horas, navegando por penhascos perigosos e escalando rochas para chegar a uma cachoeira isolada e perigosamente inacessível. Um acidente sério e eu estaria ferrado, especialmente se tivesse deparado com a fauna local. Com certeza eu não conseguiria socar a cara de um urso.

Apesar dos riscos, eu disse a mim mesmo que viajar para a selva para escrever um artigo que ninguém jamais leria valeria a pena, só para poder me enganar, nem que fosse por um curto período, achando que eu era essencialmente como o aventureiro conterrâneo Bear Grylls.[8]

Na noite anterior à expedição, eu e dois guias locais ficamos em um hotel caindo aos pedaços na vila próxima de Nishimeya. Sabendo que precisaria de uma boa noite de sono para me preparar para a jornada de um dia inteiro, meu coração afundou quando abri a porta do quarto de hotel e deparei com a que poderia ser a pior cama do mundo. As molas estavam visivelmente quebradas, e, pelo som que fazia quando eu me sentava na cama, parecia ter sido montada algum tempo antes da queda do Muro de Berlim.

Para uma pessoa ansiosa, se algo está ligeiramente fora do lugar, o sono simplesmente não vem. Eu já tinha visto isso antes, nas minhas batalhas com o travesseiro de trigo-sarraceno, e mais uma vez, enquanto revirava na minha cama da época da Guerra Fria, as molas cravando em mim como garras, qualquer chance de uma boa noite de sono desapareceu. Por algum milagre, consegui cochilar por volta da uma da manhã, e teria que sair às sete e meia. Com seis horas e meia de sono, eu estaria subindo as montanhas de Aomori.

Às 6h04, porém, o mundo acabou.

Ou pelo menos pareceu acabar.

Acordei de repente e me sentei na cama. É uma sensação estranha quando seu corpo assume o controle. Mesmo estando acordado,

---

[8] Bear Gryllis é um apresentador de programas de aventura na TV por assinatura britânica. (N. E.)

meu cérebro ainda não tinha ligado e meus olhos estavam impossíveis de abrir, secos devido ao ar-condicionado implacável do quarto.

Ao lado do meu travesseiro, meu celular emitia um alerta assustadoramente alto que eu nunca tinha ouvido antes. Era algo entre um alarme de ladrão e um apito de nevoeiro, feito para ser impossível de ignorar e para causar um senso de urgência. Ele vinha acompanhado de uma mensagem que eu estava lutando para ler, devido ao fato de que mal conseguia abrir os olhos. A princípio pensei que fosse um alerta de terremoto, embora fosse um terremoto bem grande, já que o alarme estava tocando por mais tempo que o habitual. Mas então, do lado de fora da minha janela, ouvi algo que nunca tinha ouvido antes. O som de uma sirene de ataque aéreo.

Dizer que fiquei chocado e desorientado seria um eufemismo. Acordei tão repentinamente que meu corpo estava tremendo e meu coração batia a ponto de eu achar que teria um infarto. Passar do completo relaxamento para ter um galão de adrenalina bombeado no corpo em menos de um segundo é extremamente intenso.

Respirei fundo algumas vezes para tentar diminuir a frequência cardíaca, então cambaleei até a janela para tentar entender as palavras que estavam sendo faladas pela sirene.

Abri a janela, o ar grudento do verão imediatamente embaçando meu rosto seco, e olhei para a vila. Do terceiro andar, eu tinha uma visão ampla da área. Apesar do barulho ensurdecedor, não via sinais de vida e nenhuma explicação do que estava acontecendo. Isso tornava toda a experiência ainda mais inquietante, como os segundos iniciais de um filme de desastre. Então, de repente, a sirene foi substituída por uma voz ominosa.

"Míssil lançado. Míssil lançado. Um lançamento de míssil foi detectado. Procure abrigo em um prédio reforçado."

Um míssil? Pelo amor de Deus, de onde?!

Por um breve momento, uma onda de terror me dominou. Seria

uma troca nuclear completa entre a Otan e a Rússia? Teria ocorrido um grande incidente?

Enquanto eu olhava para a cidade silenciosa, percebi que o fim do mundo poderia estar se desenrolando naquele exato momento. E eu estava ali. Infinitamente longe dos meus amigos e da minha família.

Meus olhos se moveram freneticamente para vasculhar o céu em busca de vestígios de um míssil, esperando que algum objeto em direção a mim atravessasse as espessas nuvens da manhã e caísse bem na minha frente.

Claro, teria que acontecer aqui. O único lugar no mundo onde nada nunca aconteceu.

A sirene de ataque aéreo continuava a uivar, e um carro solitário apareceu, seguindo lentamente para fora da cidade.

Mas então ouvi uma palavra no alarme que eu tinha perdido antes. O alerta estava, é claro, em japonês, e havia uma palavra que eu não conseguia entender.

Kitachousen...

Eu conhecia aquela palavra, mas usava tão raramente que tinha esquecido o que significava. O que seria?

Abri o dicionário no meu celular e digitei.

Coreia do Norte.

Claro que era a maldita Coreia do Norte.

A ideia de que um ICBM — um míssil balístico intercontinental — improvisado da Coreia do Norte pudesse cair do céu a qualquer momento e bombardear uma das vilas mais rurais do Japão parecia tanto absurda quanto altamente improvável. Durante meu tempo no Japão, o espectro dos testes de mísseis da Coreia do Norte pairava sobre o cotidiano. A Coreia do Norte era como o bicho--papão, um espinho constante no lado de uma região relativamente pacífica. Ao longo da costa oeste do Japão, em particular, o país era odiado; mais de uma dúzia de cidadãos japoneses foram sequestrados de praias rurais nos anos 1970 e levados para a Coreia para ensinar japonês. As relações entre os dois países tinham sido irremediavelmente comprometidas.

Meus primeiros pensamentos foram: se a Coreia do Norte tivesse lançado um míssil, provavelmente seria um teste. Mas e se ele tivesse saído do curso e estivesse indo em direção a Aomori? Eu já acompanhava as travessuras da Coreia do Norte fazia sete anos e achava que o país não tinha intenção de atingir o Japão com um míssil, o que provavelmente desencadearia o maior conflito no Leste Asiático desde a Guerra da Coreia.

Olhei para o corredor para ver se tinha hóspedes fugindo. Encontrei um silêncio absoluto.

A essa altura, o pânico e a confusão deram lugar à raiva e a um tipo de incredulidade muito britânica. Eram seis da manhã, pelo amor de Deus. Como a Coreia do Norte podia ser tão egoísta? Como ousavam acordar todo mundo a uma hora tão ridícula?

Existem momentos que nos definem para sempre, e eu estava prestes a entrar no meu.

Peguei a única câmera que tinha comigo na hora — meu iPhone — e apertei o botão de gravar.

"São seis da manhã, e acabei de ser acordado bruscamente por uma sirene de ataque aéreo por causa de um míssil da Coreia do Norte. Não sei se é real ou não, mas não é um jeito muito legal de acordar cedo."

Em um universo alternativo, é estranho pensar que essas poderiam ter sido minhas últimas palavras. As palavras de um idiota.

Mas de repente, sem aviso, a sirene parou. Achando que a situação tinha passado, voltei para a cama com um suspiro de alívio. Felizmente, estava naquele momento crucial em que ainda é fácil voltar a dormir. Não tinha sequer encostado a cabeça no travesseiro e minha coluna nas molas quebradas, e já estava apagado.

Cinco minutos depois, o caos se instalou novamente. Desta vez não só meu telefone tocou e a sirene de ataque aéreo recomeçou como a TV ligou sozinha, adicionando uma nova dimensão à situação. O quarto agora estava assombrado.

Olhei fixamente para a TV. Ela tinha ligado na sessão de notícias de última hora, e um repórter estava anunciando o lançamento do míssil da Coreia do Norte. Claramente, era algum tipo de sistema de emergência, e não um poltergeist travesso. O relatório de notícias trazia a manchete preocupante de que a Coreia do Norte tinha lançado seu primeiro míssil balístico intercontinental, capaz de alcançar a América do Norte.

Apesar dos desenvolvimentos preocupantes, eu me senti confiante de que era só mais um capítulo das constantes intimidações da Coreia do Norte. Furioso novamente, peguei meu celular e gravei um vídeo de mim mesmo na cama.

"Acabei de voltar para a cama. O telefone tocou de novo. Agora estou irritado de verdade."

Eu estava completamente acordado e furioso. Lembrei de um vídeo recente que tinha visto, no qual um grupo de youtubers viajara para a Coreia do Norte e filmara a si mesmo se divertindo em um parque aquático em Pyongyang. De alguma forma, eles ignoraram os imensos problemas de direitos humanos e o contínuo desenvolvimento de armas nucleares no país.

"É isso que me irrita em todas as pessoas que vão para a Coreia do Norte de férias, porque é tão diferente e único ver uma cultura que é tão estranha e esquisita, como se fosse dos anos 1960. Vai se ferrar. Toda vez que você vai para a Coreia do Norte, está financiando um regime que tem milhares de pessoas presas em campos de detenção e que lança mísseis estúpidos e aleatórios às seis da manhã."

Foi um monólogo bizarro e politicamente carregado para ser postado às seis da manhã, e, se eu soubesse o que aconteceria com o vídeo nos dias seguintes, provavelmente teria colocado uma camiseta. Ainda assim, pelo menos o alarme tinha diminuído.

Antes de subir o vídeo no YouTube, verifiquei as notícias para ter certeza de que ninguém tinha se machucado. Descobri que o míssil voou diretamente sobre a aldeia, embora centenas de quilômetros acima de nós, antes de cair no Pacífico Leste. Felizmente, ninguém se feriu.

Abri o YouTube, o Twitter e o Facebook, cliquei no botão de upload e, pela terceira vez naquela manhã, voltei a dormir por vinte minutos, antes de chegar a hora de sair.

A jornada de um dia pelas florestas e riachos de Shirakami Sanchi foi espetacular. Atravessando o rio, a água invadiu minhas botas e a chuva pesada encharcou o resto, mas o clima quente e úmido tornou tudo um pouco suportável. Após uma expedição de quatro horas, chegamos a uma das cachoeiras mais deslumbrantes do Japão. De pé na piscina, com o jato da água fresca da montanha limpando meu rosto suado e exausto, tentei me concentrar no artigo, mas meus pensamentos estavam completamente tomados pelos eventos incomuns da manhã.

Perguntei aos meus dois guias se eles tinham ouvido. Para minha surpresa, ambos tinham dormido profundamente, simplesmente ignorando o fim do mundo.

"*Taihen desu ne!* É terrível, né?", comentou um deles, desinteressado.

Estava começando a me perguntar se o evento fora exagerado. Será que alguém realmente se importava?

Depois de passar o dia caminhando por uma floresta tropical, meio esperando que um urso me matasse onde o ICBM não conseguiu, me joguei no banco de trás do carro enquanto começávamos a voltar para Aomori.

Uma vantagem de estar no meio do nada era a ausência de sinal de celular. Tínhamos passado o último dia completamente isolados, uma experiência difícil de encontrar no mundo moderno. No entanto, quando voltamos em direção à civilização e meu telefone pegou sinal, ele começou a vibrar.

Primeiro pensei que fosse outro aviso de míssil, porque começou a fazer outro barulho estranho. Então percebi que o telefone simplesmente estava lutando para processar o grande número de notificações que havia recebido.

O toque de notificação soava repetidamente, cada nova mensagem enterrando a última. O aparelho estava vibrando feito doido, entregando mensagens, e-mails e chamadas perdidas. O que diabos estava acontecendo?

Abri o YouTube para ver que meu vídeo apressado e revoltado tinha sido visualizado por 1 milhão de pessoas. Fiquei atônito. Enquanto remava pelas montanhas, eu me tornara uma sensação da internet. E isso era apenas a ponta do iceberg.

No Facebook, o vídeo foi compartilhado por quase todos os meios de comunicação imagináveis. Ele obteve incríveis 20 milhões de visualizações. O equivalente a um terço da população do Reino Unido tinha visto.

Minha caixa de entrada estava transbordando com mensagens de meios de comunicação tradicionais; desde a emissora britânica ITV até o Fórum Econômico Mundial, todos queriam que eu explicasse a situação geopolítica no Japão. Amigos e ex-namoradas com quem eu não falava havia uma década apareceram dizendo que tinham visto o vídeo. Em algumas páginas do Facebook, os haters estavam fora de controle, com muita gente irritada por eu ter sido sarcástico durante um evento tão sério.

A história do míssil da Coreia do Norte dominava as manchetes mundiais, e meu vídeo era um dos poucos registros do evento disponíveis na internet. No banco de trás do carro, segurando meu celular, pela primeira vez em minha carreira realmente comecei a compreender o poder da internet. Era absolutamente aterrorizante que um vídeo mal filmado pudesse chegar a milhões de pessoas ao redor do planeta em poucas horas.

Apesar de ser um dos piores vídeos que eu já postei, aqueles três minutos que gravei deitado sem camisa na cama marcaram o começo de um mês muito estranho, de fato, e um ponto de virada na minha vida no Japão.

25.

PONTO ZERO

SETEMBRO—DEZEMBRO DE 2017

Um dos aspectos mais inusitados de viver no Japão é saber que, apesar de ser um dos países mais seguros do mundo, com taxas de homicídios e crimes violentos invejavelmente baixas, o país vive sob a sombra de várias ameaças existenciais. Embora a Coreia do Norte continue sendo uma constante pedra no sapato da paz, o verdadeiro perigo jaz mais embaixo.

Às 14h46 (horário local) de 11 de março de 2011, apenas 72 quilômetros a leste de Tohoku, um terremoto assustador de magnitude 9.1 desencadeou uma destruição inimaginável pelo país. O terremoto mais poderoso já registrado no Japão foi sentido por milhões de pessoas, de Tóquio a Aomori. O chão tremeu como nunca antes, destruindo casas, estilhaçando vidros e fazendo arranha-céus balançarem como gelatina. O colossal edifício Shinjuku Mitsui, com seus 200 metros de altura no centro de Tóquio, inclinou-se incrivelmente em dois metros.

Mas o pior ainda estava por vir para aqueles que viviam e trabalhavam ao longo da costa do Pacífico. Sirenes de tsunami soaram desde os vilarejos pesqueiros remotos em Iwate até as grandes cidades de Miyagi e Fukushima, alertando os moradores para buscarem rapidamente áreas mais altas.

O mar recuou de forma sinistra, e, então, uma enorme onda espumante surgiu no horizonte. Ela cresceu em tamanho e força antes de atingir mais de 250 quilômetros da costa. Em questão de segundos, a calmaria deu lugar ao caos, com carros e casas inteiras sendo arrastados como se fossem de papel.

Uma onda de 14 metros invadiu a usina nuclear Fukushima Daiichi, danificando o gerador de emergência movido a diesel. O resultado foi um colapso catastrófico, levando ao pior desastre nuclear desde Chernobyl, em 1986.

Naquela tarde trágica, entre o terremoto e o tsunami, estima-se que 19.759 pessoas perderam a vida, 6.242 ficaram feridas e quase 250 quilômetros de litoral foram transformados em um deserto. Em algumas regiões, as ondas chegaram a penetrar até 10 quilômetros terra adentro.

Em Fukushima, vastas áreas de terra tornaram-se inabitáveis devido à contaminação radioativa, forçando 135 mil pessoas a evacuarem as planícies ao redor da usina Daiichi. No meio do pânico, governos estrangeiros aconselharam seus cidadãos a evitarem o nordeste do Japão, e centenas fugiram do país, temendo o pior.

Com um custo estimado de 235 bilhões de dólares para a economia japonesa, o Banco Mundial classificou o terremoto de Tohoku como o desastre natural mais caro da história até aquele momento. No entanto, para uma geração de moradores vivendo entre as ruínas da costa do Pacífico, os danos iam muito além das perdas econômicas. Quase todos foram afetados ou conheciam alguém que perdeu um ente querido. A situação não poderia ser mais sombria.

Seis anos tinham se passado desde o desastre, e, tendo tido a incrível sorte de chamar Tohoku de lar por meia década, eu queria produzir um documentário sobre o evento e conhecer os moradores que estavam reconstruindo suas vidas à sombra do tsunami.

Era um desafio intimidador sair do chão do meu apartamento, onde fazia vídeos debochando da televisão japonesa, para realizar entrevistas sérias com pessoas que perderam tudo. Nunca me senti tão fora da minha zona de conforto.

Ao mesmo tempo, sentia que devia isso a Tohoku. Os últimos cinco anos haviam sido os melhores da minha vida, e agora, com meu canal sendo um dos mais seguidos por estrangeiros no Japão, eu ocupava uma posição única para cobrir essa história e fazer o que pudesse para colocar a região de volta no mapa.

A costa devastada pelo tsunami e as mortes de mais de 19 mil pessoas pareciam ter sido esquecidas pela mídia tradicional. Embora o mundo soubesse sobre o desastre nuclear em Fukushima, havia pouca cobertura sobre as pessoas que sofreram e as cidades que foram aniquiladas. Produzir o documentário parecia uma forma de confrontar isso.

Através dos vídeos que produzi com Ryotaro viajando por Tohoku, conseguimos mostrar que, longe de ser um deserto distópico, o norte do Japão seguia com a vida normalmente. Foi incrível ver a transformação. Dos escombros, o esforço de reconstrução transformou a paisagem, remodelando o terreno, erguendo vastos muros de concreto para proteger a costa e reconstruindo cidades do zero.

Uma dessas cidades era Onagawa (女川町). A cidade mais próxima do epicentro do terremoto perdeu 827 pessoas e teve 70% de seus edifícios destruídos. Incrivelmente, apesar de sua proximidade com o epicentro, a usina nuclear de Onagawa sobrevivera ao tsunami: muros de concreto de 14 metros de altura impediram um alagamento severo. Na usina danificada de Fukushima Daiichi, os muros tinham meros 5,7 metros de altura, uma decisão catastrófica que contribuíra para o desastre.

A ajuda de Ryotaro foi inestimável na produção do documentário; ele organizou entrevistas com pessoas-chave ao longo da costa, incluindo o prefeito de Onagawa, Yoshiaki Suda.

Quando chegamos à pacata cidade pesqueira em uma ensolarada manhã de novembro, uma brisa fresca do mar soprava pela baía, e barcos de pesca entravam no porto carregados de ostras e salmões pelos quais a região era famosa.

Ao longo do cais, a primeira coisa que me chamou a atenção foi um prédio de concreto destruído, que destoava, um tanto deslocado, considerando que o resto de Onagawa fora reconstruído de forma impressionante. Quase todos os outros vestígios de destruição tinham sido removidos da paisagem.

Encontramos o prefeito Suda, uma figura alta e imponente, cujo semblante sério deu lugar a um sorriso ao nos dar as boas-vindas. Ele notou que meus olhos estavam fixos no edifício de concreto em ruínas.

"Esta área já viu muitos tsunamis ao longo dos séculos. Mas as pessoas esquecem. Queríamos deixar algo como lembrança e aviso para as futuras gerações."

Enquanto outras cidades ao longo da costa do Japão queriam remover todos os vestígios da destruição, os moradores de Onagawa votaram para mantê-los como um poderoso lembrete dos perigos sempre presentes sob a terra.

Uma das decisões mais ousadas do prefeito Suda foi capacitar os jovens da área a influenciar o redesenho da cidade. Os anciãos da cidade foram deixados de fora do processo de consulta.

"Se queremos manter as gerações mais jovens aqui em Onagawa, precisamos atrair a atenção deles. Precisamos ouvir suas ideias."

Inspiradoramente, empreendedores e empresas locais desceram à cidade para se envolver no processo de reconstrução e reviver a economia local. Uma delas foi uma empresa de guitarras de luxo chamada Glide Garage, fundada pelo artesão Yosuke Kajiya. Ele criou uma guitarra chamada *Questrel*, a primeira do mundo feita sem parafusos ou pregos, utilizando técnicas tradicionais de carpintaria japonesa empregadas na construção de templos e santuários. A guitarra foi um sucesso, com valor de venda em impressionantes 7 mil dólares, e teve parte dos lucros direcionada para os esforços de recuperação.

Yosuke tinha sido atraído para Onagawa após participar desses esforços. Depois de fazer amizade com os moradores e se inspirar na reconstrução da cidade, ele se mudou para mil quilômetros ao norte, saindo de sua terra natal em Tanegashima para abrir seu negócio. Ele deu um motivo comovente para a mudança:

"Quando você está produzindo alguma coisa, a atmosfera positiva ao seu redor se reflete no que você cria".

Ao lado de sua empresa, uma fábrica local de papelão construiu uma impressionante réplica em escala de um Lamborghini — feita de papelão. Inteligentemente batizada de *Danborghini*, um trocadilho com a palavra japonesa *danbo* (papelão), a réplica atraiu a cobertura da imprensa nacional e a aprovação do próprio imperador, que a inspecionou em uma visita à costa devastada pelo tsunami. A publicidade ajudou a projetar Onagawa de forma positiva, menos como uma vítima do desastre e mais como uma fênix renascendo das cinzas.

Por toda a costa, encontrei histórias de engenhosidade diante de uma adversidade imensa. Fazendeiros ao longo do litoral de Miyagi perderam seu sustento da noite para o dia, quando a água salgada varreu seus campos, privando o solo de nutrientes essenciais. Os campos não podiam mais produzir arroz ou outras lavouras.

Sem se deixarem derrotar, uma hora ao sul de Sendai, na cidade de Yamamoto, os fazendeiros se uniram para começar um novo tipo de agricultura.

Ryotaro e eu ficamos encantados ao visitar o Miyagi Ichigo World, literalmente "Mundo do Morango", para experimentar os premiados morangos polidos que agora são vendidos por até 20 dólares cada. Sim, você leu corretamente. Vinte dólares por um único morango.

Pode parecer extremo, mas eram relativamente acessíveis pelos padrões das frutas de luxo.

O Japão ostenta a fruta mais cara do mundo até hoje, o melão Yubari King. Um par de melões Yubari foi vendido pelo preço recorde de 5 milhões de ienes em um leilão em 2019. Não tinha a ver necessariamente com o tamanho, embora os melões fossem maiores que a média. O valor se baseava na perfeição da casca externa: cultivada para ser tão meticulosamente redonda e lisa que parecia ter sido esculpida pelos deuses. E as uvas, então? Um cacho de Ruby

Roman japonesas foi vendido por impressionantes 12 mil dólares em um leilão em 2020.

Espero que quem venceu o leilão as tenha comido devagar. Isso dá 400 dólares por uva.

Não é incomum que essas frutas de preços exorbitantes sejam dadas de presente em ocasiões especiais ou como souvenires *omiyage*, e os morangos do Miyagi Ichigo não eram exceção.

Quando mordi um, quase consegui entender o preço absurdo. Vale notar que os morangos eram do tamanho de maçãs e absolutamente perfeitos na aparência. De um vermelho vibrante e literalmente polidos para brilhar à luz do sol, pareciam mais as réplicas de comida de plástico que você encontra na vitrine de restaurantes.

Mas foi o sabor que fez tudo fazer sentido. No momento em que mordi a superfície espessa e carnuda, os sucos inundaram minha boca. Eram doces, saborosos e assustadoramente viciantes, e prometi me manter longe de experimentar mais, sob o risco de desenvolver um vício caro por frutas.

Quando perguntei ao gerente, Takao Ono, quantos dos morangos ele consumia por semana, ele respondeu: "Muitos!", de uma forma que despertou em mim uma séria dose de inveja. Eu estava no ramo errado.

Os fazendeiros de Yamamoto escolheram os morangos por causa das condições necessárias para cultivá-los. Normalmente cultivados em condições cuidadosamente controladas, o clima ameno ao longo do ano de Sendai proporcionava o ambiente ideal, e as vastas terras que antes eram usadas para arroz agora tinham um novo propósito.

Os morangos polidos estavam encontrando clientes em lugares como Tóquio e até a Arábia Saudita, criando uma excelente oportunidade de exportação para a economia de Tohoku. Foi um grande exemplo de inovação diante da pior situação possível.

De todas as histórias que cobrimos, nenhuma foi mais comovente que a de Ichiyo Kanno, uma mulher que vivia nos arredores do porto pesqueiro de Kessennuma e que sofrera uma perda terrível.

Ryotaro e eu estávamos na cidade para cobrir o café K-port, um restaurante fundado pelo ator mundialmente famoso Ken Watanabe para ajudar a revitalizar a área. Durante os esforços de recuperação em 2011, sendo um dos rostos mais reconhecíveis do Japão, ele ajudou a aumentar a conscientização mundial, destacando as comunidades afetadas pelo desastre. Apesar de não ter nenhuma ligação anterior com Kessennuma, ele adotara a cidade como sua segunda casa, forjando amizades e inaugurando o café K-port para incentivar o espírito comunitário. Embora não tenhamos conhecido o próprio Ken, sua equipe nos fez um tour conosco e compartilhou sua história. Eles até nos mostraram um livro com as cartas que Ken enviava diariamente ao café quando não podia visitá-lo pessoalmente.

Enquanto filmávamos na cidade, Ryotaro, sempre se conectando com as pessoas, descobriu a história de Ichiyo Kanno, proprietária de uma pousada *minshuku* local chamada Tsunakan Inn.

Situada em uma península isolada em uma região já de difícil acesso em Tohoku, a Tsunakan Inn era separada do mar por uma imensa parede de concreto de 6 metros de altura. Muitos moradores ao longo da costa protestaram contra ela, lamentando que, além de bloquear a vista deslumbrante da costa, a parede jamais poderia conter o poder absurdo de um tsunami. Na maior parte, o tsunami de 11 de março varrera as barreiras costeiras em portos por todo o país.

Ao batermos à porta da pousada, fomos recebidos com uma calorosa saudação enquanto Ichiyo abria a porta com entusiasmo.

Com o cabelo castanho-claro e o sorriso mais largo que eu já tinha visto no Japão, Ichiyo transbordava energia. Na faixa dos cinquenta anos, ela tinha a personalidade e o vigor de alguém vinte anos mais jovem, e simpatizei com ela imediatamente. Para a proprietária e anfitriã da Tsunakan, ser comunicativa era uma habilidade essencial.

Embora fosse sincera sobre sua falta de fluência em inglês, ela se esforçava ao máximo para se comunicar com seus convidados estrangeiros, usando gestos animados e inglês básico.

"Por favor, por favor! Vamos comer!", disse ela, rindo enquanto nos fazia sentar à sua mesa de jantar para desfrutar de uma deliciosa refeição de peixes e ostras locais pescados naquela manhã por seus vizinhos.

Antes do tsunami, o marido de Ichiyo era pescador local, e no fim da manhã, quando ele voltava do trabalho, ela preparava o peixe do dia em sua cozinha. Quando o tsunami devastou sua vila, destruiu sua casa. A destruição foi esmagadora, mas ela canalizou sua energia inesgotável e positividade para reconstruir a comunidade local ao lado do marido.

Fotos do casal liderando orgulhosamente os vizinhos podiam ser vistas em sua nova casa reconstruída, com recortes de jornais emoldurados narrando seus sucessos. Tudo culminou com os dois reabrindo sua casa como um *minshuku*, recebendo hóspedes que viajavam para Kessennuma e transformando Ichiyo em uma espécie de celebridade local.

No entanto, quando sua vida começava a recuperar alguma normalidade e a vila começava a prosperar novamente, o mar tomou dela mais uma vez. Em uma manhã, durante uma viagem de pesca no oceano Pacífico, o marido, a filha mais velha e o genro de Ichiyo perderam a vida quando o barco virou. Consumida pela dor, ela fechou o negócio por vários meses.

Quando a conheci, em 2018, Ichiyo disse que a Tsunakan lhe dava um senso de propósito, afastando sua mente do sofrimento. Sentados ali para gravar o documentário, foi doloroso entrevistar a mulher mais amável que eu já tinha conhecido sobre um aspecto de sua vida que lhe trouxe tanta dor.

"O segredo para superar a dor é que eu não olho para trás", ela me disse. "Se algum dia eu olhar para trás, será quando eu tiver setenta ou oitenta anos. Não quero ficar presa ao passado, nem espero muito do futuro. Se consigo viver o agora, se consigo viver o momento, posso continuar."

De forma tocante, Ichiyo tentava encontrar paz com o mar que tinha proporcionado à sua família um próspero negócio de pesca, mas também destruído sua casa e tirado as vidas de seus entes queridos.

"O mar nos deu tantas coisas, mas é errado apenas tirar dele. Às vezes preciso devolver. Parece quase errado, eu sei. Mas preciso acreditar que, se há coisas positivas, sempre haverá negativas. Tenho que acreditar que o mundo é equilibrado assim. É difícil seguir em frente se eu não disser isso a mim mesma."

Fiquei tão abalado quanto inspirado por suas palavras. Ela era incrivelmente positiva e altruísta, interessada em trazer alegria a outras pessoas. Passar tempo com Ichiyo e Yoshiaki Suda demonstrou para mim o triunfo do espírito humano.

Até o documentário do tsunami, eu nunca tinha me sentido orgulhoso de nenhum dos meus vídeos. Quando o lancei, porém, a enxurrada de comentários de espectadores ao redor do mundo inspirados pelas histórias de Ichiyo Kanno e pela reconstrução de Onagawa me fez entender o poder e a satisfação de compartilhar com o mundo histórias importantes.

O vídeo foi destaque em um artigo no *Nikkei Financial Times*, um dos jornais mais respeitados do Japão, e a então CEO do YouTube, Susan Wojcicki, o elogiou no Twitter. Senti que estava realmente fazendo diferença.

O mais importante foi que, nos anos desde o lançamento do documentário, muitos espectadores do *Abroad in Japan* fizeram a longa jornada de 400 quilômetros ao norte até Kessennuma para se hospedar na pousada de Ichiyo. Esse continua sendo um dos capítulos mais orgulhosos da minha carreira.

No meio das filmagens do documentário sobre o tsunami, eu me tornara uma celebridade de quinta categoria. Um mês tinha se passado desde o incidente com o míssil norte-coreano, e amigos começaram a me chamar, brincando, de *Broad de olhos cansados*, depois que a emissora australiana *9 News* zombou de meu vídeo gravado, onde eu estava exausto, pela manhã cedo.

Enquanto isso, fui convidado para uma entrevista em uma edição sombria do programa britânico *ITV Tonight* intitulada *ITV Tonight: Trump vs North Korea*. Havia uma potencial ameaça de conflito entre a Coreia do Norte e o Ocidente, e aparentemente ser acordado por uma sirene de ataque aéreo me qualificava como um "especialista geopolítico no terreno" para discutir o assunto.

Depois de um segmento ousado que hipotetizava uma guerra nuclear total entre Kim Jong Un e Donald Trump, o programa cortou para um apresentador sério tomando um cappuccino em uma cafeteria em Londres, observando meu rosto sonolento em um notebook enquanto conversávamos casualmente pelo Google Hangout sobre o fim do mundo.

"Chris, como foi ser acordado por uma sirene de ataque aéreo?"
"Nada agradável."
"E como está o clima geral no Japão?"
"Está tenso. Era tudo de que a gente precisava agora."
Jornalismo revolucionário no seu melhor.

Meu vídeo viral também chamou a atenção no Japão. Uma noite, enquanto estava curvado sobre meu notebook editando o documentário do tsunami, atendi o celular e ouvi um Ryotaro eufórico.

"Meu Deus do céu, cara, você ganhou um prêmio! Você é um dos finalistas do *Shingo Ryuugoutaishou!*"

"Uau, que incrível!", exclamei. "Que diabos é isso?"

Ele me explicou. O Japão realiza um evento anual chamado "As Palavras do Ano", no qual fazem uma retrospectiva das palavras e termos novos que surgiram no ano e escolhem uma delas como a palavra do ano.

Os candidatos de 2017 incluíam *Insutabae* (インスタ映え), que significa algo que fica bem no Instagram; *handosupina* (ハンドスピナー),

referindo-se ao populariíssimo *spinner*; e *Yuchuba* (ユーチューバー), que significa youtuber.

Era uma lista realmente prestigiosa.

Eu não estava representando a palavra "youtuber". Acontece que meu vídeo sobre o míssil tinha promovido o novo serviço de alerta de desastres do Japão, o *J-Alert*.

Foi o *J-Alert* que me assustou até quase me matar na manhã do lançamento do míssil norte-coreano.

"Eles querem que você vá a Tóquio para a cerimônia de premiação", disse Ryotaro. "Vai ser transmitida na TV nacional. É um dos maiores eventos do ano."

"Sinceramente, Ryotaro, acho que vou passar."

"É uma oportunidade única, cara. Você tem que ir."

Relutantemente, concordei, suspeitando de que Ryotaro esperava aproveitar a publicidade. Especialmente porque ele insistiu em subir ao palco comigo para receber o prêmio. Ainda assim, fiquei grato pela companhia. A cerimônia de premiação seria realizada no Hotel Imperial. Construído no início do século XX para receber visitantes ocidentais, ele é considerado um dos três grandes hotéis de Tóquio, ao lado do Okura e do New Otani. A construção original, projetada pelo icônico arquiteto Frank Lloyd Wright na década de 1920, foi bombardeada na Segunda Guerra Mundial e, controversamente, demolida em 1967. O luxuoso hotel cinco estrelas foi reconstruído como um dos edifícios mais feios do mundo.

Encontrei Ryotaro à sombra da monstruosidade de 31 andares. O exterior era cinza e sem graça, como se sugasse a luz do dia, mas o saguão era significativamente mais glamoroso, exibindo a riqueza antiga dos mais abastados de Tóquio. Embora a aparência externa fosse uma atrocidade, o prestígio do Hotel Imperial permanecia intacto. Observando os convidados elegantemente vestidos, eu não podia reclamar. Se era bom o suficiente para Marilyn Monroe e a rainha Elizabeth II, também era bom para mim e para Ryotaro.

Depois que nos acomodamos no nosso quarto duplo antiquado, com tempo de sobra, comecei a passar minha camisa surrada, enquanto Ryotaro tirava selfies de nós dois e as enviava para seus amigos japoneses, que aguardavam ansiosamente nossa aparição na TV.

Era uma sensação estranha saber que milhões de pessoas em todo o Japão provavelmente veriam meu rosto, e, ainda assim, eu não sentia nenhuma empolgação real. Talvez fosse algo semelhante ao que um japonês sentiria ao aparecer no *Britain's Got Talent*. Se você não tem ideia do que está participando, é difícil medir a importância daquilo.

No início da noite, descemos ao salão de festas cavernoso onde a cerimônia de premiação estava sendo realizada. Esse espaço geralmente era usado para recepções de casamento com até 3 mil convidados.

Ao entrar no enorme salão de festas onde a premiação seria realizada, percebi a escala do que estava prestes a acontecer. Em frente ao palco havia uma parede de pelo menos 150 fotógrafos, alguns em pé com câmeras, outros usando tripés. Entre os fotógrafos e o palco, uma fileira de jornalistas digitava freneticamente em um mar de notebooks, prontos para postar notícias em tempo real. Era maior do que uma coletiva de imprensa na Casa Branca.

Eu nunca tinha visto nada parecido, e de repente percebi que estava ferrado.

A ideia de ficar na frente a cem câmeras e ser transmitido para milhões de pessoas na TV e na internet começava a parecer muito pouco atraente.

"Tem certeza que não quer ir sozinho, Ryotaro?", perguntei enquanto andava inquieto nos bastidores.

Mas agora já estávamos atrás das cortinas e o evento tinha começado. Eu não conseguia parar a imagem de eu saindo e caindo de cara no chão, que se repetia em minha mente.

"Não, você *tem* que ir. Tarde demais."

"Desgraçado."

Apesar de toda a minha experiência em falar em público no

Japão, desde ensinar até competições de discursos e até mesmo uma palestra TED sobre a vida no país naquele mesmo ano, eu estava realmente confiante de que nunca mais me sentiria nervoso ao falar na frente de uma multidão.

Infelizmente, não era bem assim. Esse evento foi em outro nível. A coisa toda estava sendo transmitida ao vivo pela televisão japonesa e online para um público de centenas de milhares de pessoas e, como o único estrangeiro a participar do show, eu não queria estragar meu grande momento tropeçando no palco como uma galinha sem cabeça. Não ajudou o fato de um grupo de garotas incrivelmente populares do Instagram, representando a palavra *Insutabae*, ter entrado no palco antes de nós. Enquanto eu as observava sair do palco sob aplausos e gritos de guerra, senti a pressão aumentar. O próximo termo do ano é... J-ALERT!", gritou o apresentador, ao som de um rufar de tambores.

Um assistente de palco apressado fez sinal para que eu me levantasse e me preparasse para atravessar a cortina, mas não antes de colar uma roseta cômica e exagerada no meu peito.

"Boa sorte!" Ryotaro ergueu os dois polegares.

"Eu te odeio", resmunguei enquanto saía.

Ao som de uma versão brega da música-tema de *Missão impossível*, o apresentador continuou:

"E aqui está o estrangeiro que ajudou a colocar o *J-Alert* no mapa. Chris Broad!".

Com isso, o tema de *Missão impossível* chegou ao ápice, a cortina se abriu e eu entrei desajeitadamente, cegado pelo brilho de centenas de flashes. Foi um milagre eu não tropeçar e cair do palco.

Uma mulher vestida com um quimono xadrez vermelho e preto correu até mim com meu prêmio: curiosamente, um relógio apresentado dentro de uma caixa de madeira polida. Ela fez uma reverência, e eu aceitei o prêmio com gratidão, enquanto meu benevolente tradutor, Ryotaro, era conduzido ao palco logo atrás de mim.

"Chris san, 2,3 milhões de pessoas assistiram ao seu vídeo na internet. Como foi ser visto por tantas pessoas ao redor do mundo?", perguntou o apresentador.

Eu não tinha certeza do que dizer nem de quanto tempo deveria falar. Tive a sensação de que todos estavam ansiosos pelo próximo participante, como se eu tivesse ganhado o prêmio de Melhor Iluminação no Oscar e a plateia estivesse esperando impacientemente pela premiação das celebridades de primeira linha.

"Honestamente, foi estranho aparecer na TV e ser retratado na mídia como uma espécie de especialista em Coreia do Norte e Japão, quando na realidade sou apenas um youtuber que foi tirado da cama."

Ryotaro traduziu, e a sala ficou em silêncio. Talvez eu tivesse falado demais.

"E o que sua mãe achou de tudo isso?", perguntou o apresentador.

Sendo eu um homem de 27 anos, foi uma pergunta esquisita. De repente, senti como se tivesse vencido um concurso de melhor desenho de giz de cera.

"Ela achou uma loucura", respondi. A plateia permaneceu estranhamente silenciosa. Cair do palco parecia uma ideia bem atraente naquele momento.

"Obrigado, Chris san!"

Com isso, Ryotaro e eu fomos escoltados para descer as escadas até uma mesa na frente, para sentar entre os fotógrafos.

Eu não tinha certeza de como tinha me saído. Ryotaro parecia satisfeito, porém, enquanto as notificações em seu celular começaram a pipocar.

Cerca de uma hora depois, a palavra vencedora do ano foi anunciada. *Insutabae* levou a coroa.

Eu não sabia exatamente como me sentia por ter perdido. Não era como se eu estivesse tentando ganhar aquela maldita competição. Eu só soubera da sua existência alguns dias antes. Por outro lado, parecia que a ameaça de um conflito nuclear e a perspectiva de uma Terceira Guerra Mundial eram questões mais urgentes do que selfies no Instagram, por mais "estilosas" que fossem.

De qualquer forma, Ryotaro tinha aproveitado seus cinco minutos de fama, e eu fiquei feliz por poder compartilhar aquele momento com ele. Ver seu enorme sorriso fez tudo valer a pena.

26.

BUSCANDO A REDENÇÃO EM UM ANO PERDIDO

JANEIRO—DEZEMBRO DE 2019

Tudo estava dando errado.

No papel, eu tinha acabado de completar a aventura de uma vida: pedalei por 46 dias consecutivos, percorrendo 2 mil quilômetros pelo Japão e documentando toda a jornada em vídeos.

Chamei a série de *Journey Across Japan*: uma sequência de 28 episódios que ia de Yamagata, no rural norte do país, até a movimentada cidade de Kagoshima, localizada ao lado do Sakurajima, o vulcão mais ativo do Japão, na ponta sul de Kyushu.

Tinha sido a viagem de uma vida e uma resposta vitoriosa a um marco inimaginável que eu finalmente tinha alcançado: 1 milhão de inscritos no YouTube. Parecia que uma eternidade tinha se passado desde os primeiros dias, quando eu vibrava ao conseguir 250 visualizações no meu primeiro vídeo.

Junto com Natsuki e Ryotaro, construímos o maior canal de viagens sobre o Japão no YouTube, e eu me sentia imensamente orgulhoso. *Journey Across Japan* deveria ser a volta da vitória.

Em vez disso, quase foi minha ruína.

Para realizar o projeto, montei uma equipe de apoio fantástica, com câmeras e produtores. No entanto, querendo controlar o processo de produção, decidi que eu, e somente eu, editaria os vídeos. E prometi aos meus espectadores que os episódios seriam lançados diariamente.

Provavelmente você já sabe aonde isso vai dar.

Até hoje, não consigo entender o que eu estava pensando.

No *Abroad in Japan*, eu sempre fui perfeccionista, encarregado de todos os aspectos do processo de produção, entregando vídeos com os mais altos padrões, sem atalhos. Isso funcionava quando eu postava um vídeo a cada duas semanas.

A questão é que publicar vídeos diariamente enquanto pedalava por seis horas ao dia, apresentava e gravava ao mesmo tempo exigiria uma alteração fundamental no espaço-tempo. Mesmo que eu tivesse um editor dedicado, não teria sido suficiente. E lá estava eu, correndo para editar vídeos até as três da manhã, antes de partir, exausto, poucas horas depois, na bicicleta.

Incrivelmente, de alguma forma, consegui manter o ritmo nos primeiros cinco vídeos. Depois de uma semana, porém, eu era uma sombra do que tinha sido, tanto física quanto mentalmente.

No fim da viagem, estava tão debilitado que os últimos três vídeos estavam inutilizáveis. Eu não conseguia formular uma frase diante das câmeras. Minha pele pálida estava coberta de erupções e caroços tão grandes que pareciam prestes a explodir.

Mas o que me abalou de verdade foi a repercussão na internet.

"Que decepção. Ele disse que teria vídeos todo dia."
"Fiquei desapontado. Estava ansioso pelos vídeos."
"Perdi o interesse e esqueci de *Journey Across Japan* enquanto esperava pelos episódios."

Os comentários vinham aos montes. Brutais mas justos.

Eu tinha feito uma promessa que não conseguira cumprir e sofria as consequências: uma culpa imensa e uma enorme sensação de fracasso pessoal.

Para piorar ainda mais, recebi uma notícia trágica de um amigo em Sakata. Itou sensei tinha falecido.

Descobri apenas um dia antes do funeral, enquanto filmava no extremo oposto do Japão. Fiz as contas e tentei encontrar uma maneira, mas não consegui chegar a tempo.

Tendo voltado a Sakata apenas algumas vezes no último ano, não conseguimos nos encontrar recentemente, e senti um profundo remorso por não ter sido mais proativo em manter contato com um mentor e amigo tão bom.

Ainda assim, meus sentimentos de culpa por não poder participar do funeral de Itou ou encontrá-lo no ano que antecedeu sua morte foram superados pela imensa gratidão por ter conhecido um homem tão maravilhoso e por ouvir sua incrível história.

Juntos, vencemos o concurso de oratória — pelo menos na segunda tentativa —, e ele experimentou um pouco de fama com sua aparição no infame vídeo do YouTube *Ensinando palavrões para japoneses*.

Mas eram as lembranças das quartas-feiras que passávamos juntos no Centro Internacional, escondidos em uma sala de aula, tomando chá verde e ouvindo as histórias dele enquanto ríamos por horas, que eu revisitava em dias ruins.

Durante boa parte de 2019, procurei juntar os pedaços e terminar os 28 episódios de *Journey Across Japan*, passando de janeiro a agosto preso em um quarto editando o passado. A série tinha encerrado as filmagens e a viagem tinha terminado em novembro de 2018, mas foi só em 5 de agosto de 2019 que finalizei o último episódio, me perguntando se alguém ainda se importava.

Sozinho, editando vídeos intermináveis e lendo comentários negativos de espectadores decepcionados, passei meses me sentindo perdido. Em nenhum outro momento estive tão perto de desistir. Considerei abandonar o YouTube e deixar o Japão de vez.

No fim, a cura não seria fugir do trabalho. Seria correr em direção a ele de frente, com dois documentários completamente diferentes, que me levariam do camarim glamoroso da maior estrela do rock do Japão até a zona de exclusão do segundo pior desastre nuclear do mundo.

Ninguém vive a cultura de celebridades como o Japão.

Enquanto eu estava em frente ao movimentado Zepp Tokyo, uma casa de shows com vista para a baía de Tóquio, observei multidões de fãs abarrotando as mesas para comprar mercadorias, CDs, camisetas e até cartões de crédito estampados com o rosto do enigmático astro de rock Hyde.

Como vocalista do L'Arc~en~Ciel, uma lendária banda de rock japonesa que vendeu mais de 40 milhões de discos, Hyde tinha status de deus em seu país natal. Ele também foi o primeiro artista japonês a fazer um show solo no Madison Square Garden, em Nova York.

Em Osaka, chegaram a personalizar um trem em sua homenagem, com seu rosto elegante, cercado pelo cabelo loiro impactante, olhando para os passageiros. Segura essa, gata Hachi.

Mas o mais empolgante para mim era que a voz de Hyde era a mesma que eu ouvira anos antes, escondido em meu primeiro apartamento japonês assistindo ao anime *GTO: Great Teacher Onizuka*. A música de abertura, "Driver's High", que dava início a cada episódio, era interpretada por Hyde e sua banda. Meu eu do passado, debaixo do *kotatsu* assistindo a *GTO*, jamais teria acreditado no que estava prestes a acontecer.

Eu tinha conseguido uma semana inteira com Hyde para gravar um documentário sobre sua vida e carreira. Geralmente isso seria reservado para o horário nobre da televisão japonesa, então era uma oportunidade extraordinária para um canal no YouTube, algo praticamente inédito no mundo rigidamente controlado das celebridades no Japão. Enquanto eu me esgueirava pela multidão para entrar no local, não conseguia acreditar na minha sorte.

Encontrei Hyde alguns dias antes de começarmos as filmagens, em um restaurante de *kushiyaki* escondido no oeste de Tóquio. O *kushiyaki* tem toda a magia dos espetinhos de *yakitori*, mas em uma versão muito menos saudável. Peixe, carne e vegetais são colocados em espetos, mergulhados em óleo quente e servidos com um molho inglês ácido e picante. Maravilhoso.

Cheguei ao restaurante cedo e conheci o empresário internacional de Hyde, um americano simpático chamado Jason, que tinha me procurado depois de assistir a alguns vídeos do *Abroad in Japan*, perguntando se poderíamos fazer um documentário.

Era um cenário onde todo mundo saía ganhando. Eu passaria uma semana conhecendo uma lenda viva do Japão, e Hyde ganharia visibilidade internacional. Ele estava ansioso para se apresentar ao mundo além das fronteiras do país.

Depois de comer alguns espetinhos de *kushiyaki* e tomar umas bebidas com Jason, uma figura encapuzada emergiu da porta sombria, acompanhada de outra pessoa. O cabelo descolorido de Hyde saía de seu capuz, e ele tinha um rosto quase angelical, com uma aparência de alguém com metade de sua idade. Ele certamente tinha a aura de um astro do rock.

Ele se aproximou e abaixou o capuz.

"Prazer, Chris", ele me cumprimentou com uma voz suave. Apertamos as mãos e ele se sentou para nos acompanhar.

Hyde era calmo, tranquilo e controlado, e encontramos um ponto em comum: nosso amor pela música dos anos 1980, especialmente Depeche Mode e Duran Duran, cuja canção "Ordinary World" ele tinha recentemente regravado.

Seu nome artístico logo pareceu completamente apropriado. Como um verdadeiro *Dr. Jekyll e Mr. Hyde*, o médico e o monstro, presenciei sua atitude calma e serena desaparecer no momento em que ele subiu no palco. Ele iniciou o show gritando: "Estão prontos pra caralho?", para delírio da multidão. O show foi eletrizante, como se ele estivesse possuído por um espírito maligno. Em certo momento, Hyde cantava se equilibrando em cima de uma caixa de som gigante no canto do palco e no seguinte se atirava no meio da plateia, seu lendário carisma combinando com os vocais poderosos.

Foi fascinante ver os fãs encontrá-lo depois. Vi um grupo de garotas caírem no choro instantaneamente ao vê-lo nos bastidores. Nunca tinha visto nada parecido. O mais próximo que já cheguei disso foram os raros espectadores que me encontravam nas ruas de Tóquio pedindo uma selfie. Os fãs de Hyde, gritando e chorando, estavam em outro nível.

Ao longo da minha semana com Hyde, Natsuki insistia para participar das filmagens em Tóquio, e eu cedi relutantemente. Disse a ele que ele poderia assistir ao show, mas que seria impossível encontrar o próprio Hyde.

Secretamente, porém, eu estava planejando que Natsuki se esbarrasse com Hyde nos bastidores depois do show. E, como esperado, após um impressionante set de duas horas, Hyde veio correndo pelo corredor para dar um "toca aqui" em um Natsuki visivelmente chocado.

"Cara, que foda!", gritou Natsuki, assustando o cansado astro do rock.

Foi o tipo de interação que eu nunca soube que precisava ver, e foi gloriosa.

Enquanto eu editava o documentário sobre Hyde, Ryotaro sugeriu um projeto documental igualmente desafiador.

Com base no sucesso do nosso documentário sobre o tsunami, ele disse que deveríamos considerar cobrir o desastre de Fukushima.

Nenhuma outra notícia tinha marcado tanto o meu tempo no Japão quanto essa. Curiosamente, embora morasse apenas 100 quilômetros ao norte do reator, em Sendai, percebi que a maioria dos moradores da província de Miyagi se sentia distante da situação. Era algo que acontecia "do outro lado da fronteira", na província de Fukushima, apesar de Sendai estar mais próxima do reator do que grande parte da própria Fukushima.

Enquanto dirigíamos pela estrada em direção à zona de exclusão de Fukushima, deparamos com a visão sinistra de caminhões colossais cheios de sacos de terra contaminada, que se estendiam pela estrada à nossa frente (355 mil caminhões foram usados na operação de limpeza). Ao longo da estrada, detectores de radiação começaram a surgir, indicando um nível de 2,7 microsieverts por hora (µSv/h), muito acima da média global de 0,17-0,39 µSv/h, mas ainda inferior à exposição de um passageiro em um voo (3-9 µSv/h). Assim, Fukushima agora era considerada segura para morar, mas certas áreas ainda expunham os moradores que voltavam a níveis de radiação acima da média.

Muito do terror em torno da radiação vem da incerteza psicológica que ela traz. Quando o alerta foi emitido após o colapso do reator Daiichi, 300 mil pessoas foram evacuadas e espalhadas por toda a província de Fukushima, deixando para trás suas casas e pertences. Enquanto nosso carro atravessava as cidades mais afetadas, Tomioka e Futaba, vimos vilarejos que tinham sido tomados pela natureza, agora enterrados sob a vegetação. Um templo tinha semidesabado, sua estrutura inclinada. Janelas de casas e escritórios estavam quebradas, e uma farmácia local estava lacrada, com um letreiro ameaçador dizendo "contaminado" na entrada.

Era um cenário pós-apocalíptico da vida real, com pilhas de sacos verdes cheios de terra contaminada empilhadas nos arredores de cada vilarejo.

Uma pesquisa do jornal *Mainichi Shinbun* revelou que o trauma causado pelo deslocamento levou à morte de 1.600 evacuados no ano seguinte ao desastre, mais do que o número de mortes causadas pelo tsunami em Fukushima. E pior ainda foi o estigma enfrentado pelos pessoas evacuadas nas cidades e vilarejos de Tohoku para onde foram.

"As pessoas diziam que eles estavam contaminados; que você pegaria algo deles. Diziam para não casar com as mulheres de Fukushima. Muitos enfrentaram esse tipo de discurso", lembrou Masami Yoshizawa, um fazendeiro que mora a apenas 14 quilômetros do reator.

Ele foi instruído pelo governo local a abater suas trezentas vacas contaminadas, mas ignorou o conselho e decidiu mantê-las vivas, financiado por doações de todo o mundo. Um homem resiliente em seus últimos anos, o portão de sua propriedade, Hope Farm, era decorado com crânios de vacas, como se contassem aos visitantes o destino do rebanho. E a combinação do cheiro de esterco de vaca e abacaxis — uma fonte de alimento barata e abundante para os animais — era igualmente pouco acolhedora. Caminhar pela fazenda sem se sentir enjoado não era tarefa fácil.

A história de Masami era de resiliência e desafio. Ele estava indignado com o fato de Fukushima ter sofrido tanto e sido abandonada pelo governo.

Embora eu simpatizasse com Masami e sentisse que nunca poderia compreender completamente o que ele tinha enfrentado, tudo o que vi indicava que o governo japonês estava fazendo o possível para conter a situação horrível, supervisionando uma operação de limpeza de 29 bilhões de dólares para remover 14 milhões de metros cúbicos de solo contaminado. Arrozais que não podiam mais ser usados para o cultivo foram convertidos em fazendas de energia solar, e muitos prédios abandonados estavam sendo demolidos e removidos. E, após oito anos, com o incentivo do governo, alguns moradores começaram a voltar para a área.

Entrevistei o horticultor Katsumi Arakawa em uma estufa florida. Ele tinha retornado à zona de exclusão para iniciar seu negócio de cultivo e venda de flores. "Eu estaria mentindo se dissesse que não me preocupo por estar perto do reator. Mas, no dia a dia, não há nada particularmente assustador nisso." A ideia de nunca poder voltar para casa era muito pior do que viver em uma área com níveis ligeiramente mais altos de radiação.

Testemunhar a escala da operação de limpeza e conhecer alguns dos moradores cheios de esperança me deu otimismo para o futuro da região, assim como o documentário sobre o tsunami que tinha feito mais de um ano antes. Também ajudou a colocar minhas próprias preocupações triviais em perspectiva. Como eu poderia me sentir mal por mim mesmo quando 300 mil pessoas foram forçadas a deixar suas casas e meios de subsistência instantaneamente, sem saber quando voltariam ou a quanto de radiação tinham sido expostas?

Trabalhar nos documentários trouxe uma dose de clareza e redenção para minha vida. Lembrei-me de que meu trabalho poderia ter um impacto positivo ao compartilhar histórias do desastre com milhões de pessoas ao redor do mundo.

Quanto ao *Journey Across Japan*, só um ano após a conclusão da série ela começou a ganhar reconhecimento, em meio às terríveis circunstâncias da época.

Durante a pandemia de Covid, quando todos estavam confinados e muitas pessoas estavam presas em casa, enlouquecendo, recebi uma enxurrada de mensagens e e-mails de espectadores ao redor do mundo que tinham maratonado a série como uma forma de escapar de suas casas. Para muitos, era o mais próximo que poderiam chegar de viajar pelo Japão.

Apesar da produção caótica, *Journey Across Japan* tornou-se a série de viagens sobre o Japão mais vista no YouTube.

Por todos os problemas que tive para filmar e editar durante aqueles dois anos, ouvir sobre o impacto positivo da série me fez sentir que tudo tinha valido a pena. Demorou dois anos, mas finalmente me senti recompensado por ter realizado o projeto que quase me destruiu.

27.

QUIOTO DESAPARECENDO

NOVEMBRO DE 2020

O Japão estava mudando. No ano 2000, o país recebeu 4 milhões de visitantes internacionais. Em 2018, esse número explodiu para 31 milhões. Todas as grandes cidades estavam passando por uma transformação: os becos rústicos de Shinjuku e Shibuya foram rapidamente gentrificados, com enormes hotéis construídos para atender ao turismo estrangeiro. Surpreendentemente, até mesmo as normas flexíveis em relação ao fumo tinham sido descartadas; com exceção dos pequenos *izakayas*, fumar em ambientes fechados foi proibido. Onde antes as pessoas podiam fumar caminhando pelas ruas, agora havia áreas designadas para isso. Era um contraste gritante com meus primeiros anos no Japão, quando entrar em qualquer bar ou restaurante significava mergulhar em uma nuvem de tabaco.

Em um país que tinha enfrentado duas "décadas perdidas" de crescimento econômico após o colapso da bolha imobiliária no início dos anos 1990, além de um devastador tsunami e um desastre nuclear em 2011, o turismo trouxe uma reviravolta. A preparação para as Olimpíadas de Tóquio de 2020 criou um senso de impulso, especialmente depois que o país sediou com sucesso a Copa do Mundo de Rúgbi em 2019. Em 2020, os olhos do mundo estariam voltados para o Japão.

E, então, após quase uma década de expectativas, as oportunidades foram cruelmente arrancadas. Em março de 2020, o Japão fechou suas fronteiras por causa da Covid. Turistas ficaram impedidos de viajar ao país por dois anos e meio.

Viver no Japão sempre pareceu estar dentro de uma bolha, devido à língua, à cultura e à tendência do país de manter o resto do mundo a distância. Mas agora, com as portas de entrada e saída efetivamente seladas e o severo aviso, nos primeiros meses da pandemia, de que residentes estrangeiros permanentes não poderiam retornar ao Japão caso saíssem, a bolha estava completamente fechada.

Em alguns aspectos, nenhum país estava mais preparado para lidar com a Covid do que o Japão, dado o uso generalizado de máscaras no dia a dia, a etiqueta que evitava contato físico e uma das menores taxas de obesidade do mundo. Um reflexo disso foi o fato de que, apesar de 30% da população ter mais de sessenta anos — e, portanto, ser mais suscetível ao vírus —, o número de mortes relacionadas à Covid no Japão foi menos de um terço do registrado nos Estados Unidos.

Com as portas do Japão firmemente fechadas e os aguardados 35 milhões de turistas mantidos do lado de fora, nenhuma cidade no país foi transformada de maneira tão dramática quanto Quioto. Sempre tive uma relação de amor e ódio com essa cidade. Na minha primeira viagem para lá, com George, depois de sobrevivermos à escalada do monte Fuji, ficamos alguns dias e saímos meio que decepcionados. Esperávamos encontrar uma cidade antiga, repleta de tradição. Em vez disso, ao sair do horrendo monólito que é a estação de Quioto e depararmos com a monstruosidade de aço que é a Quioto Tower, não tinha nada que sugerisse que a cidade fosse diferente de Tóquio.

À medida que nos afastávamos do centro da cidade, a beleza de Quioto começou a se revelar. Templos impecáveis e construções tradicionais de madeira estavam em cada esquina. No entanto, ao visitarmos o templo Kinkaku-ji, o glamoroso Pavilhão Dourado estampado em todos os guias de viagem do Japão, tivemos que esperar na fila por meia hora e nos vimos espremidos no local com uma multidão de espectadores, o som incessante de câmeras de iPhone preenchendo o ar. O pavilhão dourado, de fato, era impressionante, mas a estrutura original fora incendiada em 1950 e, embora tenha sido fielmente reconstruída e renovada, parecia ter sido construída na véspera. Enquanto seguíamos o caminho designado ao redor do pavilhão, em meio à multidão ruidosa lutando por selfies, George não ficou particularmente impressionado.

"Caramba, era só isso?", lamentou, enquanto seguíamos o caminho de volta à saída, sentindo-nos mais vazios do que quando entramos.

No segundo dia, enquanto enfrentávamos as multidões a caminho do templo Kiyomizudera, uma das atrações famosas de Quioto, parecia que estávamos explorando a cidade apenas porque "tínhamos que fazer isso". Quioto era considerada a capital cultural do Japão, com nada menos que dezessete Patrimônios Mundiais da Unesco para visitar. Nos arrastamos até o maior número possível deles.

Houve momentos agradáveis, como quando passeamos pela tranquila floresta de bambu de Arashiyama ou subimos os degraus sob os 10 mil *torii* do santuário Fushimi Inari. Ambos concordamos que o Caminho do Filósofo, uma trilha de pedra escondida ao longo de um canal no distrito de Higashiyama, foi o ponto alto. Livre de atrações claras ou oportunidades fotográficas, o percurso estava deserto de turistas, permitindo-nos contemplar a beleza da cidade enquanto caminhávamos por casas tradicionais e encontrávamos um senhor simpático fazendo barcos com folhas caídas, navegando-os rio abaixo.

Mas o problema era inegável: Quioto era vítima do seu próprio sucesso. Enquanto Tóquio era grande o suficiente para absorver milhões de turistas, Quioto estava à beira de um colapso. Uma cidade incrível tinha se transformado em um parque temático lotado.

Em um momento, enquanto George e eu passeávamos por Gion, o distrito das gueixas, vimos quase uma dúzia de turistas assediando uma única gueixa que tentava atravessar a rua. Vestida com um deslumbrante quimono azul, ela caminhava calmamente como se os turistas simplesmente não estivessem lá. Foi uma cena triste. O excesso de turismo em Quioto tinha drenado o charme antigo da cidade.

De repente, sem milhões de turistas, Quioto enfrentava um novo problema: a falência. O declínio prolongado do turismo resultou em um déficit de 440 milhões de dólares, somado a uma dívida já acumulada de 7,5 bilhões. Os turistas não eram os únicos culpados. As atrações principais da cidade — 2 mil templos e santuários budistas — eram isentas de impostos. Qualquer tentativa do governo local de mudar essa política enfrentava forte resistência.

E o pior de tudo: as deslumbrantes *machiya*, casas de madeira que eram o coração e a alma da identidade arquitetônica da cidade, estavam enfrentando sua própria crise.

Era novembro de 2020, e fui convidado a ir até Quioto para produzir um documentário sobre as *machiya* por Koji Maeda. Koji era um empreendedor de Tóquio que se apaixonara por Quioto durante uma viagem e decidiu iniciar um negócio de renovação dessas casas tradicionais. Essa viagem transformaria fundamentalmente minha visão sobre Quioto e me faria me apaixonar por uma cidade que eu tinha negligenciado por quase uma década vivendo no Japão.

Viajar no *shinkansen*, o trem-bala, era sempre uma alegria. Deslizar pela zona rural japonesa e atravessar cidades a 320 quilômetros por hora parecia o truque definitivo para viajar. Observando as paisagens de uma poltrona reclinável semelhante a um trono enquanto saboreava espetos de *yakitori*, o *shinkansen* fazia o transporte público britânico parecer uma piada. Com seus inúmeros túneis, os trilhos ridicularizavam as vastas cadeias de montanhas do Japão, embora, admitidamente, a um custo ambiental. Para tornar tudo isso possível, o cenário era marcado por uma pista elevada de concreto que ia de Hakodate a Fukuoka. Muitas das vilas e cidades no caminho não colhiam nenhum benefício; ao invés disso, conviviam com o rugido ensurdecedor do trem, enquanto mais de mil passageiros passavam num instante.

Depois de comer uma montanha de frango, adormeci, mas fui abruptamente acordado pelo som de um jingle avisando sobre nossa chegada iminente. Se tivesse continuado dormindo, acordaria completamente desorientado em Hiroshima, duas horas depois.

Chegando à estação de Quioto, notei uma diferença imediatamente. Não consegui identificar um único rosto estrangeiro. Observando das plataformas e portões de bilhetes até a entrada, percebi que era o único passageiro não japonês. Embora em cidades como Sakata turistas fossem sempre raros, em circunstâncias normais Quioto estaria repleta de visitantes de todo o mundo. Não agora.

Nos pontos, os táxis com motoristas que falavam inglês, especialmente designados para atender as multidões de estrangeiros, estavam parados em uma fila silenciosa, seus rostos mostrando expressões de tédio. Quando me viu, o motorista na frente da fila se animou. Eu pretendia pegar um táxi comum, mas, depois que fizemos contato visual, senti que não tinha escolha a não ser entrar.

"Quioto está tão vazia ultimamente", ele comentou enquanto dirigia ao longo das margens do rio Kamo. "É como uma cidade diferente."

"Como as pessoas se sentem com a cidade tão tranquila?", perguntei, esperando uma resposta animada. Imaginei que Quioto normalmente se sentisse sobrecarregada pelas hordas de turistas.

"É bom às vezes. Mas nos preocupamos com o comércio daqui. Tem muita gente fechando as portas."

Parecia que, quando todos finalmente superássemos a pandemia, Quioto provavelmente seria uma cidade muito diferente.

Era uma tarde ensolarada, e decidi visitar o templo Kiyomizudera antes da minha reunião noturna. Sem as multidões, finalmente pude apreciar a arquitetura do templo sem medo de ser derrubado ou arrastado.

Caminhei à sombra da pagoda Yasaka de cinco andares, talvez a mais fotografada do Japão. Um grupinho de garotas japonesas em quimonos elaborados tirava selfies, mas logo se dispersou, me deixando sozinho. Alguns anos atrás, isso seria inimaginável. Jardins, templos e becos estavam vazios, prontos para serem explorados e para nos perdermos neles.

Enquanto relaxava em um banco no parque Maruyama — o local mais popular de Quioto para *hanami*, a observação das flores de cerejeira, na primavera —, vi uma família japonesa atravessar uma ponte de madeira sobre um lago, procurando na superfície da água por carpas *koi*, enquanto a brisa fresca do outono balançava as árvores. Naquele momento, comecei a desejar ter colocado Quioto na minha inscrição para o JET tantos anos atrás. Bastaram alguns momentos tranquilos sozinho para que eu apreciasse o encanto duradouro dessa antiga cidade.

Existem cerca de 40 mil *machiya* em Quioto. Se enfiar a cabeça em qualquer beco da cidade, as chances são de que você verá uma dessas casas tradicionais. Um indicativo geralmente é a presença das persianas de treliça *kōshi*, que cobrem as janelas, oferecendo mais privacidade e discrição, mas ainda permitindo a entrada de luz. Cada design tem um significado: janelas cobertas de cima a baixo indicam uma loja de bebidas, enquanto treliças feitas com peças mais finas de madeira sinalizam uma loja de quimonos ou de roupas em geral.

As *machiya* são às vezes chamadas de *unagi no nedoko* literalmente "ninho de enguias". Felizmente, as casas não estão repletas de enguias; trata-se de uma referência ao layout longo, estreito e muitas vezes enganoso de uma *machiya*. Na era Edo, as propriedades eram tributadas de acordo com sua fachada na rua, então as construções se estendiam para trás. Depois que deslizava as portas de entrada, se a casa vendesse mercadorias, você entraria diretamente no espaço da loja, e uma porta adicional o levaria a uma ampla sala de estar oculta, frequentemente descrita como o *kakureya* ou "espaço escondido".

Devido à falta de janelas e aos cômodos labirínticos, as *machiya* transmitem uma sensação incrivelmente acolhedora. Contudo, longe de serem escuras ou apertadas, essas casas são construídas ao redor de um pequeno pátio interno, o *tsuboniwa*. Não se trata apenas de estética; o *tsuboniwa* oferece um espaço para reflexão e melhora a circulação de ar pelo interior da casa, algo absolutamente necessário nos meses de verão úmido em Quioto.

Construída com materiais naturais — das vigas de madeira e portas de correr de papel aos tatames —, o interior de uma *machiya* guarda uma atmosfera de calma inigualável, e as superfícies de madeira proporcionam uma iluminação suave e acolhedora em cada cômodo.

Você poderia pensar que os moradores de Quioto se empenhariam em proteger as *machiya*. No entanto, enquanto Maeda san me mostrava uma casa que ele estava renovando, fiquei surpreso ao descobrir que os próprios habitantes locais contribuem para sua destruição.

"Quem mora em Quioto nunca se sente muito confortável em uma *machiya*. No verão, elas são quentes demais; no inverno, frias demais. Como são feitas de madeira, são vulneráveis ao fogo. Por isso, é comum elas serem derrubadas para construírem casas modernas."

A triste realidade é que manter uma *machiya* é um grande fardo financeiro. Embora muitas estejam sendo renovadas e alugadas para turistas — o que deve mantê-las vivas de alguma forma —, o futuro não parece promissor. Entre 1993 e 2003, 13% das *machiya* de Quioto foram demolidas. No ritmo atual, com oitocentas casas perdidas por ano, até 2066 elas podem desaparecer completamente, levando consigo a história de Quioto.

Após minha entrevista com Maeda san, retornei a uma *machiya* em que ele tinha me permitido ficar por uma noite. Submergi na banheira de madeira de cipreste *hinoki*. Tinha sido um longo dia de viagem e filmagem. Observando o charmoso jardim do pátio, com o ar fresco da noite soprando em meu rosto, senti tristeza diante da rapidez com que Quioto está mudando e fiquei decepcionado por ter negligenciado a cidade por tanto tempo. É lamentável que tenha sido necessária uma pandemia global para me fazer apreciar o que torna Quioto tão especial — e o que ela está prestes a perder.

28.
ESTE É O MEU SONHO

SETEMBRO DE 2021

Por quase uma década depois de começar meu canal no YouTube, eu brincava dizendo que o dia em que o astro japonês Ken Watanabe aparecesse em um dos meus vídeos seria o dia em que eu deixaria o Japão. Se eu alcançasse esse objetivo aparentemente impossível, minha lista de desejos no país estaria concluída.

"Você não vai acreditar. Ken Watanabe está interessado em aparecer no *Abroad in Japan*."

Acho que está na hora de fazer as malas.

Talvez o maior ator japonês vivo e, sem dúvida, o mais reconhecível, Ken Watanabe teve uma carreira invejável, incluindo uma indicação ao Oscar por seu papel em *O último samurai*. Sua atuação poderosa como um senhor da guerra ao lado de Tom Cruise tornou-se lendária. Ele também estrelou *Cartas de Iwo Jima*, de Clint Eastwood, *A origem*, de Christopher Nolan, e o reboot hollywoodiano de *Godzilla*. Em 2015, sua estreia na Broadway com *O rei e eu* lhe rendeu uma indicação ao Tony — a primeira para um ator japonês.

Paralelamente à sua carreira de ator, descobri que um dos maiores papéis de Ken tinha sido fora das telas, ajudando a reconstruir uma cidade destruída após o tsunami de Tohoku.

Em 2011, enquanto participava dos esforços de recuperação ao longo da costa, sua jornada o levou ao porto pesqueiro de Kesennuma, uma das cidades mais afetadas, onde mais de 1.400 pessoas perderam suas vidas e 8.400 casas foram destruídas. Depois de criar laços de amizade com os moradores, Ken adotou Kesennuma como um segundo lar e se envolveu profundamente na revitalização do porto a longo prazo. Ele construiu o K-port, um café no coração da cidade, e tornou-se um "pilar mental para a comunidade local", nas palavras de um líder empresarial da região.

Em um mundo onde as celebridades frequentemente buscam oportunidades de marketing para promover sua imagem, as intenções de Ken eram genuínas. Ele ainda estava envolvido na cidade dez anos após o tsunami, dando aos moradores um senso de orgulho e confiança para seguir em frente.

"Muitas pessoas ficaram sem esperança após o tsunami", explicou Ryuji Ando, proprietário do vibrante mercado de peixes da cidade. "Ken Watanabe foi um grande apoio moral para nós. Ele é um samurai de verdade!"

Em 2017, enquanto filmava meu documentário sobre o tsunami com Ryotaro, gravamos uma cena no café de Ken e saímos inspirados pela história do maior astro de cinema do Japão ajudando silenciosamente a reconstruir uma cidade no norte do país. Era uma bela história que precisava ser contada, especialmente porque tão poucas pessoas, dentro e fora do Japão, sabiam do impacto que ele teve.

Depois de dedicar os últimos cinco anos a produzir vídeos sobre Tohoku, parecia natural que o canal *Abroad in Japan* fosse um lugar adequado para ele, mas o objetivo parecia impossível.

Um dia, eu estava me esbaldando com sushi em Tóquio, com meu bom amigo Yasu, um empreendedor japonês que trabalha com mídia, quando ele propôs algo realmente radical.

"Por que não mandamos uma carta para Ken e a equipe dele?"

"Haha. Uma carta? Vai acabar no lixo", retruquei, deixando meu ceticismo britânico falar mais alto.

"Estou falando sério, Chris. Você já mandou bem falando do café dele, e mostrou que consegue trabalhar com uma celebridade japonesa como Hyde. Deveríamos enviar uma proposta."

Mesmo com o sucesso do canal, trabalhar com celebridades ainda parecia algo fora de alcance. Tivemos sorte ao produzir conteúdo com Hyde, mas foram necessárias negociações substanciais para que acontecesse — e a equipe de Hyde tinha *me* procurado. Isso era metade da batalha vencida: eles abriram a porta para nós desde o início.

A ideia de entrevistar Ken Watanabe tinha começado quase como uma piada no meu primeiro ano como youtuber. Parecia tão inatingível enquanto eu assistia a seus filmes no chão de tatame do meu pequeno apartamento em Sakata, ou o via em gigantescos outdoors em Osaka. Natsuki frequentemente me provocava sobre isso durante nossos jantares de quinta-feira com *yakitori*: "Você ainda não conheceu o Ken, né?".

Ryotaro e eu chegamos perto durante as gravações do nosso documentário. Descobrimos, uma semana após filmar no K-port, que Ken tinha aparecido espontaneamente na cidade para trabalhar em seu restaurante.

Enquanto isso, toda vez que um espectador esbarrava com ele, me mandava uma foto. Depois que Ken começou a se apresentar no West End de Londres com *O rei e eu*, recebi inúmeras mensagens cheias de orgulho de espectadores espertinhos que conseguiram selfies com Ken e me enviaram. Até Ichiyo Kanno brincou, enquanto a entrevistávamos em sua pousada em Kesennuma, que eu estava sentado exatamente no lugar onde Ken Watanabe tinha jantado.

Sempre estivemos tão perto, e ainda assim tão longe, e Yasu estava dizendo que esse tempo todo poderíamos simplesmente ter enviado uma carta?

Se qualquer outra pessoa tivesse proposto isso, eu teria descartado a ideia. Mas, como todo bom empreendedor, Yasu era implacavelmente persistente. "Não temos nada a perder. Na melhor das hipóteses, eles leem a proposta e dizem sim. Na pior, ignoram."

Relutantemente, aceitei, e Yasu preparou uma proposta impecável e a entregou pessoalmente à agência dos empresários de Ken.

Alguns dias depois, eu estava gravando em Asakusa com Ryotaro quando recebi uma ligação de Yasu, eufórico. Ken tinha ficado muito interessado.

"O agente dele disse que poderíamos acompanhar Ken por uma semana em Kesennuma e filmar enquanto ele estiver na cidade para um evento de que participará."

"Jesus, uma semana inteira! Não estou acreditando, Yasu. Se isso acontecer, eu como meu maldito chapéu."

Menos de um mês depois, eu estava sentado no café de Ken, mexendo meu café e assistindo aos barcos navegarem pelo porto de Kesennuma.

"Já comeu seu chapéu?", brincou Yasu.

"Mesmo que eu tivesse um chapéu, amigo, estou ansioso demais para comer qualquer coisa agora."

Eu não tinha dormido um segundo. Estava prestes a conhecer o homem que, sem saber, tinha pairado sobre meu tempo no Japão. Em pânico seria um eufemismo.

Não muito diferente do filme *A origem*, eu me sentia sonhando acordado. Talvez fosse a adrenalina. Talvez a falta de sono. Provavelmente a segunda opção.

Quando um Toyota discreto entrou no estacionamento, vi a equipe se animar, e várias mesas de clientes começaram a murmurar animadamente. Após meses afastado por causa da Covid, como um rei retornando ao seu reino, Ken chegou.

Nunca fui verdadeiramente fã enlouquecido por celebridades. Mas ver seu rosto quando ele saiu do carro, um rosto que eu via nas telas de cinema, outdoors e TVs, me preencheu com uma onda de empolgação.

Uma figura alta, vestida de forma casual, mas impecável — camiseta preta e um casaco cinza com capuz —, entrou no café com um sorriso radiante e gritou "*Hisashiburi!* Quanto tempo, hein?" para a equipe. Ele recebeu uma recepção de herói. Um punhado de fãs, que parecia saber de sua visita iminente, correu até ele com um caderno, e ele generosamente deu autógrafos e tirou fotos enquanto eu estava boquiaberto na minha cadeira, tomando um gole de café e tremendo.

Após alguns minutos fazendo um tour pelo salão e conversando com rostos familiares, seu agente o conduziu até o canto tranquilo onde eu estava com minha equipe de filmagem.

"Chris, é muito bom te conhecer", disse ele, e fizemos um cumprimento com o punho — regras da Covid. "Agora, que tal uma pizza?"

Você não diz não para uma pizza com Ken Watanabe.

E foi assim que, nos primeiros minutos com Ken, sentados em seu café, nós conversamos. Dividimos uma pizza assada no forno a lenha, e ele explicou orgulhosamente que era feita ali mesmo, do zero.

"Estou nervoso com tudo isso. É bem assustador", murmurei no início da nossa entrevista.

"Por quê?", ele respondeu, com uma voz tão profunda e retumbante que soava quase ironicamente aterrorizante.

Passar uma semana com Ken foi ainda mais inspirador do que eu poderia imaginar. Por onde quer que fôssemos, os moradores ficavam encantados em vê-lo andando pela cidade, e orgulhosos demais. Durante o jantar em um restaurante local, um cliente se aproximou e se ajoelhou para agradecer a Ken. Eu logo soube que ele trabalhava em uma escola e Ken tinha doado instrumentos musicais para que os alunos pudessem tocar no tempo livre. O dono de uma cervejaria, graciosamente, presenteou Ken com algumas garrafas de sua bebida premiada.

Tive uma verdadeira noção da humanidade por trás do apoio de Ken à cidade enquanto caminhávamos pelo porto e Ken relembrava o dia em que chegou pela primeira vez.

"Estando aqui agora, podemos ouvir barcos, carros, pessoas conversando nas proximidades. Só que, quando estive aqui naquele dia, não tinha absolutamente nada. Não se ouvia nenhum som. Parecia que a cidade não estava respirando."

A transformação foi inegável. Se você ficasse no centro de Kesennuma hoje e assistisse aos barcos entrando e saindo do porto, aos clientes comprando o pescado do dia e tomando café no K-port, encontraria poucas evidências para sugerir que a cidade tinha sido destruída recentemente.

Ao final do nosso tempo juntos, mencionei a Ken que sempre brincava sobre deixar o Japão no dia em que o conhecesse. Comentei que parecia tão inacreditável que provavelmente era apenas um sonho mesmo.

"Então, se for real, você vai embora do Japão?", Ken comentou, surpreso.

"Com toda a certeza", garanti a ele.

"OK, vamos ver." E, assim, ele tirou o pião do bolso, uma réplica como a do filme *A origem*, para determinar se estávamos ou não na realidade.

"Este é o meu sonho" comentou ele, melancolicamente, enquanto a roleta girava sobre a mesa, e minha semana com o ator mais bem-sucedido do Japão chegou ao fim.

Acho que Ken nunca compreendeu como foi importante para mim encontrá-lo e passar uma semana trabalhando tão de perto com ele. O mais incrível foi ouvir sua história e contá-la para o mundo, mas, pessoalmente, ele foi um símbolo, para mim, da distância a que eu tinha chegado na minha jornada no Japão.

Deixei Kesennuma me sentindo incomumente otimista. Talvez, acima de tudo, eu tenha aprendido que, se você estiver disposto a esperar o tempo suficiente, às vezes até mesmo os sonhos mais loucos da vida podem acabar se tornando realidade.

29.

MEDO E TERREMOTOS

MARÇO DE 2022

Por dez anos, nunca vivenciei um grande terremoto no Japão.

Embora minha vida em Tohoku tenha acontecido após o devastador terremoto e tsunami de 2011 e o espectro do desastre nuclear de Fukushima, o Japão seguiu em frente. Sendai era propensa a terremotos menores mensais, mas eles duravam no máximo dez segundos. Quando você começava a ouvir o som das janelas batendo suavemente ou o rangido de um armário de madeira, já estava tudo acabado.

Em vez de ter medo desse tremor da terra, eu achava a experiência estranhamente fascinante. Afinal, a única vez que sentira minha casa tremer no Reino Unido foi quando meu amigo Dave caiu escada abaixo. Esse tipo de fenômeno natural quase nunca acontecia no lugar de onde eu vinha. O assunto geologia estava garantido nas aulas de geografia da escola, mas a ideia de uma placa tectônica do tamanho do oceano Pacífico se movendo sob meus pés me fez perceber quão fascinante aquilo realmente era.

Então, em março de 2022, essa apreciação se transformou em horror. Um horror que se transformou em medo completo.

Era 16 de março, às 23h36, e eu tinha acabado de chegar ao meu prédio depois de um ótimo jantar de *yakitori* com Natsuki, que tinha feito a viagem de três horas até Sendai para um tão esperado reencontro.

Morando no décimo segundo andar com minha namorada, Sharla, peguei o elevador, entrei no apartamento e me joguei no sofá com um copo d'água, tentando inutilmente evitar a ressaca inevitável no dia seguinte.

Meu celular emitiu o som ensurdecedor de um alarme de terremoto. Quase derramei minha água no pulo assustado que eu dei. O som me trouxe memórias traumáticas da sirene de ataque aéreo que tinha me acordado abruptamente cinco anos antes.

A Agência Meteorológica do Japão desenvolveu um alarme de terremoto capaz de detectar as primeiras ondas sísmicas momentos antes do evento principal, proporcionando preciosos segundos para se preparar. Eu, pessoalmente, usei esses segundos para ficar ali, boquiaberto. No meu estado de embriaguez semiconsciente, eu não tinha muita ideia do que fazer quando ouvi um som profundo e retumbante preencher a sala. Quando você está a uma dúzia de andares de altura e ouve esse som, como se o prédio estivesse sendo demolido com você preso dentro dele, vindo de todos os lados, é bem alarmante.

Em três segundos, a sala passou de tranquila e estática para balançar como um navio preso em uma tempestade. Os edifícios modernos no Japão são projetados para balançar durante um terremoto em vez de tremer e sacudir, o que é muito mais provável de causar danos estruturais. Muitas pessoas usam um dispositivo engenhoso chamado amortecedor sísmico, na prática um pêndulo gigante montado no teto do prédio, para ajudar a compensar o balanço e reduzir o movimento dos edifícios.

À medida que a intensidade aumentava e o balanço dava lugar a mais tremores que eu jamais tinha experimentado, comecei a me preocupar. Livros balançaram e caíram da estante, e o gato de Sharla, Maro, saltou de uma cadeira e correu de um cômodo para outro, sem saber como escapar de seu mundo desabando.

Após dez segundos tensos, tudo se acalmou e eu respirei aliviado, achando que um dos piores terremotos que já experimentara tinha terminado.

Me joguei de novo no sofá e respirei fundo.

"Bem, isso não foi divertido", comentei com Sharla, enquanto ela tentava acalmar o pobre Maro, que tremia de medo.

Então, do nada, o chão do quarto deu um solavanco para cima, levando o sofá junto, quase como se uma bomba tivesse explodido embaixo. A princípio pensei que o prédio estivesse desmoronando. O som grave do estrondo foi substituído pelo barulho de copos e pratos sendo lançados pela cozinha e se estilhaçando no chão. Não era um terremoto comum. Os outros que eu havia vivenciado começavam de forma gradual e se intensificavam ao longo de alguns segundos, antes de diminuírem suavemente. Dessa vez, porém, o terremoto era imprevisível, oscilando entre picos e vales com uma intensidade que eu nunca tinha experimentado antes.

Maro corria de um lado para o outro descontroladamente, mergulhando em direção à janela na esperança de escapar, enquanto uma estante próxima balançava perigosamente, como se estivesse prestes a desabar. O estrondo, o som de objetos quebrando e o chacoalhar das janelas, combinado com uma tremedeira tão intensa que eu mal conseguia ficar em pé, desencadearam um ataque de pânico que me fez querer sair dali, assim como Maro. Eu me senti preso e desejei desesperadamente estar ao ar livre.

Ao ver as paredes de concreto balançarem como se fossem feitas de Lego, comecei a considerar o pior. Será que este era "o grande"? Aquele que os cientistas teorizaram como uma sequência do desastre de 2011? Com certeza o prédio não foi projetado para suportar esse nível de estresse, será?

O procedimento padrão durante um terremoto é se esconder debaixo de uma mesa ou ficar parado embaixo de um batente de porta, para o caso de pedaços do teto se soltarem e caírem sobre você. No entanto, enquanto os trinta segundos mais longos da minha vida se arrastavam, me vi segurando minha estante com todas as forças, acreditando pela primeira vez que realmente poderia estar prestes a morrer.

Depois de uma eternidade, o tremor e os estalos diminuíram, e os sons de dezenas de alarmes de incêndio ecoaram por toda a cidade de Sendai. A tranquila noite de primavera tinha se transformado no que parecia uma zona de guerra.

Meu primeiro pensamento foi fugir, para o caso de a terceira rodada estar prestes a acontecer.

Colocamos Maro dentro de sua caixa de transporte e corremos para as escadas. Conforme esperado, os elevadores estavam fora de serviço, e eu também não queria chegar perto de um, dadas as circunstâncias.

Olhando agora, deveríamos ter permanecido em nosso apartamento. Ficar do lado de fora de um prédio não é uma boa ideia, porque objetos soltos ou telhas podem voar e acertar você. Porém, no meio de um ataque de pânico total, eu precisava de ar. Minha resposta de "lutar ou fugir" estava firmemente no modo fuga.

Ao chegar ao saguão, vi que outros moradores do prédio tinham tido a mesma ideia, esperar no térreo ou correr para fora do prédio em busca de um espaço aberto. O rosto de todos estava tão pálido quanto o meu, sem dúvida.

Em pouco tempo as sirenes dos serviços de emergência preencheram o ar, e uma ambulância parou do outro lado da rua, enquanto dois paramédicos corriam pelas portas de um prédio vizinho.

Pouco depois, meu celular foi inundado com notificações e mensagens de amigos e familiares preocupados. Relatórios de notícias tinham apontado o epicentro para a vizinha província de Fukushima, logo ao sul de Sendai.

Não demorou muito para Natsuki aparecer correndo pela rua vindo do seu hotel.

"Caralho! Muito assustador!", ele gritou. Por incrível que pareça, apesar da situação, ouvir a voz animada de Natsuki me trouxe algum conforto. Era estranho, porque normalmente Natsuki era quem trazia o caos.

"Meu quarto no hotel está com água por todo lado. A coisa foi feia."

Aparentemente, o hotel de Natsuki tinha alagado após um cano estourar. Mas ele estava seguro, e isso era o que importava. Estava abalado, mas conseguiu correr para fora do prédio com seus cigarros, então, para ele, tudo estava bem.

O terremoto teve uma magnitude de 7.4. Foi o maior desde 2011 e mais tarde foi reportado como uma réplica do terremoto ocorrido uma década antes. Três pessoas morreram e 247 ficaram feridas. De muitas maneiras, foi notável o fato de os danos não serem mais severos, considerando que milhares de edifícios no norte do Japão experimentaram tremores tão intensos.

Quanto a mim, eu estava assustado demais. Pela primeira vez um terremoto me colocara no meu lugar. Não estava mais fascinado com o funcionamento da Terra sob meus pés. A ameaça sempre presente parecia mais aguda. Passei os dias seguintes vivendo com medo, com receio de pegar o elevador e me perguntando se a qualquer momento meu apartamento se transformaria em um glorificado castelo inflável. A extensão dos danos não foi ruim; exceto por todos os meus utensílios de cozinha, que agora estavam em pedaços, a maioria das coisas parecia ilesa.

O estúdio do *Abroad in Japan* não teve a mesma sorte.

Meses antes, eu tinha inaugurado meu primeiro espaço de estúdio com um set profissional de filmagem, construído para se parecer com uma loja de lámen dos anos 1980.

Trabalhei com designers locais para criar um espaço que eu curtisse de verdade. Embora o estúdio fosse um sonho realizado, tinha sido construído dentro de um prédio dos anos 1970, que não desfrutava de nenhuma proteção moderna contra terremotos.

Na manhã seguinte, Natsuki e eu abrimos a porta e descobrimos que, além de metade do set ter desabado, um cano havia estourado no andar acima do nosso, alagando o estúdio e transformando os cacos da loja de lámen em uma bagunça cerâmica e pastosa. Um *maneki neko*, o gato da sorte, meio quebrado, estava entre os destroços, sua pata acenando para fora das ruínas.

Foi desanimador ver o set novinho, construído com tanto carinho, ser destruído de forma tão cruel em tão pouco tempo.

Por mais que o terremoto de Fukushima de 2022 (como passou a ser conhecido) tenha causado terror, ele mostrou como o Japão é competente em se adaptar ao caos que a Mãe Natureza impõe de maneira tão impiedosa. Eu tinha visto isso antes, quando conheci sobreviventes do tsunami de 2011 — os japoneses têm um espírito inquebrantável e uma mentalidade estoica que aprendi a respeitar e admirar profundamente. As pessoas se sacudiram e voltaram ao trabalho no dia seguinte como se nada tivesse acontecido.

Eu gostaria de poder dizer que parte dessa força e determinação me influenciou, mas por um longo tempo após o terremoto eu não sabia se estava na hora de deixar Sendai. Não era porque eu sentia que chegara o momento de partir para coisas maiores ou porque estava cansado da cidade.

Era por medo. Medo de enfrentar outro terremoto de magnitude semelhante, o que, infelizmente, é o que os sismologistas estão prevendo ao largo da costa da província de Miyagi no futuro próximo.

No entanto, continuei na cidade que amo há mais de cinco anos. Permitir que o medo me afastasse de minha casa simplesmente não era uma opção aceitável. Quando eu for embora, será por meus próprios termos, e não pelos da Mãe Natureza.

Após o terremoto, recebi mensagens e e-mails de espectadores que também se sentiam desconfortáveis em viver no Japão devido aos terremotos. Imagino que meus vídeos na internet, cheios de pânico, não tenham ajudado nas horas após o evento. Mas evitar o país por causa dos terremotos seria como evitar o mar por medo de tubarões ou não voar por temer um acidente. Como dizem, "viver com medo é o mesmo que nunca viver".

EPÍLOGO

Sempre me pergunto o que aconteceria se Natsuki fosse transportado de volta para o ano de 2008 e dissesse ao meu eu do passado que ele era meu melhor amigo enviado do futuro. Um futuro onde eu passaria meus vinte e poucos anos vivendo no interior do Japão, como professor de inglês e youtuber.

Provavelmente eu teria dado risada enquanto esse japonês abusado terminava sua peculiar descrição do meu futuro, entre tragadas de seu cigarro Marlboro. Então, depois que ele terminasse de fumar, eu teria chamado a polícia para levá-lo embora.

Nada nos primeiros dezoito anos da minha vida indicava que eu viveria e trabalharia no Japão. Enquanto algumas pessoas se mudam para cá após anos de sonhos e planejamento meticuloso, foi um golpe do destino que me colocou no meu caminho todos aqueles anos atrás. Me assusta pensar que estive tão perto de perder tudo isso.

Você deve ter percebido ao longo deste livro que sou uma pessoa bastante ansiosa. Não tenho muita certeza do motivo disso. Talvez eu tenha herdado de um dos meus pais. Ou talvez tenha sido por crescer com asma, acordando no meio da noite com a sensação de estar sendo sufocado por um fantasma invisível. Talvez seja pelas altas expectativas que coloco sobre mim mesmo e pelo medo de não atendê-las. O fato é que, a cada passo dessa jornada, a ansiedade pairou sobre mim.

Nos meses que se sucederam depois de descobrir que me mudaria para o Japão, comecei a ter ataques de pânico intensos com frequência. Lembro de uma ocasião específica na cozinha da casa compartilhada onde morava, na universidade. Estava conversando com um amigo sobre a noite de bebedeira que ele teve, desligando-me um pouco da conversa, quando senti uma imensa sensação de pavor tomar conta de mim. Era como se algo terrível estivesse prestes a acontecer, como se um monstro fosse entrar pela janela a qualquer momento. Parecia que, se eu me levantasse e abrisse a porta, cairia em um vazio absoluto, um abismo de nada.

E, tão rapidamente quanto veio... aquilo foi embora. Tudo isso em cerca de vinte segundos. Foi tão fugaz que meu amigo nem percebeu, completamente imerso em sua história de vômito projetado em uma parede.

No começo, achei que pudesse ter sofrido um pequeno derrame ou um ataque cardíaco. Procurar respostas na internet não me ajudou em nada. Percebi, em um nível subconsciente, que se tratava da ideia de deixar para trás o meu mundo para viver em um país onde eu não conhecia nada nem ninguém.

Naquela época, ir embora me apavorava. O que me assusta agora é pensar que, se eu tivesse cedido àquela ansiedade, nada disso teria acontecido. Se eu não tivesse me forçado a sair da minha zona de conforto, nunca teria deixado o Reino Unido.

Agora, sempre que preciso tomar uma grande decisão, faço a mim mesmo uma pergunta simples: *por mais que algo me aterrorize, se eu desistir, vou me arrepender?*

Depois de tudo isso, não houve um único dia em que me arrependi de me mudar para o Japão.

Nem mesmo nos dias ruins, quando fui rejeitado por proprietários, quando rastejei procurando gatos, quando quarenta estudantes me encararam com apatia ou quando fui expulso de um *love hotel*. Não me arrependo de nada disso.

Viver no Japão me desafiou a cada passo, me tornando uma pessoa mais forte. Mais resiliente, mais aberta — e acima do peso, graças à maravilha gordurosa do frango frito do Family Mart.

EPÍLOGO

Duas mil horas em sala de aula, mais de 250 vídeos e 47 províncias visitadas — foi uma jornada insana. E, embora eu possa ter desfrutado de alguma fama no YouTube, com os impressionantes 400 milhões de visualizações que o canal *Abroad in Japan* acumulou ao longo dos anos, o YouTube foi apenas um meio para descobrir o Japão de uma forma que eu nunca tinha sonhado ser possível. Sou incrivelmente grato por ter levado milhões de pessoas nessa jornada maluca enquanto explorava o país.

Você pode pensar que seriam os momentos grandiosos que se destacariam quando olho para trás: aparecer na TV nacional japonesa e ser acordado bruscamente por um míssil norte-coreano. Dividir uma pizza com Ken Watanabe ou tremer de frio no topo do monte Fuji ao amanhecer. Dar um abraço vitorioso no Itou sensei depois de vencer o improvável concurso de discursos será sempre uma das minhas lembranças favoritas. Produzir um documentário sobre um evento trágico e as pessoas inspiradoras que conheci nesse processo também ocupam um lugar especial.

Certamente, esses são momentos que guardarei comigo até o fim da vida. Mas a verdade é que, nos dias ruins, as lembranças mais especiais às quais volto geralmente são as mais simples.

Ficar sentado sozinho em uma praia remota após o trabalho, olhando para o mar e para um vulcão adormecido, profundamente grato pelo destino ter me trazido até aqui. Ver a neve caindo pela janela de um restaurante de *yakitori* enquanto Natsuki e eu enfrentávamos o frio cortante para saborear mais um prato de um frango grelhado gorduroso. Me perder nas montanhas em uma escapada de fim de semana, dirigindo meu velho Toyota Starlet em círculos até deparar com um *torii* em ruínas na entrada de uma vila esquecida.

O encanto de viver no Japão está em nunca saber o que me aguarda na próxima esquina. E, se tem uma coisa que esses dez anos aqui me ensinaram, é que sempre tem mais uma descoberta surpreendente à sua espera, logo ali, na Terra do Sol Nascente.

AGRADECIMENTOS

Escrever este livro foi fazer uma viagem no tempo. Durante os muitos meses que passei trabalhando nele, constantemente me vi voltando a momentos e memórias que havia muito pensava ter perdido, para retornar ao presente eternamente grato às muitas pessoas que me ajudaram ao longo da minha jornada.

Em primeiro lugar, eu gostaria de agradecer aos professores e à equipe da Sakata Senior High, que aturaram minha presença por três anos, praticamente sendo minhas babás nos meus primeiros meses de vida no Japão.

Sou particularmente grato a Natsuki Aso, por ter me encontrado nas ruas de Sakata e ter me acolhido sob suas asas todos aqueles anos atrás, e por ter me acompanhado pelos altos e baixos da minha década passada no Japão. Me sinto incrivelmente sortudo por tê-lo como melhor amigo em todo esse tempo.

Ao "gênio do mal" Ryotaro Sakurai, também quero agradecer por dar um propósito à minha vida em Tohoku, promovendo a região mais subestimada do Japão por meio dos nossos muitos vídeos e viagens juntos. Nossas aventuras caóticas perdidos nas montanhas do norte do Japão estão entre minhas lembranças mais queridas.

Também sou incrivelmente sortudo por trabalhar com meus amigos de longa data David Parish e Ellen Kavanagh, assim como com minha irmã Emma Broad, na equipe do *Abroad in Japan*. Obrigado por estarem ao meu lado nos bons e maus momentos ao longo dos anos!

Não poderia deixar de agradecer a minha parceira e melhor amiga Sharla, que me apoiou ao longo dos anos, primeiro como amiga e colega vlogger, e agora como companheira e noiva. Sinto-me incrivelmente sortudo de ter você ao meu lado.

Gostaria também de agradecer aos meus pais, Sally e Richard, por me deixarem fugir para o outro lado do mundo de maneira tão imprudente e, de alguma forma, por nunca duvidarem de mim durante esse processo.

Um agradecimento especial a Sharika Teelwah, da Transworld Publishers, por tornar este livro possível em cada etapa do processo. Sua atenção aos detalhes e seu aguçado senso de humor transformaram a edição em uma alegria ao longo dos muitos meses de escrita. Obrigado também a Sarah Day, Viv Thompson, Rosie Ainsworth e Hana Sparkes pelo auxílio enquanto o livro vinha ao mundo.

Por último, preciso agradecer imensamente a todos os que fizeram parte do canal *Abroad in Japan* ao longo dos anos. O que começou comigo em um pequeno apartamento reclamando do choque cultural e das contas de telefone ilegíveis se transformou em algo que eu jamais teria imaginado, mas sempre me surpreendo com a quantidade de espectadores ao longo do tempo. Não importa se você está conosco desde o primeiro dia, por meia década ou mesmo por apenas alguns meses, obrigado por assistir às coisas malucas que crio e por fazer parte dessa jornada de descoberta do Japão. Compartilhar a experiência de descobrir uma cultura e seguir me humilhando para o mundo inteiro ver tem sido uma aventura totalmente surreal que eu não mudaria por nada.

SUA OPINIÃO É MUITO IMPORTANTE

Mande um e-mail para **opiniao@vreditoras.com.br** com o título deste livro no campo "Assunto".

1ª edição, abr. 2025
FONTES Noto Serif Regular Italic 10/16,1pt;
        Noto Serif Bold 14/16,1pt;
        Noto Serif JP Regular 10/16,1pt
PAPEL Luxcream 60g/m²
IMPRESSÃO Gráfica Santa Marta
LOTE GSM270225